LA VOIE

LA VOIE

Accélérer votre quête de l'indépendance financière

PETER MALLOUK, TONY ROBBINS

La voie
Accélérer votre quête de l'indépendance financière
Tony Robbins, Peter Mallouk

ABP Éditions
Copyright © 2020
Titre original: The Path
Accelerating Your Journey to Financial Freedom
Traduit de l'anglais © 2021 Laura Dinraths, ABP Éditions

Tous droits réservés. Publié par ABP Éditions, appartenant au groupe ABP Publishing Ltd.
ABP Éditions est une marque déposée d'ABP Publishing Ltd.

Conception de couverture ©Damin Sterling, BLVR
Design intérieur : ©Brett Burner, BLVR
Design de couverture : Natalia Gulina
Composition et mise en pages : Eldar Huseynov
Rédactrice en chef : Viktoria Salnikova
Rédactrice : Elizaveta Ishniazeva

ISBN (broché) : 978-1-62861-673-6
ISBN (relié) : 978-1-62861-672-9
ISBN (numérique) : 978-1-62861-674-3
ISBN (livre audio) :978-1-62861-395-7

Dans ce livre, les auteurs apportent des informations qu'ils jugent pertinentes au regard du sujet traité. Il est toutefois entendu que ni les auteurs ni l'éditeur n'offrent de conseils individualisés et personnalisés en rapport avec un portefeuille précis ou avec les besoins particuliers d'un individu, ni ne donnent de conseils en matière d'investissement ou autres services professionnels d'ordre financier, juridique ou fiscal. Le lecteur devrait consulter un professionnel compétent s'il souhaite obtenir une assistance spécialisée et des conseils juridiques, comptables et en matière de placements. Cette publication fait référence à des données de performance historiques recueillies lors de diverses périodes temporelles. Les résultats antérieurs ne garantissent cependant pas la performance future.

De plus, les données de rendement, ainsi que les lois et la réglementation, changent au fil du temps, ce qui pourrait modifier la pertinence de l'information contenue dans ce livre, et ne reflètent pas la déduction de frais de gestion et autres dépenses. Les données de rendement que renferme ce livre ne sont fournies qu'à des fins de discussion et pour illustrer les principes de base. En outre, ce livre ne vise pas à servir de base à toute décision financière ; il ne représente pas les recommandations d'un conseiller en placements en particulier ; et il ne préconise pas l'achat ou la vente de quelque titre que ce soit. Seul un prospectus peut être utilisé pour proposer la vente ou l'achat de titres, et ce dernier doit être lu et étudié attentivement avant tout investissement ou dépense d'argent. Rien ne garantit que les renseignements renfermés dans ce livre soient exacts ou complets, et tant les auteurs que l'éditeur déclinent toute responsabilité en cas de dette, de perte et de risque, personnels ou autres, découlant directement ou indirectement de l'utilisation et de l'application du contenu de ce livre. Les exemples utilisés tout au long de ce livre sont présentés à titre d'illustration seulement.

Dans le texte qui suit, les noms et caractéristiques d'identification de nombreuses personnes ont été modifiés.

Mentions légales : les classements et/ou la reconnaissance par des services de classement non-affiliés et/ou les publications ne devraient pas être interprétés par un client ou client potentiel comme une garantie qu'il/elle connaîtra un certain résultat si Creative Planning (la Société) est engagée, ou continue d'être engagée, pour apporter des services de conseil en placements, ni ne devraient être interprétés comme un consentement actuel ou passé de la Société par n'importe lequel de ses clients. Dans les classements que les magazines et autres publient, les sélections sont généralement exclusivement basées sur des informations préparées et/ou présentées par un conseiller reconnu. Les classements sont généralement limités aux conseillers participants. La Société n'engage jamais de frais pour être considérée pour un quelconque classement ou reconnaissance, mais pourrait acheter des plaques ou rééditions pour promouvoir ces classements. Pour plus d'informations concernant les classements et/ou récompenses de Creative Planning, veuillez consulter : *http://www.creativeplanning.com/important-disclosure-information/*

Jonathan Clements est un directeur exécutif et directeur de l'éducation financière à Creative Planning. M. Clements reçoit une compensation pour ce rôle.

Tony Robbins était anciennement à la fois un directeur exécutif et un conseiller en psychologie financière à Creative Planning, LLC, un conseiller en placements (RIA) agréé par la SEC employant des conseillers en gestion du patrimoine dans tous les cinquante états. M. Robbins n'a reçu ni compensation pour la vente de ce livre ni honoraires de la part de Creative Planning découlant de sa publication. En conséquence, M. Robbins ne retire aucun intérêt financier lorsqu'il réfère des investisseurs à Creative Planning. Aucun contenu écrit par M. Robbins dans ce livre ne devrait être interprété comme un consentement donné à Creative Planning ni à aucune personne ou entité affiliée.

TABLE DES MATIÈRES

INTRODUCTION *par Peter Mallouk*		9
PARTIE 1.	**LE VOYAGE QUI VOUS ATTEND**	**13**
CHAPITRE 1.	LA QUÊTE DE LA LIBERTÉ *par Tony Robbins*	15
CHAPITRE 2.	LE MONDE EST MEILLEUR QUE VOUS NE LE PENSEZ *par Peter Mallouk*	25
CHAPITRE 3.	LE MOTEUR DERRIÈRE CHAQUE DÉCISION *par Tony Robbins*	47
PARTIE 2.	**TRACER VOTRE VOIE**	**65**
CHAPITRE 4.	CHOISIR UN GUIDE POUR VOTRE VOYAGE *par Peter Mallouk*	67
CHAPITRE 5.	LES QUATRE LOIS DE L'INVESTISSEMENT *par Peter Mallouk*	93
CHAPITRE 6.	GÉRER LES RISQUES *par Peter Mallouk*	117
CHAPITRE 7.	PLANIFICATION SUCCESSORALE : VOTRE OBJECTIF FINANCIER ULTIME *par Peter Mallouk*	139

| PARTIE 3. | LE POINT DE DÉPART | 167 |

CHAPITRE 8. COMMENT LES MARCHÉS FONCTIONNENT   169
par Peter Mallouk

CHAPITRE 9. TOUT EST DANS VOTRE TÊTE   207
par Peter Mallouk

CHAPITRE 10. CATÉGORIES D'ACTIFS   235
par Peter Mallouk

| PARTIE 4. | L'ASCENSION | 275 |

CHAPITRE 11. DÉVELOPPER ET GÉRER UN PORTEFEUILLE INTELLIGENT   277
par Peter Mallouk

| PARTIE 5. | LE SOMMET | 303 |

CHAPITRE 12. LA DÉCISION LA PLUS IMPORTANTE DE VOTRE VIE   305
par Tony Robbins

CHAPITRE 13. LA POURSUITE DU BONHEUR   319
par Jonathan Clements

CHAPITRE 14. PROFITEZ DU VOYAGE ET SAVOUREZ VOTRE TEMPS PASSÉ AU SOMMET   327
par Peter Mallouk

NOTES   333

CRÉDITS   351

REMERCIEMENTS   355

INTRODUCTION

Le secteur financier est brisé. Vous pourriez être surpris d'entendre ceci de la bouche de quelqu'un qui a fait carrière dans la finance, mais c'est la vérité. Les conseils et services financiers sont traditionnellement apportés au travers d'un système qui requiert des relations avec une variété de professionnels : un comptable, un avocat, un agent d'assurance, un conseiller financier, un banquier et de nombreux autres. Ces individus se consultent rarement, ce qui vous laisse coincé au milieu, à vous démener pour vous assurer que tout est fait correctement. Le problème de ce modèle[1], c'est que vos finances ne fonctionnent pas en vase clos. Les placements de votre portefeuille sont affectés par les impôts sur les revenus, la planification successorale, les dons charitables, les besoins monétaires, les stratégies de gestion des dettes, la planification des affaires, les objectifs d'indépendance financière et de nombreux autres facteurs. De toutes ces personnes qui agissent en votre nom, vous êtes le seul à posséder la vue d'ensemble. Comment d'autres peuvent-ils vous aider à atteindre vos objectifs de placements si vous ne les avez même pas considérés avant de vous lancer ?

Pour empirer les choses, les individus vers qui vous vous tournez pour recevoir des conseils à ces égards ne sont pas nécessairement légalement tenus de respecter et de veiller rigoureusement sur votre argent. Au contraire, de nombreux professionnels du secteur financier opèrent d'une manière déroutante pour l'investisseur moyen ou, pire, d'une manière qui induit volontairement

---

[1] Comme si ce n'était pas déjà assez terrible comme ça.

en erreur. Les maisons de courtage traditionnelles peuvent vous proposer n'importe quel produit qu'elles jugent acceptable, même s'il bénéficie probablement davantage à la maison qu'à vous. Vous avez des compagnies d'assurance qui incorporent des produits d'investissement à des rentes et produits d'assurance, qui génèrent souvent d'énormes commissions pour leurs agents, à vos dépens. Et vous avez d'autres firmes qui ont « une double affiliation » et alternent entre se comporter d'une manière qui sert les meilleurs intérêts du client et d'une manière où il n'en est rien. Enfin, les fiduciaires indépendants, qui sont légalement tenus de servir au mieux les intérêts de leurs clients en tout temps, manquent souvent de la taille, de l'ampleur et des ressources nécessaires pour pourvoir efficacement à toute l'étendue de leurs besoins. Et qui se retrouve coincé au milieu de ce chantier ? C'est bien vous, l'investisseur moyen, en passe de devoir prendre les décisions les plus importantes de votre vie ! De vous poser des questions telles que : Comment tracer une voie qui maximise mes opportunités financières, évite les embûches potentielles et me mène aux « bons » placements pour atteindre mes objectifs financiers ? Comment trouver le bon guide pour me mener le long de cette voie ?

J'ai lancé ma carrière dans ce secteur en me focalisant essentiellement sur la planification successorale, la planification financière et le conseil en gestion de placement, principalement pour les clients d'autres conseillers. Depuis cette position privilégiée, je pouvais voir tout et je n'ai pas apprécié la vue. J'ai vu que de nombreux conseillers étaient excellents, mais qu'ils opéraient dans des environnements conflictuels. J'ai vu des conseillers forcer leurs clients à vendre tout leur patrimoine existant avant d'adopter une toute nouvelle stratégie, au mépris des conséquences fiscales pour le client ou de l'étendue des dégâts occasionnés au portefeuille. J'ai vu d'autres conseillers imposer leurs propres produits ou modèle de portefeuille générique à des clients peu méfiants. J'ai vu des produits d'assurance onéreux vendus au lieu de placements à très faibles coûts, qui auraient mieux correspondu aux objectifs du client. Pour résumer, ces individus confiaient souvent leurs économies de toute une vie à un professionnel pour découvrir ensuite que celui-ci avait fait plus de mal que de bien.

Je me suis rendu compte qu'il devait exister un meilleur moyen de faire. Lorsque j'ai repris les rênes de Creative Planning, une petite firme d'investissement indépendante d'Overland Park, dans le Kansas, j'y ai vu l'opportunité de changer la manière dont les conseils financiers étaient donnés dans ce pays. J'ai juré de diriger une firme qui ne vendrait pas ses propres produits d'investissement, qui créerait des portefeuilles adaptés aux besoins de chaque client et qui pourrait apporter des conseils dans tous les domaines clés de la vie financière d'un client — qu'ils soient fiscaux, juridiques, de planification financière ou de placements. Je suis fier de dire que nous n'avons pas dévié de cet engagement depuis mes débuts en 2003. Nous sommes, cependant, capables d'en faire tellement plus pour nos clients aujourd'hui que je n'aurais pu en rêver à l'époque.

Depuis mes débuts à Creative Planning, les actifs sous notre gestion ont crû jusqu'à atteindre près de 50 milliards de dollars. Nous avons été reconnus à maintes reprises comme l'une des meilleures firmes de gestion du patrimoine par plusieurs organes de presse, à savoir comme la meilleure firme de conseil indépendant en Amérique par *Barron's* (2017), deux fois comme la meilleure firme de gestion du patrimoine par CNBC (2014 & 2015), et *Forbes* a placé Creative Planning en tête de son classement des firmes indépendantes à croissance la plus rapide du pays (2016).[2] Ce succès est dû en grande partie à l'incroyable équipe que nous avons constituée et à leur engagement à tenir leurs promesses aux clients. Au fur et à mesure du développement de notre équipe, nous avons pu ajouter des services et expertises spécialisés bien supérieurs aux compétences de la majorité des autres firmes indépendantes. Un autre facteur expliquant notre croissance phénoménale est le fait que l'investisseur moyen attend davantage de ses conseillers. Depuis de nombreuses

---

2 Voir mentions légales à la page 6 pour plus d'informations sur les classements et reconnaissances.

années, Tony Robbins est un ardent défenseur de l'adoption d'une norme fiduciaire qui aiderait à éduquer des millions de personnes sur l'importance de collaborer avec un conseiller qui est légalement tenu de servir les meilleurs intérêts de ses clients. En 2017, lui et moi avons écrit : *Unshakeable : Your Financial Freedom Playbook* pour répondre à quelques-unes des questions les plus pressantes dans le secteur de l'investissement actuel.

Si ces dix-sept dernières années m'ont appris quelque chose, c'est que les Américains aspirent à une manière claire et concise de recevoir des conseils financiers dénués de conflits d'intérêts. Ils veulent un portefeuille adapté à leurs circonstances et à leurs objectifs uniques. Ils cherchent un guide qui puisse leur montrer la voie qui mène à la liberté financière. Creative Planning est devenu ce guide pour des dizaines de milliers de familles en créant des stratégies personnalisées et des portefeuilles faits sur mesure, et en prenant le temps d'aborder tout risque qui puisse faire dévier leur trajectoire vers le succès. Mon objectif dans ce livre est de partager mes expériences avec vous et de supprimer les obstacles qui entravent votre propre voie. J'ai hâte de vous servir de guide et de vous aider à formuler vos objectifs financiers, à éviter les erreurs dangereuses et à maximiser les opportunités qui s'ouvriront à vous durant votre voyage. Ensemble, nous pouvons tracer votre voie vers la liberté financière.

PARTIE I

LE VOYAGE QUI VOUS ATTEND

CHAPITRE PREMIER
LA QUÊTE DE LA LIBERTÉ

par Tony Robbins

La seule chose dont nous devons avoir peur est la peur elle-même.
—PRÉSIDENT FRANKLIN DELANO ROOSEVELT

Nous désirons tous être véritablement libres. Libres de faire davantage de ce que nous aimons faire, quand nous voulons le faire, et de partager ces moments avec nos proches. Libres de vivre avec passion, générosité, gratitude et sérénité. Voilà ce qu'est la liberté financière. Cela ne représente pas une somme d'argent, mais un état d'esprit. Et, indépendamment de la phase dans laquelle vous vous trouvez dans votre vie et de votre situation financière actuelle, la liberté financière peut être atteinte — oui, même en temps de crise. En réalité, de nombreuses fortunes se sont créées durant des périodes de « pessimisme maximum ».

Chacun a sa propre définition de ce que représente la liberté financière. Pour vous, cela pourrait signifier passer plus de temps à voyager avec vos enfants et petits-enfants, ou avoir plus de temps à consacrer à une bonne cause. Peut-être désirez-vous travailler parce que vous le voulez, pas parce que vous le devez. Mais quelle que soit votre définition de la liberté financière, vous vous demandez sûrement : est-ce *vraiment* possible ?

Ayant interviewé plus de 50 des plus grands esprits financiers de ce monde, je peux vous dire avec certitude qu'il existe effectivement une voie pour y arriver.

Mais si vous voulez atteindre le sommet, il y a également des règles claires à suivre, des pièges et des obstacles à éviter. De nombreux acteurs malveillants peuvent vous détourner du droit chemin à force de conseils intéressés. **Ce livre aborde tous ces aspects en détail.** Devenir indépendant financièrement n'est pas sorcier ; toutefois, il n'existe pas non plus de boîte noire magique menant à la liberté financière (malgré ceux qui pourraient vous convaincre du contraire). Votre moi futur ne peut se lancer dans l'ascension sans d'abord jeter des bases solides et apprendre les ficelles. Si vous êtes dévoué à votre vision personnelle de la liberté financière, vous devez d'abord vous protéger et participer à votre propre sauvetage.

Suivant où vous vous trouvez aujourd'hui, la liberté financière pourrait ressembler à une utopie, ou alors vous pourriez être sur la bonne voie sans pour autant *ressentir* la sensation de liberté. Vous pourriez appartenir à la Génération Y et être endetté par des prêts étudiants. Vous pourriez être un baby-boomer qui a besoin de sérieusement rattraper le train en marche. Vous pourriez même être nanti selon de nombreux critères, mais être tétanisé par la crainte de perdre tout ce que vous avez travaillé si dur pour gagner. Quoi qu'il en soit, ce livre vous apportera des outils et stratégies éprouvés, ainsi que la tranquillité d'esprit nécessaire non seulement pour atteindre la liberté financière, mais aussi pour retirer un épanouissement véritable du parcours.

IL FAUT DES DÉCENNIES POUR CONNAÎTRE UN SUCCÈS IMMÉDIAT

Laissez-moi vous révéler le plus grand secret de la liberté financière : vous ne l'atteindrez probablement pas rien qu'avec vos revenus. Pour la grande majorité d'entre nous, même ceux qui touchent beaucoup d'argent, en économiser suffisamment pour jouir d'une sécurité financière est pratiquement impossible. N'est-il pas drôle de voir que plus nous gagnons, plus nous dépensons ? Au fil de milliers de conversations sur le sujet, la majorité des personnes interrogées m'ont confié que leurs plans impliquaient un *home run* financier :

vendre une entreprise, gagner à la loterie, décrocher une grosse augmentation ou promotion, ou encore un héritage inattendu. Mais soyons honnêtes : l'espoir n'est pas une stratégie viable. Il existe bien trop de variables hors de notre contrôle pour que la plupart de ces scénarios se mettent parfaitement en place. Aussi nous devons puiser dans le pouvoir qu'Albert Einstein appelait la huitième merveille du monde : les intérêts composés.

Dans *Le point de bascule*, Malcolm Gladwell décrit le point de bascule comme « *la masse critique, le seuil, le point d'ébullition* ». **C'est très certainement vrai en ce qui concerne le pouvoir de la capitalisation.** Alors vous voulez devenir millionnaire ? C'est faisable, surtout si vous commencez tôt. Le graphique intitulé figure 1.1 est sans doute le plus important que vous verrez jamais (même si vous pouvez être sûr d'en voir un paquet dans un livre financier comme celui-ci !). Ce graphique illustre la somme d'argent que vous devez investir chaque année pour avoir économisé un million de dollars à soixante-cinq ans. Ceci présuppose un taux de rendement de 7 % et d'investir dans un compte à impôt différé comme un plan 401(k) ou IRA. Si vous commencez jeune, le montant que vous pouvez avoir épargné à l'heure de prendre votre retraite est stupéfiant. À 20 ans, vous n'avez qu'à économiser 3 217 $ par an, soit 272 $ seulement par mois. Mais si vous attendez d'avoir plus de 50 ans, vous devrez casquer 37 191 $ par an, soit 3 099 $ par mois.

Bon, mais ce graphique n'est-il pas un peu simpliste ? Bien entendu. Il n'existe pas de compte magique qui garantit un rendement de 7 % année après année. En vérité, entre 2000 et la fin 2009 (soit une période de dix ans), l'indice S&P 500 a connu un rendement de — tenez-vous bien — 0 % ; cette décennie est depuis connue comme la « décennie perdue ». Mais les investisseurs avisés n'acquièrent pas seulement des actions américaines. Durant ma propre quête de la liberté financière, j'ai eu l'opportunité de m'entretenir avec la légende de l'investissement Burt Malkiel, auteur du célèbre ouvrage *Une marche au hasard à travers la Bourse*. Il m'a expliqué que si, pendant la décennie perdue, vous vous étiez diversifié et aviez investi dans des actions américaines, étrangères et de marchés émergents, dans des obligations et dans l'immobilier,[3] vous auriez obtenu un rendement annuel moyen de 6,7 % — tout cela dans la période englobant la bulle Internet, le 11 septembre et la crise financière de 2008.

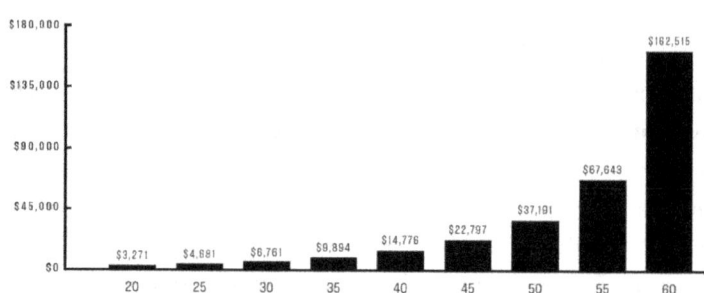

Figure 1.1 — ÉPARGNE ANNUELLE POUR DEVENIR MILLIONNAIRE À 65 ANS

À l'heure où j'écris ces lignes, nous sommes en plein milieu de la pandémie de Covid-19 et de craintes croissantes d'une récession mondiale, dont nous ne pouvons que deviner la longueur et la sévérité. L'important est de se rappeler que ces « hivers » économiques représentent en réalité certaines des meilleures opportunités de bâtir une fortune. Si vous parvenez à discipliner votre peur et à contrôler vos émotions, ces crises financières peuvent représenter l'opportunité de toute une vie. Pourquoi ? Parce que tout est à vendre ! Pendant la Grande Dépression, Joseph Kennedy, Sr. a radicalement multiplié sa fortune en investissant lourdement dans de l'immobilier qui se vendait à une fraction de sa valeur préalable. En 1929, la fortune de Kennedy était estimée à 4 millions de dollars (l'équivalent de 59,6 millions de dollars actuellement). Mais en 1935, à peine six ans plus tard, sa fortune s'était envolée

---

3 Ventilé comme suit : 33 % revenus fixes (VBMFX), 27 % actions américaines (VTSMX), 14 % actions pays étrangers développés (VDMIX), 14 % marchés émergents (VEIEX), 12 % fonds d'investissement immobilier (VGSIX), rééquilibrés annuellement.

pour atteindre 180 millions de dollars (l'équivalent de 3,36 milliards de dollars actuellement).

Les hivers économiques sont-ils difficiles ? Sans aucun doute ; cependant, les hivers ne durent pas toujours ! Le printemps les suit toujours. Et, même en hiver, les jours ne sont pas tous sombres et enneigés. Il y a des jours ensoleillés pour nous rappeler que l'hiver a une fin. Comme vous l'apprendrez dans ce livre, la manière dont vous choisissez de négocier émotionnellement et financièrement les différentes « saisons » d'investissement, en évolution constante, est cruciale.

Aussi, afin d'atteindre le sommet de la liberté financière (et d'y rester), voici les questions auxquelles vous devez répondre :

- Quels investissements sont accessibles et conviennent à vos objectifs ?
- Quelle combinaison d'investissements inclurez-vous dans votre(vos) compte(s) et comment seront-ils gérés tout au long de l'année ?
- Quelle stratégie utiliserez-vous pour minimiser légalement vos impôts (la « dépense » la plus conséquente de toute votre vie) ?
- Comment éliminerez-vous les frais excessifs et commissions inutiles et, ce faisant, augmenterez-vous grandement votre future tirelire ?
- Comment négocierez-vous et tirerez-vous profit des corrections et effondrements du marché ?
- Comment choisirez-vous un conseiller légalement tenu de respecter les normes les plus rigoureuses pour protéger votre argent ? (Spoiler : la plupart ne le sont pas)

Voici les questions que mon ami et coauteur, Peter Mallouk, aborde dans ce livre incroyablement riche. Peter a près de deux décennies d'expérience à la tête de Creative Planning (www.creativeplanning.com), une firme de conseil en placement indépendante valant près de 50 milliards de dollars, qui offre des services exhaustifs de gestion de patrimoine à des milliers de familles à travers les États-Unis. Dans ce livre, Peter a généreusement compilé ses années de sagesse et d'expérience pratique pour les offrir à quiconque souhaite savoir ce qu'il faut vraiment pour atteindre la sécurité et la liberté financières.

Mais posséder les outils nécessaires pour atteindre l'indépendance financière et passer à l'action sont deux choses différentes. L'action surpasse toujours la connaissance. Si atteindre la liberté financière n'est pas sorcier, alors pourquoi, bien que nous vivions à l'époque la plus prospère de notre histoire, sommes-nous si nombreux à ne pas atteindre les niveaux de sécurité financière les plus basiques ? Étonnamment, 60 % des Américains n'ont même pas épargné 1 000 $ pour leur retraite. Et moins de 40 % pourraient débourser 500 $ en cas d'urgence.

Nous sommes une nation de consommateurs, mais si nous voulons prospérer collectivement, nous devons passer de consommateurs à propriétaires. De nombreux Américains possèdent des iPhones, mais pourquoi ne possèdent-ils pas Apple ? De nombreux Américains reçoivent des boîtes Amazon sur le pas de leur porte chaque jour, mais pourquoi ne pas posséder cette puissante grande enseigne ?[4] Rien ne nous empêche, indépendamment de notre statut socio-économique, de bénéficier du pouvoir innovant du capitalisme. Chacun, avec seulement quelques dollars, peut posséder des parts dans les plus grandes entreprises américaines et peut devenir propriétaire de l'économie la plus prospère et profitable de l'histoire du monde.

PROGRESSER

La relation que nous entretenons avec l'argent est sans aucun doute émotionnelle. Les stratégies et informations dont nous avons tous besoin pour atteindre l'indépendance financière sont facilement accessibles, alors pourquoi sommes-nous si nombreux à dériver sans but, à être stressés

---

4   Pas un choix d'action spécifique, juste pour étayer mes propos.

financièrement ou inconscients de l'existence d'une telle marche à suivre ? Et pourquoi existe-t-il tant d'individus prospères, mais complètement insatisfaits émotionnellement ?

La raison en est le pire mot de quatre lettres que l'on peut imaginer...

LA P-E-U-R

La peur est la force invisible qui nous empêche de créer la vie que nous méritons vraiment. C'est le plus grand obstacle sur la voie et, quand elle n'est pas contrôlée, la peur nous pousse à prendre des décisions d'investissement incroyablement malavisées.

Comme vous l'apprendrez dans les pages suivantes, notre cerveau est programmé pour se tromper — pour se focaliser sur ce qui peut nuire ou menacer notre train de vie. Souvent, nous désirons la certitude plus que tout le reste. Mais devinez quoi ? Pour devenir un excellent investisseur, vous devez embrasser l'incertitude ! Devenir indépendant financièrement exige certainement d'avoir la bonne stratégie, mais si vous ne maîtrisez pas votre mental, votre stratégie échouera probablement à cause de votre propre intervention malencontreuse (p.ex., vendre en période volatile et cacher votre argent sous votre matelas).

LA RÉPÉTITION EST LA PLUS GRANDE DE TOUTES LES COMPÉTENCES

En 2014, j'ai écrit *L'argent : L'art de le maîtriser*, une compilation de tout ce que j'avais appris lors d'années d'interviews avec de véritables maîtres financiers comme Carl Icahn, Ray Dalio et Jack Bogle. Au même moment, Peter a écrit *The 5 Mistakes Every Investor Makes & How to Avoid Them*. Deux ans plus tard, Peter et moi avons écrit *Unshakeable : Your Guide to Financial Freedom* afin de permettre à nos lecteurs de mieux comprendre le fonctionnement des marchés et de dissiper leurs craintes quant aux corrections et effondrements de la Bourse. À présent, nous sommes au milieu de la « grande pause », durant laquelle le monde s'est arrêté, et il y aura certainement des gagnants et des perdants lorsque nous sortirons de terre et reprendrons une vie normale.

Par rapport aux ouvrages précédents, Peter aborde de manière bien plus approfondie les bases de comment développer un plan financier réussi. Ce livre traite de comment maîtriser la stratégie de l'investissement, pas uniquement ses concepts. Mais j'ai également inclus deux chapitres sur la maîtrise de soi. Dans le chapitre 3, nous analyserons notre compréhension des « 6 besoins humains », que nous possédons tous, et comment ils influencent votre parcours dans la vie, les affaires et les finances. Cette nouvelle perspective transformera la qualité de votre vie. Dans le chapitre 12, nous aborderons pourquoi ceux qui jouissent d'une abondance financière ne sont pourtant pas heureux et comment vous pouvez éprouver le sentiment d'abondance aujourd'hui. Chacun de nous a tendance à vivre dans des états de souffrance (peur, colère, frustration) lorsque nous cédons à la confusion, à un esprit non dirigé. Nous devons apprendre à sauver nos pensées du kidnappeur situé entre nos deux oreilles. Alors, vous pourrez connaître la promesse de la *véritable* fortune : une vie emplie de joie, de bonheur, de générosité, d'excitation et de sérénité.

Si vous avez lu mes livres précédents, ces deux chapitres pourraient être redondants ; cependant, les principes valent la peine d'être répétés. J'ai appris de mes propres mentors que la répétition est la plus grande de toutes les compétences. On ne devient pas LeBron James ou Stephen Curry en lançant quelques ballons à l'entraînement. Même s'ils savent faire un lancer franc, ils s'entraînent au lancer des milliers de fois par semaine, afin de graver le mouvement dans leur système nerveux et de pouvoir l'exécuter sous pression. Voilà la voie vers la maîtrise ! Au fil de votre lecture, cherchez à voir les nuances importantes dans la manière dont ces principes se révèlent dans votre vie et vos relations à l'heure actuelle. Lorsque nous regardons un film pour la deuxième fois ou entendons de nouveau une chanson, nous sommes à un autre stade de notre vie et pouvons en tirer un aspect complètement neuf. Je suggère que c'est également le cas ici.

CORRIGER LE CAP

Nous vivons à une époque où la peur est amplifiée et exploitée par la presse et les réseaux sociaux. Jetez une pandémie dans la mêlée, et la peur est propulsée à des niveaux terriblement malsains. Des raz de marée d'informations s'abattent quotidiennement sur nous pour attirer notre attention, d'où le terme piège à clics (« *clickbait* » en anglais). Les bonnes nouvelles sont reléguées au second plan face aux dernières tragédies, menaces ou essaims de frelons géants imminents. La partie de notre cerveau qui gère la peur est continuellement activée, et notre anxiété atteint un niveau record.

Mais voyons la vérité en face. Si nous n'apprenons pas à contrôler notre peur, à maîtriser notre esprit, nous n'appliquerons jamais les grands principes de cet ouvrage. Rappelez-vous que le courage ne veut pas dire que vous ne connaissez pas la peur. Cela signifie passer à l'action et progresser en dépit de la peur. Il se pourrait que vous lisiez ce livre et en retiriez d'excellentes informations, mais que vous ne fassiez jamais le pas pour atteindre l'objectif que votre famille et vous-même méritez. Je sais que cela ne vous ressemble pas. Après tout, si vous avez acheté ce livre et le lisez toujours, c'est que vous êtes l'un des rares qui « agissent », pas l'un des nombreux qui parlent.

La première étape pour reprendre le contrôle sur nos esprits et éloigner la tyrannie de la terreur est de recalibrer notre point de vue. Alors que je passe le relais à Peter Mallouk, je me réjouis pour vous de plonger dans ce prochain chapitre. Vous pourrez apprécier l'époque incroyable à laquelle nous vivons et l'avenir exponentiel, inimaginable qui nous attend SI nous nous équipons de la bonne information et apprenons à conquérir nos peurs.

Que le voyage commence !

Comme dans le cas de nos précédents ouvrages, 100 % des bénéfices seront reversés aux œuvres de bienfaisance. En ce qui concerne ce livre, Peter et moi nous sommes engagés à reverser 100 % des bénéfices à l'association *Feeding America*.

CHAPITRE DEUX
LE MONDE EST MEILLEUR QUE VOUS NE LE PENSEZ

par Peter Mallouk

Sur base de quel principe ne voyons-nous que du progrès derrière nous, mais ne nous attendons-nous qu'à de la détérioration devant nous ?
—THOMAS BABINGTON MACAULAY

Londres, 1858. C'était un beau matin — enfin, jusqu'à ce que la Reine Victoria ouvre la porte de son balcon au palais de Buckingham. Une odeur nauséabonde envahit rapidement ses narines et la submergea bientôt au point de lui donner la nausée. Durant cette période de « Grande Puanteur », Londres fut complètement envahie par l'odeur ineffable, insupportable des excréments humains et animaux. Pendant la plus grande partie des 50 années précédentes, deux millions et demi de résidents londoniens avaient jeté leurs déchets directement dans les rues et la Tamise. La situation avait enfin atteint un point critique. Sous les résidences et commerces de la ville se trouvaient plus de 200 000 fosses d'aisances fumantes qui, en toute futilité, étaient systématiquement déblayées par des « hommes de la fange » (« *night soil men* »). Les épidémies de choléra explosèrent tandis que les eaux usées débordaient dans les citernes et rivières, contaminant l'eau potable et entraînant dans leur sillage de nombreuses maladies.

OBJECTIF SURVIE

Il semble que nous rêvions tous d'un retour au bon vieux temps, alors qu'en réalité — rendons-nous à l'évidence — le bon vieux temps était loin d'être si bon que ça. Il y a quatre cents ans, près de 30 % de la population européenne a été décimée par une seule maladie : la peste bubonique. Il y a à peine deux cents ans, à l'époque de la Grande Puanteur à Londres, 45 % des enfants mouraient avant d'avoir atteint l'âge de cinq ans. Dans l'Angleterre victorienne, avoir un enfant qui atteignait l'âge adulte était comme tirer à pile ou face. Imaginez le moral d'une société qui perdait systématiquement près de la moitié de sa descendance.

Et pas besoin de remonter aussi loin que l'Angleterre victorienne. Il y a tout juste cent ans, 20 millions de personnes ont été tuées pendant les quatre années de la Première Guerre mondiale. En 1918, la grippe espagnole a ravagé l'Europe, infectant 500 millions de personnes — un tiers de la population mondiale — et en tuant plus de 50 millions.

Bon, je vous jure que j'en ai terminé avec ce tour des évènements les plus déprimants de l'histoire humaine. Je fais uniquement appel à l'histoire, car il est important pour nous de recalibrer notre esprit pour apprécier les commodités du présent. Notre cerveau nous pousse à croire les charmants récits de nostalgie, mais ces récits contiennent une faille bien réelle : ils capturent rarement la vue d'ensemble. L'histoire est truffée de guerres, de maladies, de famines et, comparées au présent, ces époques révolues donnent à réfléchir. Même dans le cas de pandémies modernes, comme le coronavirus Covid-19, le pronostic humain est largement supérieur à celui des générations précédentes.

Aujourd'hui, dans le monde entier, seuls environ 4 % des enfants meurent avant d'avoir atteint l'âge de cinq ans, et la santé infantile et maternelle globale n'a jamais été aussi bonne. Nous n'avons pas connu de guerre majeure depuis une génération, et la médecine moderne peut traiter la plupart des maladies. En outre, l'hygiène s'est *grandement* améliorée (ce pour quoi je suis reconnaissant). Nous avons du mal à nous souvenir de tout ceci, car nous sommes souvent limités par nos expériences de tous les jours. Non seulement nous considérons à tort l'histoire comme un « âge d'or », mais notre vision de l'avenir est à tort pessimiste.

Le Dr Hans Rosling, défunt spécialiste de santé internationale, a écrit dans son livre *Factfulness* que « chaque groupe d'individus pense que le monde est plus effrayant, plus violent et plus désespéré — en bref, plus dramatique — qu'il ne l'est vraiment ». Malgré les faits, nous sommes prédisposés à un destin déterministe de pessimisme. Cette tendance à « voir tout en noir » est souvent apparente lorsque je discute avec des personnes de leurs finances personnelles. Lorsque nous imaginons leur avenir et planifions leurs stratégies, la conversation prend soudain un virage serré, passant d'une épargne optimiste pour une retraite confortable à une mentalité survivaliste, où l'objectif devient d'amasser de l'argent rapidement. Ces discussions révèlent une vue fataliste de la société en plein effondrement (encouragée, j'en suis sûr, par des sites Web et vidéos YouTube dont l'objectif est de perpétuer cette vision). Personne ne sait ce que l'avenir nous réserve, mais un aperçu du passé récent devrait dissiper nos inquiétudes. Dans son livre *The Rational Optimist*, Matt Ridley s'extasie face à l'accélération rapide de l'avancée et de l'expansion humaines ces 50 dernières années :

> *En 2005, comparé à 1955, l'être humain moyen sur la planète Terre gagnait près de trois fois plus d'argent (ajusté à l'inflation), consommait un tiers de calories alimentaires en plus, n'enterrait qu'un tiers de ses enfants et avait une espérance de vie 33 % plus longue. L'être humain risquait moins de mourir en couche ou d'être victime de la guerre, d'un meurtre, d'un accident, d'une tornade, d'une inondation, de la famine, de la coqueluche, de la tuberculose, de la malaria, de la diphtérie, du typhus, de la typhoïde, de la rougeole, de la variole, du scorbut ou de la polio. Il risquait moins, quel que soit son âge, d'être atteint d'un cancer, d'une maladie cardiaque ou d'un AVC. Il avait plus de chances de savoir lire et écrire et d'avoir*

terminé ses études. Il avait plus de chances de posséder un téléphone, des toilettes dotées d'une chasse, un frigo et un vélo. Tout ceci en un demi-siècle, alors que la population a plus que doublé... À tous les égards, un accomplissement humain stupéfiant.

L'ANTIDOTE

Considérez les cinq graphes qui suivent comme l'antidote visuel à notre tendance à nous inquiéter de l'avenir. Ces graphes, basés sur des recherches analysant les dépenses, l'espérance de vie, le bien-être, la pauvreté et l'éducation dans le monde, sont des rappels réconfortants du cap suivi par l'humanité. En tant que père, je suis optimiste quant à l'avenir de l'humanité et la qualité de vie dont mes enfants et petits-enfants jouiront. Et, nous allons y arriver, en tant qu'investisseur, je me réjouis des opportunités à venir. Je soupçonne que vous vous réjouirez aussi.

La figure 2.1 montre la chute abrupte du pourcentage de nos revenus que nous utilisons pour survivre en Amérique. Autrement dit, nous vivons au pic du revenu disponible. Les frais de scolarité, croisières Disney, voitures de luxe qui se conduisent toutes seules, rendez-vous en ville, cinémas aux immenses fauteuils en cuir et, bien sûr, la possibilité d'économiser pour une retraite confortable : tout ceci constitue un phénomène relativement nouveau lorsque nous visualisons le cours de l'histoire.

Parmi de nombreux autres facteurs, ne pas devoir dépenser chaque dollar gagné sur les produits de première nécessité a radicalement augmenté la perception du bonheur et du bien-être de la population globale (figure 2.2). Pas étonnant ! Nous sommes à présent libres de dépasser la notion de survie dans notre propre hiérarchie de besoins et de commencer à poser des questions plus existentielles sur notre raison d'être, sur ce qu'être épanoui signifie et sur comment nous voulons passer notre temps précieux. Sans le questionnement quotidien de comment payer le loyer et les courses, nous sommes en mesure de passer plus de temps à faire ce qui compte vraiment — et d'être plus heureux en le faisant.

La figure 2.3 est stupéfiante ! L'espérance de vie dans le monde entier connaît une croissance continue. Figurez-vous qu'une personne née cette année a une espérance de vie prévisionnelle plus longue de trois mois par rapport à une personne née en 2019. Plus tôt dans ma carrière, quand mes clients plus âgés affrontaient des défis de santé graves, ils m'interrogeaient souvent sur les centres de soins palliatifs et le prix des traitements de fin de vie. À présent, ils cherchent à rester en vie le plus longtemps possible et sont prompts à envisager les traitements expérimentaux ou les dernières avancées médicales dans le monde. Ces clients savent que plus ils vivent longtemps, plus il y a de chances qu'une innovation puisse traiter leur maladie.

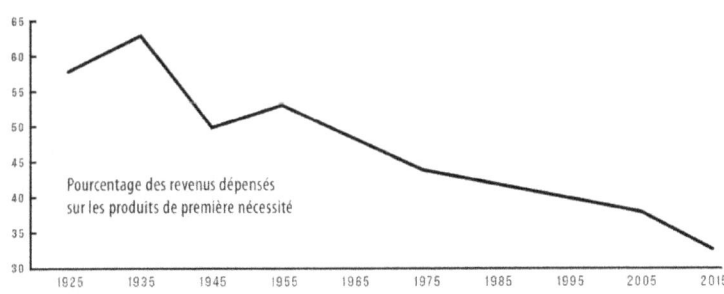

Figure 2.1 DÉPENSES DE PREMIÈRE NÉCESSITÉ

Pourcentage des revenus dépensés sur les produits de première nécessité

Figure 2.2 BIEN-ÊTRE GLOBAL

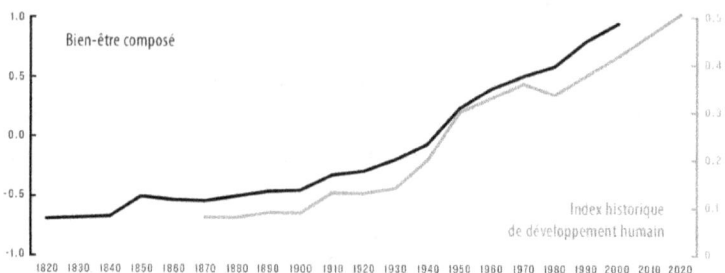

Figure 2.3 ESPÉRANCE DE VIE

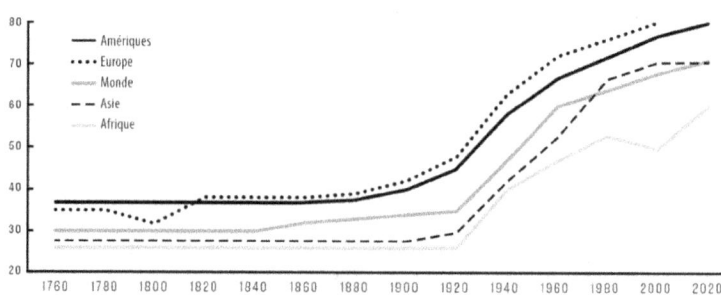

Figure 2.4 PAUVRETÉ EXTRÊME

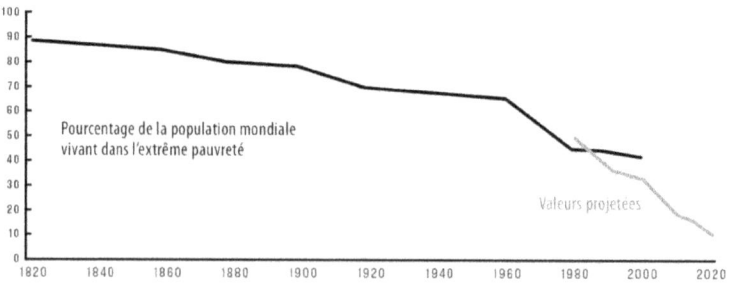

Figure 2.5 ANNÉES DE SCOLARITÉ

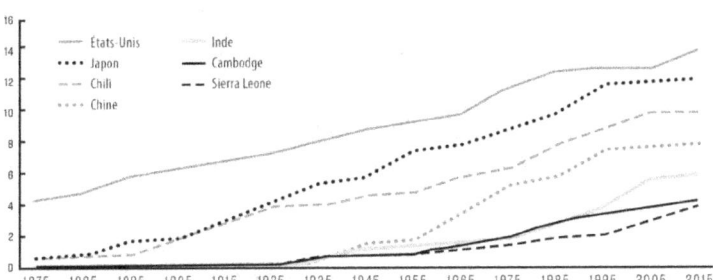

La figure 2.4 est sans doute la plus révélatrice. En supposant que vous n'êtes pas un descendant royal, vous n'avez sans doute pas besoin de remonter très loin dans votre arbre généalogique pour trouver des existences définies par les épreuves et la survie. Jusque dans les années 1950, la vaste majorité de l'existence humaine sur cette planète se passait dans la pauvreté extrême. La « pauvreté extrême » se définit par vivre avec moins de 2 $ par jour (ajusté à l'inflation). Dans les années 1980, 44 % de la population mondiale rentrait dans cette définition de l'extrême pauvreté. De nos jours, à peine quatre décennies plus tard, moins de 10 % de la population vit dans des conditions aussi désespérées. Qu'est-ce qui a changé ? Les développements économiques et technologiques ont propulsé des centaines de millions de personnes dans la classe moyenne. Vous voulez d'autres bonnes nouvelles ? La Banque mondiale estime que nous pourrions avoir complètement éradiqué la pauvreté extrême endéans 20 ans !

Enfin, l'éducation est le grand égalisateur (figure 2.5). Si les familles se concentrent sur la survie, les enfants abandonnent souvent les études à un jeune âge. Les enfants, forcés d'empiler les briques, de mener les troupeaux, de porter de lourds seaux d'eau pendant des heures tous les jours, commencent à voir l'éducation comme un luxe inatteignable. Mais si les forces économiques se mettent en place, les enfants peuvent abandonner les tâches de survie et passer plus de temps à l'école. Plus longtemps les enfants restent à l'école, plus ils ont de chances de développer les compétences nécessaires pour dépasser leurs circonstances sociales et poursuivre de nouvelles opportunités. L'éducation peut permettre aux enfants de décrocher un meilleur emploi, de gagner plus d'argent, d'envoyer leurs propres enfants à l'école et de mettre un terme au cycle de pauvreté dans leur famille, une fois pour toutes.

LE CHŒUR DU CHAOS

Bon, malgré toutes ces bonnes nouvelles, pourquoi n'avons-nous pas l'impression de faire des progrès ? Pourquoi avons-nous l'impression de nager sur une vague tumultueuse ? En partie, je pense que nous devons remercier la presse pour cela. Notre cerveau a une fonction primordiale : survivre. Il est conçu pour se focaliser sur ce qui ne va pas, ce qui est dangereux, ce qui menace notre train de vie. Les chefs d'édition le savent et, armés d'un flux constant de peur, de crises, de comptes à rebours et de suspense, ils vous incitent à regarder leur chaîne.

Les émissions exagèrent souvent les évènements afin d'attirer les téléspectateurs. De nombreux évènements sont conditionnés en histoires avec un slogan et une structure en trois actes. Souvent, ils sont accompagnés d'un chrono pour « mettre la pression ».[5] Tout comme un film créera une tension et un sentiment d'urgence avec un tic-tac (« Si Sandra Bullock n'arrive pas à la base spatiale dans 90 minutes, elle entrera en collision avec des débris spatiaux et mourra ! »),[6] il en est de même pour la presse, qui agrémente bon nombre de ces histoires d'une horloge dans le coin supérieur droit de l'écran. Tic-tac.

---

[5] Merci à mon frère, Mark, scénariste, d'avoir partagé ce concept avec moi. Gratuitement.

[6] Ceci fait référence au blockbuster de 2013 *Gravity*, à ne pas confondre avec « Si Sandra Bullock n'arrive pas à désamorcer la bombe avant que ce bus ne passe sous une certaine vitesse, tout le monde mourra ! » en référence au blockbuster de 1994 *Speed*.

Quand la presse dépeint le monde financier et l'économie, elle emploie les mêmes tactiques. Considérez un peu les termes « mettre sous séquestre » et « mur budgétaire » ou « fiscal cliff ». Ces expressions sont développées pour apporter une nuance de danger à des informations qui sont pourtant loin d'être une question de vie ou de mort. Pour prendre un exemple récent, rappelez-vous le compte à rebours en minutes (vraiment nécessaire ?) jusqu'à l'arrivée au plafond de la dette en 2019. Que s'est-il passé au moment où le compte à rebours a atteint zéro ? Les politiciens ont fait des compromis, signé quelques papiers, et le plafond de la dette a été élevé sans fanfare. Pareillement, il semble que quelle que soit la direction dans laquelle le marché fluctue, un chœur de fatalistes très vocaux domine toujours les chaînes financières. Bien évidemment, rien de tout cela n'est nouveau. La presse financière vend de la peur depuis la panique bancaire américaine de 1907. De nombreux livres ont été écrits sur les inexactitudes des prédictions financières les plus récentes de la presse, comme la stagflation des années 1970, le krach boursier de 1987, la bulle Internet (qui a propulsé l'hystérie à un tout nouveau niveau puisqu'elle a accompagné l'arrivée des nouvelles télévisées 24 heures sur 24), la crise de 2008, la crise de la dette européenne, le plafond d'endettement... et la liste continue.

Alors que retire-t-on d'une telle obsession ? Les investisseurs paniquent inutilement et font des erreurs évitables. De nombreux plans de retraite ont été mis en danger quand des investisseurs ont tout vendu et sont passés au comptant, que ce soit lors de la crise financière de 2008, de l'arrêt des activités gouvernementales ou des pourparlers entourant le plafond d'endettement. Ces vendeurs ont encouru des pertes à vie en passant à côté des gains qui ont été engrangés une fois la crise passée. Autrement dit, ils se sont précipités dans l'ascenseur pour sortir vite fait de là et ont raté celui qui remontait (généralement vers de nouveaux sommets !).

Et qu'en est-il des séquelles sur leur santé physique ? Il est bien connu que les investisseurs sont stressés par les discussions financières dans la presse.

Dans l'article « Financial News and Client Stress » (Actualités financières et stress des clients, 2012), le Dr John Grable de l'Université de Georgia et le Dr Sonya Britt de l'Université d'État du Kansas ont démontré que le niveau de stress d'un individu augmentait substantiellement lorsqu'il regardait les informations financières, indépendamment de leur sujet. Quand le marché dégringole, les gens se soucient de leurs comptes. Quand le marché prospère, ils s'en veulent de ne pas s'être positionnés plus agressivement. Dans les faits, 67 % des personnes qui regardaient les actualités financières étaient affectées par un stress accru. Même quand les actualités financières étaient positives, 75 % d'entre elles exhibaient des signes de stress.

Je ne suis pas en train de suggérer qu'il n'existe pas vraiment de volatilité du marché ou de corrections des cours (et nous explorerons plus en profondeur comment gérer ces périodes plus tard), mais regardons la réalité en face. Aux États-Unis, chaque marché baissier a été suivi par un marché haussier. Chaque contraction économique a été suivie par une expansion économique. Au moment où j'écris ces lignes, les investisseurs sont aux prises avec un marché baissier causé par une pandémie mondiale. Cependant, comme pour tout marché baissier dans l'histoire, le marché se remettra et retrouvera sa trajectoire normale, à la hausse. Mais vous ne vous en douteriez pas en regardant les infos.

Une grande partie du problème posé par la presse financière, c'est que de nombreuses personnes ne comprennent pas sa raison d'être. Les médias sont des entreprises, et les entreprises existent pour faire des bénéfices. La principale raison d'être des médias n'est pas d'informer, mais de gagner de l'argent. Les médias gagnent de l'argent en vendant des publicités, et les chaînes d'informations peuvent facturer plus pour insérer des publicités quand elles ont une plus grande part d'audience. Pour cette raison, l'objectif principal des médias est d'attirer le plus grand nombre possible de téléspectateurs (qu'ils qualifient de « paires d'yeux ») et de s'assurer que ces téléspectateurs visionnent leur chaîne le plus longtemps possible. L'équation est simple :

Plus de téléspectateurs = publicités plus chères = bénéfices plus élevés = actionnaires plus contents

Sur la chaîne météo, rien n'attire plus de téléspectateurs qu'un reportage sur un ouragan ou une tornade. Mais la plupart du temps, la météo est un sujet assez ennuyeux. En partie ensoleillé, 30 % de chances de pluie, possibilité d'orages. Ces gros titres n'attirent pas les foules. Pareillement, il n'y a pas souvent grand-chose à rapporter dans le monde financier. Le marché est en hausse, le marché est en baisse, les entreprises ouvrent leur capital grâce à une introduction en bourse. Cela n'a rien de révolutionnaire. Pour rendre les choses intéressantes, la presse interprète parfois une baisse d'un jour à la Bourse par une crise financière, mais il n'y a souvent pas ou peu d'effet sur le succès du marché à long terme, raison pour laquelle la figure 2.6 est l'une de mes préférées. Elle est bien à propos intitulée « L'innovation humaine surpasse toujours la peur ». Sur le graphique, vous verrez qu'il manque de place pour insérer toutes les « crises à gros titres » remontant jusqu'en 1896. Et que fait le marché ? Le marché hausse les épaules. Et continue à atteindre des sommets, récompensant les investisseurs à long terme.

Figure 2.6. MOYENNE INDUSTRIELLE DU DOW JONES 1896-2016
L'INNOVATION HUMAINE SURPASSE TOUJOURS LA PEUR

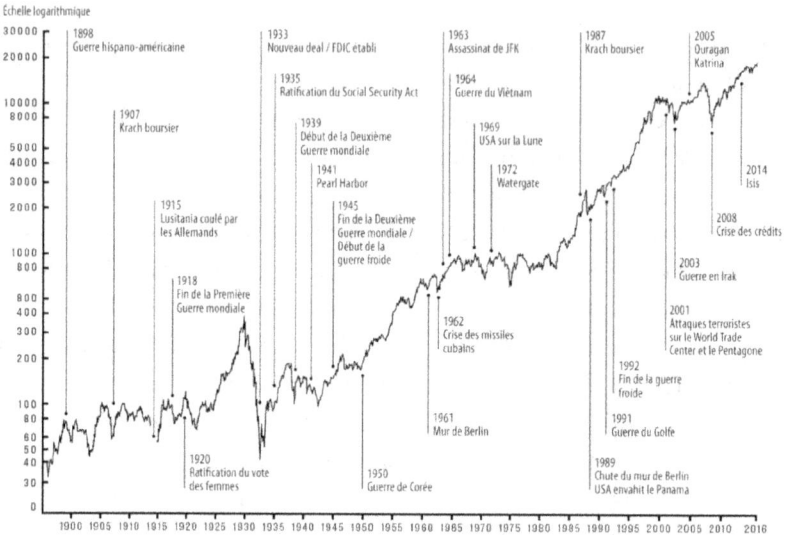

QUELLE IMPORTANCE ?

Bien qu'on l'oublie souvent, une action n'est pas un billet de loterie. C'est le titre de propriété d'une parcelle de société.

—PETER LYNCH

Si une entreprise prospère, ses actions finissent par suivre.

—WARREN BUFFETT

Les gens demandent souvent : Qu'est-ce qui fait chuter ou grimper le marché boursier ? Certains sont sûrs de connaître la réponse, mais ils ont presque toujours tort.

Les investisseurs citent souvent un des facteurs suivants comme moteur principal du cours des actions : le chômage, l'hébergement, la politique économique, la politique monétaire, la force du dollar, la confiance du consommateur, le secteur de la vente et le taux d'intérêt. Ce sont tous des choix populaires. En réalité, une chose compte plus que tout pour la Bourse : les revenus anticipés (c.-à-d. les bénéfices futurs). Si des entreprises gagnent plus d'argent, leurs actions gagnent en valeur et leur cours finit par monter. Le cours en bourse est simplement un reflet du profit potentiel d'une entreprise. Tout le reste est du bruit.

Supposons un instant que vous vouliez acheter une sandwicherie.

Qu'est-ce qui compte à vos yeux ? En tant que nouveau propriétaire de petit commerce, le facteur le plus important pour vous est les revenus anticipés. Si vous achetez un commerce, c'est parce que vous croyez que les bénéfices gagnés justifieront le prix d'achat par un bon rendement. Pour arriver à cette conclusion, vous avez sans aucun doute analysé tous les facteurs qui pourraient affecter votre capacité à gagner de l'argent grâce à cette sandwicherie. Par exemple, si les taux d'intérêt sont bas, vous pourriez rembourser votre prêt à l'aide de plus petites mensualités, ce qui rendrait le commerce plus profitable. Dans ce cas, le taux d'intérêt a son importance, car il affecte vos revenus anticipés. Le prix des marchandises comptera sans doute aussi, puisque le prix de l'huile, du fromage, du jambon et du pain varie. Si le prix de l'huile monte, les livraisons que vous recevrez chaque jour au magasin vous coûteront plus. La hausse des prix alimentaires augmentera également vos dépenses. Bien que de faibles taux d'intérêt puissent améliorer votre résultat net, la hausse du prix des marchandises pourrait également rogner vos bénéfices, et ces deux facteurs affectent vos revenus anticipés. La confiance du consommateur a aussi son importance, car si les consommateurs pensent que leur univers financier est en train de s'effondrer, ils se priveront de votre sandwich à 8 $ pour préparer aux enfants un bon vieux sandwich au beurre de cacahuète et à la confiture à la maison. Ils feront baisser les ventes, ce qui diminuera vos revenus. Vous voyez le topo.

Remarquez cependant que le mot important ici est *anticipés*. Tout le monde se moque des revenus d'hier. Revenons à la sandwicherie sur laquelle vous avez des vues. Vous discutez avec le propriétaire, vous analysez ses comptes et vous pouvez voir qu'il a gagné 100 000 $ durant les trois années précédentes en vendant environ vingt mille sandwichs par an. Cela paraît assez stable, et vous aimeriez lui offrir 200 000 $ pour son fonds de commerce, en sachant que vous pourrez empocher 100 000 $ par an quand vous aurez remboursé le prêt contracté pour cet achat. La troisième année, vous serez créditeur. Mais vous êtes trop sage pour prendre ces chiffres pour argent comptant. Vous avez remarqué que le propriétaire a vendu chaque année cinq mille de ces sandwichs à une grosse boîte qui vient de déposer le bilan. Si vous retirez ces ventes de l'équation, la sandwicherie devient bien moins rentable et les revenus anticipés seront plus bas qu'à première vue. Négociateur malin que vous êtes, vous n'allez pas offrir le même prix pour le commerce. Vous vous concentrez sur la seule chose qui compte vraiment : les revenus anticipés.

Voici ce qu'il faut retenir : tous les autres facteurs affectant l'économie comptent uniquement parce que ceux qui vendent et achètent des titres s'efforcent de déterminer comment les variations de différents « indicateurs » — chômage, taux d'intérêt, etc. — affecteront à terme les revenus anticipés d'une entreprise. Tout le monde se moque de savoir combien certaines sociétés pharmaceutiques ont gagné dans le passé. Ce qu'ils veulent savoir, c'est comment les nouvelles réformes du secteur de santé affecteront les revenus futurs de ces entreprises. Tout le monde se moque de savoir si Starbucks a gagné un million ou un milliard de dollars l'an dernier. Ce qu'ils veulent savoir, c'est si leurs revenus en prendront un coup maintenant que McDonald's s'est mis à vendre du café « gastronomique ». Tout le monde se moque de savoir combien d'argent General Dynamics a gagné en vendant des fournitures militaires au gouvernement dans le passé. Ce qu'ils veulent savoir, c'est si les conflits armés mondiaux persisteront, ce qui fera grimper les ventes futures.

Voilà pourquoi, quand le marché baissier américain de 2008 battait son plein, les investisseurs ont acheté des actions Walmart en s'imaginant que les revenus anticipés augmenteraient tandis que les consommateurs réduisaient leurs dépenses et achetaient tout au plus bas prix possible. C'est le même raisonnement qui a fait baisser le cours du Nordstrom en bourse. Les actions de McDonald's sont restées assez hautes, car les investisseurs s'imaginaient que les consommateurs chercheraient à manger dans des restaurants bon marché. La même logique a fait baisser le cours des actions des restaurants plus haut de gamme comme Cheesecake Factory. Et, bien sûr, les sociétés vendant de l'alcool s'en sont très bien sorties, parce que les gens ont tendance à boire plus quand ils sont déprimés (et quand ils sont heureux, raison pour laquelle l'alcool est considéré comme une marchandise à l'épreuve de la récession).

Un autre fait intéressant ? Dans l'ensemble, la Bourse a tendance à remonter bien avant la fin d'une récession. Pourquoi ? Parce que le marché se moque de savoir ce qui se passe aujourd'hui. Il anticipe les revenus des entreprises à l'avenir. Si le marché boursier chute, c'est parce que les investisseurs pensent que les revenus futurs vont empirer. Si le marché boursier monte, c'est parce que les investisseurs pensent que le climat économique est en train de changer et va permettre aux entreprises de devenir plus profitables à l'avenir.[7]

Évidemment, tant de variables affectent la prévision des revenus anticipés que le marché n'a pas toujours raison à court terme (bien qu'il ait presque toujours raison sur le long terme). Par exemple, vous pourriez acheter la parfaite sandwicherie dans des conditions parfaites et connaître une succession de

---

[7] Bien sûr, cela peut se compliquer, car les investisseurs compareront toujours leurs revenus futurs avec ceux qu'ils pourraient gagner ailleurs. Par exemple, si les bons du Trésor offraient soudain un retour de 10 %, ce grand sifflement que vous entendez pourrait être l'argent qui s'envole de la Bourse pour atterrir dans le marché des obligations.

déboires qui feront capoter vos bénéfices, comme une hausse du crime dans le quartier, la construction imprévue d'une route qui bloque l'accès à votre commerce ou un nouveau régime en vogue qui interdit toute consommation de pain. Nous pouvons avoir un environnement économique presque parfait, mais un avion entre en collision avec un immeuble et fout tout en l'air du jour au lendemain. Cependant, contrairement à votre sandwicherie, qui peut perdre toute sa valeur, la Bourse en elle-même est résistante.

À travers l'histoire, peu importe combien les circonstances ont semblé défavorables, les plus grandes entreprises américaines (l'indice S&P 500) ont fini par non seulement gagner de l'argent, mais également par en gagner plus qu'avant. À chaque fois. Et, comme toujours, la Bourse continue à suivre les gains.

OÙ LE MONDE SE DIRIGE-T-IL ?

C'est mon opinion, et celle de nombreux experts, que le meilleur de l'humanité est devant nous. Comme nous l'avons déjà vu dans ce chapitre, le cours de l'humanité est certainement en hausse. C'est également pour cette raison que ceci pourrait être l'une des meilleures périodes de toute l'histoire pour devenir un investisseur.

Le progrès humain est une force inextinguible : notre avenir n'est pas linéaire, mais bien exponentiel. Un cas d'école : en 1975, un ingénieur de 24 ans appelé Steven Sasson a développé le premier appareil photo numérique indépendant du monde alors qu'il travaillait chez Kodak. Il pesait trois kilos et demi et il fallait 23 secondes pour prendre une photo de 0,01 mégapixel qui ne pouvait être visionnée que sur une grande télévision. Ses patrons n'ont pas été impressionnés. « Ils étaient convaincus que personne ne voudrait jamais regarder ses photos sur grand écran », a expliqué Sasson au *New York Times*.

Sasson a continué à bûcher et, chaque année, la résolution de ses photos a doublé. La netteté est devenue plus nette. Mais les cadres n'étaient toujours pas impressionnés, car ils échouaient à comprendre le pouvoir de la capitalisation :

Doublez quelque chose 10 fois, et cette chose croît mille fois.
Doublez quelque chose 20 fois, et cette chose croît un million de fois.
Doublez quelque chose 30 fois, et cette chose croît un milliard de fois.

Voilà comment fonctionne la technologie. Voilà comment les photos prises avec votre iPhone rivalisent à présent avec celles d'un photographe professionnel. Il a fallu 18 ans à Sasson pour inventer la technologie numérique qui a permis à Kodak de passer de l'analogique au numérique. À ce stade, il était trop tard. Des entreprises comme Sony et Apple ont été plus rapides à embrasser la technologie et ont pris le pas sur leurs concurrents. On connaît la suite.

À l'heure actuelle, nous sommes à l'aube de nombreuses technologies transformatrices « exponentielles ». Pour le novice, elles peuvent ressembler à une photographie numérique précoce, mais ne vous y trompez pas : elles changent la donne pour les investisseurs et, en vérité, pour l'humanité elle-même.

Par exemple, nous en avons appris plus sur le corps humain ces 20 dernières années que durant toute l'histoire de l'humanité cumulée. Ces connaissances se traduisent par des avancées radicales dans les outils disponibles pour lutter contre la propagation des maladies et réinventer les soins de santé. Les progrès dans la manipulation des gènes ont le potentiel d'éliminer la transmission de maladies comme la malaria, ce qui sauverait un million de vies (en grande partie des enfants) perdues inutilement chaque année, et empêcherait plus de 300 millions d'infections supplémentaires. Des progrès similaires dans le domaine de la recherche sur les cellules souches sont le moteur de la médecine régénérative, ce qui permet aux médecins d'utiliser votre propre matériel génétique pour reconstituer des organes malades ou endommagés si nécessaire, offrant le potentiel de prolonger radicalement la durée et la qualité de nos vies.

Ces innovations excitantes améliorent également les manières dont le monde a accès à la nourriture et à l'eau, tout en réduisant simultanément notre empreinte écologique. Les Américains consomment 12 milliards de kilos de viande par an. Une vache consomme environ 50 000 litres d'eau, et les bovins causent 15 % de toutes les émissions de gaz à effet de serre. Le bétail occupe près de 80 % de toutes les terres agricoles dans le monde, mais produit moins de 20 % des calories alimentaires mondiales. Bien que j'apprécie un bon steak, il est facile de voir que notre modèle actuel n'est pas viable, ni économiquement ni environnementalement, pour subvenir aux besoins des 7 milliards d'êtres humains (en croissance constante) qui habitent la planète. Les entreprises développent déjà de la « viande cultivée en laboratoire » (les responsables marketing cherchent sans aucun doute un meilleur nom), ce qui permettrait la création d'une quantité illimitée de morceaux de viande nutritifs, à la texture parfaite et au goût délicieux à partir d'une fraction de la source initiale. L'avènement d'une chaîne alimentaire durable et humaine est proche.

Des innovations similaires ont un impact sur le marché des produits frais. Les fruits et légumes présents dans les rayons de votre supermarché ou restaurant local ont, le plus souvent, voyagé des centaines, voire des milliers, de kilomètres pour atterrir dans votre assiette. Il est estimé que près de la moitié du coût d'un repas au restaurant passe dans le transport des aliments. Imaginez que les produits frais provenant de votre communauté puissent subvenir aux besoins locaux toute l'année, même dans des villes comme Anchorage ou Albuquerque, et que tout soit de saison à tout moment. Les entreprises font de ce rêve une réalité grâce à de nouvelles technologies qui permettent à l'équivalent de 12 hectares de cultures d'être cultivées dans un entrepôt fermé, entièrement autonome, à l'épreuve du climat, qui fait à peine 4 000 mètres carrés. En plus de cela, ces « fermes » n'utilisent que 5 % de l'eau utilisée normalement pour faire pousser ces cultures. Cette technologie n'a pas pour seul objectif d'apporter de la variété et de la commodité au monde développé; ce genre d'innovations a des applications excitantes pour parer aux pénuries alimentaires dans le monde entier, en particulier dans les climats rigoureux, où l'agriculture traditionnelle est difficile.

Les famines ne sont pas la seule menace pour une grande portion du monde actuel. Malgré d'énormes progrès, plus d'un milliard de personnes n'ont toujours pas accès à de l'eau potable, et des millions de personnes meurent chaque année à cause de maladies à transmission hydrique. L'accès à de l'eau propre a des répercussions sur tous les aspects de la vie ; l'eau propre signifie une meilleure santé, du temps pour l'éducation et pour d'autres activités. Rien qu'en Afrique, les femmes passent 40 milliards d'heures par an à aller chercher de l'eau à pied. Imaginez l'accroissement du rendement si l'eau propre se trouvait à quatre minutes plutôt qu'à quatre heures de marche. Les entreprises s'efforcent de révolutionner l'accès à l'eau en éliminant le besoin traditionnel de creuser des puits ou d'améliorer les systèmes de filtration, en utilisant la vapeur d'eau présente dans l'air. La technologie existe à présent pour puiser plus de deux mille litres d'eau douce chaque jour, à partir de l'air qui nous entoure ! Et que se produit-il quand les gens ont accès à de l'eau ? Ils sont libres ! Libres d'aller à l'école, de trouver du travail, d'utiliser des toilettes avec une chasse, de se lancer dans les affaires, et ils sont protégés contre des maladies évitables et la mort. Ils sont libres de contribuer à l'économie globale (ce qui augmente la productivité et la richesse pour tous).

La vitesse en augmentation constante de la transmission de données cellulaires a fait beaucoup à elle seule ; les publicités pour la technologie 5G sont légion dans le pays. Ces nouveaux réseaux promettent des débits Wi-Fi sur vos appareils portables plus rapides que les câbles et l'ADSL connectés dans vos maisons ou bureaux. L'impact de cette technologie dépasse de loin la possibilité de regarder d'anciens épisodes de *Friends* en streaming pendant vos vacances. Des continents entiers bénéficieront d'un accès immédiat et rapide à Internet et tout ce qu'il a à offrir ; dans certains cas, pour la première fois. Les enfants auront accès à des informations et ressources éducatives comme jamais auparavant. Les entrepreneurs auront accès à encore plus de marchés et d'outils numériques, éliminant les barrières pour rejoindre le marché mondial. Et ces hauts débits permettront la prolifération de nouvelles technologies de réalité augmentée, de réalité virtuelle, de streaming en 4K et plus. Ils permettront également le déploiement à large échelle de l'intelligence artificielle (IA), l'utilisation prometteuse de l'apprentissage machine pour enrichir nos vies. Le PDG de Google Sundar Pinchai a dit : « l'IA est une des choses les plus importantes sur laquelle l'humanité travaille. Cette technologie est plus profonde que la découverte de l'électricité et le feu ».

À l'heure actuelle, nous vivons à une époque où la science-fiction a pris vie. Songez un peu à ce que le célèbre écrivain de science-fiction Jules Vernes penserait. Au XIXe siècle, il imaginait des sous-marins, bulletins d'information, voiles solaires, modules lunaires, publicités aériennes, vidéoconférences, pistolets à impulsion électrique et hydravions, toutes des technologies qui sont devenues réalité de nos jours.

Je n'ai fait qu'effleurer l'avenir incroyable et exponentiel qui nous attend. De nombreuses autres technologies, comme la robotique, les voitures autonomes, les drones avec passagers, l'impression 3D et la blockchain, ont tout autant d'impact. L'idée est que l'avenir qui nous attend, nous et nos enfants, est excitant. L'innovation ne s'est jamais produite à un rythme aussi rapide dans toute l'histoire de l'humanité ! Si vous voulez en apprendre plus sur ces sujets, je vous recommande les livres *Abundance* de Peter Diamandis et *The Rational Optimist* de Matt Ridley.

À ce stade, vous pourriez vous demander : « Quel rapport entre toutes ces innovations et mon indépendance financière ? » La réponse est « tout ! ». Rappelez-vous ce dont le marché se soucie avant tout ? Les revenus anticipés futurs ! Il est estimé que 1,2 milliard d'êtres humains sont en train de sortir de la pauvreté et d'entrer dans les classes moyennes. Que 3 milliards de personnes qui ne sont pas encore connectées auront bientôt accès à Internet et tout ce qu'il a à offrir. Nous sommes à l'aube d'un raz de marée de nouveaux consommateurs qui vont déferler sur le marché. Qui voudront acheter des iPhones, porter des tennis Nike, manger au McDonald's, faire des emplettes chez Gap, acheter une Volkswagen, poster sur Instagram, regarder Netflix et utiliser Uber. Qui voudront acheter les produits et services d'entreprises qui n'existent même pas encore ! Le prochain Google, le prochain Apple, le prochain Facebook n'attendent qu'à être développés pour tracer la voie du développement humain.

Lorsque vous combinez ces tendances démographiques stupéfiantes aux technologies exponentielles que nous avons abordées dans ce chapitre, vous obtenez ce que je pense être une des meilleures époques de toute l'histoire pour devenir un investisseur qui se diversifie dans le monde entier et sur le long terme. Vous n'aurez pas à choisir des entreprises aveuglément en espérant avoir investi dans la prochaine start-up milliardaire (souvent appelées « licornes » par les investisseurs). Vous pouvez posséder une part de *toutes* les plus grandes entreprises qui s'élèvent naturellement vers le sommet (nous en reparlerons plus tard). Ce que vous ne pouvez *pas* faire, c'est rester tétanisé par une peur manufacturée de l'avenir. Ceci ne servira à personne, et surtout pas à vous.

Alors commençons notre voyage et traçons votre voie vers la liberté financière. Laissez l'excitation du futur alimenter votre voyage !

CHAPITRE TROIS

LE MOTEUR DERRIÈRE CHAQUE DÉCISION

par Tony Robbins

La tête n'en fait qu'à sa tête.
—VIEUX PROVERBE

Un de mes bons amis, appelons-le Jason, m'a donné la permission de narrer son parcours en dents de scie dans l'espoir qu'il vous soit utile. Que le voyage commence… Jason était, et est toujours, un homme extrêmement intelligent. Au début des années 2000, il avait bâti une firme publicitaire à succès en partant de zéro. Il était très fier de ce qu'il avait créé et, en tant que dirigeant de sa société, il était transparent en ce qui concernait sa vision et ses capacités. Autrement dit, capitaine de son bateau, il émanait de lui une immense « certitude », et son équipe avait foi en lui. En 2004, Jason a vendu son entreprise pour environ 125 millions de dollars, un témoignage de sa perspicacité et de ses compétences en affaires. Il n'avait alors que 40 ans. Certes, il était extrêmement fortuné, mais la vente était bien plus significative que l'argent à ses yeux. Il avait écrasé la compétition, franchi la ligne d'arrivée et démontré aux yeux de tous (et aux siens) qu'il était effectivement le personnage qu'il projetait. Il ne lui a pas fallu longtemps pour déménager de New York à Las Vegas, une ville faite sur mesure pour les jeunes méga-millionnaires. Partout où il allait, on déroulait le tapis rouge à ses pieds ; Jason sentait qu'il était « arrivé ».

Peu après, son esprit d'initiative s'est remis à le démanger, et il a décidé de se lancer dans l'immobilier. Mais au lieu de rénover quelques maisons, il a décidé de faire tapis et de développer non pas un, ni deux, mais trois gratte-ciels d'appartements de luxe. Dans l'esprit de Jason, peu importait qu'il n'ait aucune expérience dans l'immobilier. Il était devenu un magnat, et les magnats réussissent toujours, pas vrai ?

Douze mois plus tard, le développement était bien avancé, et ses appartements sans acompte se vendaient comme des petits pains. Des soirées d'inauguration extravagantes attiraient le gratin de la société, des célébrités qui déboursaient des millions pour acquérir ses penthouses. Nous étions en 2006, et l'économie était en plein essor, ainsi que la fortune de Jason, qui s'était envolée pour atteindre environ 800 millions de dollars... sur papier.

J'ai eu la chance de rencontrer Jason à un de mes évènements. Je me rappelle m'être assis avec lui pour l'implorer de diversifier ses actifs et d'adopter des mesures pour se protéger. Malheureusement, m'écouter l'intéressait moins qu'essayer de me vendre un appartement dont « la valeur ne ferait que grimper ».

« Récupère quelques jetons sur le tapis. Prévois pour les périodes de vaches maigres. Ne mets pas tous tes œufs dans le même panier. » Je tombais à court d'analogies, mais Jason ne l'entendait pas de cette oreille. Il était manifestement grisé — non par l'alcool ou la drogue, mais par ses « besoins émotionnels ». Jason se sentait invincible. Il était « l'homme de la situation », de plus en plus proche de son premier milliard — un jalon stratosphérique qui marquerait son arrivée ultime. « Chaque jour était empli d'une incroyable excitation : nouveaux choix, nouvelles expériences, nouvelles relations très en vue, nouvelles ventes, nouvelles opportunités de croître et de se développer », m'a-t-il expliqué.

Vous pouvez probablement deviner la fin de cette histoire. La crise financière de 2008 a ravagé le marché immobilier de Las Vegas plus que toute autre ville aux États-Unis. En 2010, 65 % des domiciles valaient moins que le montant nécessaire pour les rembourser. Un « naufrage » de proportions titanesques. La Grande Récession a dissuadé presque tous les acheteurs de Jason, le laissant avec des gratte-ciels vides en construction. Sa fortune avait à présent dégringolé à moins 500 millions de dollars. Vous avez bien entendu. Il devait environ un demi-milliard de dollars aux diverses banques, qui lui tournaient autour comme des requins affamés.

Je partage cette histoire avec vous pas uniquement parce que c'est une anecdote douloureuse sur l'importance de diversifier ses actifs. Il en existe des tas. Surtout, c'est une histoire sur comment notre cerveau fonctionne et comment nos besoins émotionnels peuvent nous éloigner de la voie de la raison — la voie de la liberté financière. Comme Jason pourrait l'attester, il est bien plus évident avec le recul que ses besoins émotionnels ont étouffé les compétences en prise de décision d'un entrepreneur autrement brillant. Il serait facile de faire passer l'histoire de Jason pour un récit de cupidité aveuglante, mais je vous assure que l'esprit humain, le vôtre comme le mien, est bien plus complexe que cela. Si nous ne comprenons pas le mécanisme de nos besoins émotionnels, nous passerons notre voyage sur la banquette arrière de la voiture, sans jamais vraiment prendre le volant.

VOTRE LOGICIEL EST FIXÉ

Ma mission d'aider les gens à transformer leur vie a commencé il y a près de quatre décennies. J'ai eu le privilège de travailler avec plus de 4 millions de personnes lors d'évènements en direct dans le monde entier. La tapisserie humaine que j'ai connue et avec laquelle j'ai interagi est à la fois vaste et profonde — de présidents aux athlètes professionnels et mères au foyer ; de titans de l'industrie à des adolescents vivant dans des cités. Ma position unique m'a permis de voir des schémas de comportement humain qui transcendent l'âge, la géographie, la culture et le statut socio-économique. Pour faire simple, nous autres humains possédons tous le même logiciel. Bien sûr, chacun d'entre nous est unique dans ses désirs et son histoire, mais ce qui motive les gens, ce qui les pousse à l'action, ce qui leur parle, est simplement la tentative du cerveau de subvenir à un ou plus des «6 besoins humains». Mon ami et coauteur Peter Mallouk dit qu'il mentionne souvent ces besoins lorsqu'il aide ses clients à réfléchir à ce qui pourrait vraiment les motiver, ainsi que leurs décisions.

Ces 6 besoins humains sont ce qui nous fait vibrer. Ils sont universels et forment le carburant derrière nos actions, nos compulsions et même nos addictions. Ils peuvent représenter une force créatrice ou une force destructrice. Nous avons tous les mêmes 6 besoins et leur donnons des priorités différentes. De plus, nous subvenons à ces besoins de manières très différentes. La manière dont vous subvenez à ces besoins est ce qui déterminera en définitive si vous vivez une vie épanouie.

Mon espoir est que ce chapitre vous ouvrira les yeux quant à ce cadre simple, mais puissant, afin que vous compreniez quels besoins sont des priorités dans votre vie et si vous subvenez à vos besoins de manière productive. Nous découvrirons également comment la quête de la liberté financière sera aidée ou gênée par vos 6 besoins.

CERTAINS SONT TELLEMENT FAUCHÉS, QU'ILS N'ONT QUE DE L'ARGENT

Peut-être vous demandez-vous « Qu'est-ce que mes besoins émotionnels ont à voir avec la liberté financière ? Et si on s'en tenait à gagner de l'argent, Tony ? » Eh bien, laissez-moi vous poser une question : pour quelle raison désirez-vous bâtir une fortune ? Nous sommes tous d'accord sur le fait que ce n'est pas pour accumuler des bouts de papier illustrant des présidents morts. Cherchez-vous de la certitude et de la sécurité ? Désirez-vous être libre de faire ce que voulez, quand vous le voulez ? Pourchassez-vous la fortune pour vous sentir spécial ou unique ? Ou avez-vous un désir de contribuer — de servir ceux qui sont dans le besoin et avoir un impact durable ? Peut-être toutes ces choses à la fois. Voilà toutes les émotions que vous désirez ressentir. Des émotions motivées par des besoins.

Afin de retirer de la joie de votre quête de la liberté financière, vous devez mieux comprendre comment notre logiciel fonctionne vraiment et, idéalement, le paramétrer pour gagner ! Tandis que nous explorons chacun des 6 besoins humains, je partagerai avec vous quelques courtes anecdotes réelles provenant de mon vécu et de mon travail dans les finances personnelles. Ces divers scénarios illustrent comment les besoins de ces personnes motivent leurs décisions financières — pour le meilleur ou pour le pire.

PERMETTEZ-MOI DE VOUS PRÉSENTER VOS BESOINS
1ER BESOIN : CERTITUDE
Pour ma part, je ne sais rien avec certitude,
mais la vue des étoiles me fait rêver.
—VINCENT VAN GOGH

Notre besoin de certitude est sans doute le mécanisme de survie le plus profondément ancré dans le cerveau humain. L'instinct de conservation est la trame de fond de notre système d'exploitation, et éviter les risques inutiles est la « priorité n° 1 » de votre logiciel vieux d'un million d'années. Cependant, lorsqu'il s'agit d'investir, prendre des risques est inhérent au jeu, alors vous voyez comment un besoin écrasant de certitude pourrait vous motiver à prendre de mauvaises décisions (p.ex., cacher vos économies sous votre matelas, vendre tous vos titres au premier signe de volatilité).

Quand la certitude prend les commandes de votre quête de la liberté financière, sa main pourrait être un peu trop serrée sur le volant. Son désir d'éviter tout risque pourrait aller trop loin et entraver vos chances de succès. Mais quand le contexte et l'équilibre sont bons, la certitude peut changer la donne. Lorsque vous savez comment les marchés fonctionnent et ce que vous devez faire pour rester sur la bonne voie, vous éprouverez un véritable sentiment de liberté pendant le voyage et arrivé à destination.

Voyez comment la CERTITUDE affecte ces scénarios financiers :

- La baby-boomer qui a fui le marché en 2009 et reste assise sur une pile d'argent comptant dans l'espoir de « temps meilleurs » pour y retourner. Elle est passée à côté du plus long marché haussier de l'histoire et a compromis ses chances d'une longue retraite dorée.
- Les jeunes mariés qui planifient sagement leur avenir, financent leur épargne retraite, mettent de l'argent de côté pour envoyer leur enfant à l'université et se sont protégés grâce à un plan immobilier et financier. Ils se sentent bien ancrés, alors que la majorité de leurs amis dépensent tout ce qu'ils ont et n'ont établi aucun plan.
- L'homme qui investit uniquement dans des certificats de dépôt et bons du Trésor pour satisfaire son obsession de « garanties ». Ironiquement, s'il ne prend pas plus de risques pour sécuriser un meilleur retour sur investissement, il n'atteindra jamais ses objectifs de retraite. Ses besoins psychologiques surpassent ses besoins financiers véritables.
- Le couple de classe moyenne qui renonce au luxe, achète avec parcimonie et a économisé 25 % de ses revenus annuels depuis qu'ils ont commencé à travailler (le mari a choisi un emploi au gouvernement pour bénéficier d'une pension garantie). Maintenant qu'ils sont retraités, leur portefeuille de retraite s'élève à sept chiffres.
- Le couple qui économise plus qu'il ne pourrait jamais dépenser pendant sa retraite, mais refuse de partir en vacances, de s'acheter un latté à 4 $ ou de louer la voiture de luxe qu'ils ont toujours désirée. Ironiquement, leurs enfants hériteront de tout leur argent et n'auront aucun problème à le dépenser libéralement !

Alors voilà ma question : comment la certitude se révèle-t-elle dans votre quête de la liberté financière ? En avez-vous assez, pas assez ou beaucoup trop ?

Conseil de vie : Bien que la certitude soit saine à bonne « dose », laisser ce besoin prendre le dessus mène vite à la paralysie, car une seule chose est sûre : la vie est incertaine.

2ᵉᴹᴱ BESOIN : VARIÉTÉ / INCERTITUDE
La variété est l'épice de la vie, celle qui lui donne toute sa saveur.
—WILLIAM COWPER

La variété est ce qui rend la vie intéressante ! L'incertitude est aussi ce qui vous aide à développer votre muscle émotionnel, qui vous fait savoir que vous pouvez affronter tout ce que la vie vous réserve. La spontanéité est un autre aspect de ce besoin, qui peut revigorer votre sentiment d'émerveillement et d'aventure. Comme je l'ai dit, nous possédons tous ces 6 besoins, mais vous êtes peut-être déjà en mesure de dire si vous tendez plutôt vers la certitude ou la variété. Êtes-vous un bohémien dans l'âme qui aime voyager ? Vous détestez les horaires et les listes de tâches ? Ou alors vous préférez tout régenter, la structure, la prédictibilité, les règles claires du jeu ?

Voyez comment le besoin de VARIÉTÉ est le principal moteur dans ces situations :

- L'homme qui veut toujours trouver le prochain investissement « sexy » dont personne n'a encore entendu parler, pour pouvoir s'en vanter à la prochaine soirée. Il adore faire des recherches et lire des articles pour trouver des idées.
- Le couple qui passe des heures innombrables à planifier les détails de ses prochaines vacances ou escapades, mais ne passe même pas une heure par an à analyser ses finances personnelles. Ils ne paient que l'intérêt sur

leurs cartes de crédit et ne cotisent qu'une somme assez ridicule à leur plan 401(k) parce qu'ils préfèrent dépenser leur argent maintenant.
- Le joueur qui éprouve le besoin constant de décrocher la lune pour atteindre la liberté financière. Il prend des risques immenses et inutiles pour sentir le rush du pari.

Conseil de vie : Si vous avez un besoin écrasant de variété, au point qu'il devient le moteur de votre vie quotidienne, vous pourriez vous retrouver détaché de tout ce / tous ceux qui compte(nt) pour vous.

3ᵉᵐᵉ BESOIN : RECONNAISSANCE

Ce qui compte dans la vie, ce n'est pas seulement d'avoir vécu. C'est la différence faite dans la vie des autres qui définit le sens de la vie que nous avons menée.

—NELSON MANDELA

Nous désirons tous nous sentir importants. Nous avons tous besoin de nous sentir uniques. Nous voulons tous savoir que nous comptons pour quelque chose, que nous changeons quelque chose. Ceci peut se révéler de nombreuses belles manières, comme quand notre conjoint ou nos amis nous donnent une pêche d'enfer. La reconnaissance que nous cherchons peut se dévoiler dans notre mission de vie, dans le métier que nous choisissons, dans les titres auxquels nous aspirons. Nous pouvons trouver un sens à notre vie en étant un merveilleux parent, une âme sœur aimante, un ami important, ou simplement l'enfant de notre Créateur.

Il y a également les moyens plus évidents, et généralement moins épanouissants, de demander qu'on nous accorde de l'importance. L'exemple le plus frappant est dans les articles que nous choisissons d'acheter. L'un achète une Lamborghini orange qui rugit lorsqu'il freine aux feux, tandis que l'autre achète une Toyota Prius plus soucieuse de son entourage (mais tous deux cherchent un sens à leur choix et ce qu'il dit d'eux). Certains veulent se démarquer avec des tatouages et des piercings, tandis que d'autres choisissent des talons à semelle rouge et un sac orné d'un monogramme à 2 500 $.

Certains cherchent la reconnaissance de manières plus subtiles et destructrices, comme avoir toujours plus ou de plus gros problèmes — un trait appelé « mentalité de victime ». J'ai souvent dit que notre pire addiction en tant que société n'était pas à une substance, mais à nos problèmes. Nous connaissons tous des individus qui insistent sur combien leur vie est moche et qui passent à côté des cadeaux qui se trouvent juste sous leurs yeux. Ils alimentent souvent leur statut de victime avec des sentiments de droit et de jugement envers les autres. Les réseaux sociaux amplifient ces traits néfastes maintenant plus que jamais. Malheureusement, la majorité de ces individus n'échangent jamais leurs blessures contre quelque chose de plus valorisant et significatif. Nous avons tous nos blessures, mais les personnes les plus intéressantes et puissantes sont celles qui choisissent de croire que la vie se passe *pour* eux, pas *contre* eux. Les blessures ne sont pas leur identité, mais leur carburant.

Le principal ici est que le besoin de reconnaissance doit être manié avec précaution. La manière grâce à laquelle nous éprouvons un sentiment d'importance est cruciale pour notre épanouissement, nos relations et notre succès financier à long terme.

Voyez comment le besoin de RECONNAISSANCE se révèle dans le parcours financier de ces individus :

- Le type qui veut se montrer plus malin que les autres, alors il dévore toute la presse financière puis se lance dans le stock picking (une stratégie perdante pour presque tous les investisseurs, y compris les professionnels). Il adore se vanter de ses gains auprès de ses potes de golf, mais ne mentionne jamais ses pertes.

- Le jeune homme qui choisit de ne pas participer au marché. Il diabolise les « porcs capitalistes » et Wall Street, qui lui permettent cependant de négliger sa propre sécurité financière.
- La personne qui amalgame sa spiritualité et sa sagesse financière, et décide que l'argent est la source de tous les maux (et, par conséquent, tous ceux qui en ont aussi). Elle décide de ne pas se soucier de l'argent et, ironiquement, elle passe tout son temps à s'inquiéter de ne pas en avoir assez. Remarque en passant : c'est l'AMOUR de l'argent qui est la mère de tous les vices, par l'argent lui-même.
- Le type qui méprise la société et qualifie les autres de « moutons » trompés par le gouvernement. Il place toutes ses économies dans une cryptomonnaie au nom intelligent parce qu'il est convaincu que c'est la voie vers un « avenir décentralisé » et en fait constamment l'apologie à ses amis.

Conseil de vie : Ne vous méprenez pas : les approches temporelles et dysfonctionnelles de reconnaissance sont une mission perdue d'avance, une quête futile, une soif inextinguible. Comme tous les autres besoins, quand ils sont satisfaits de manière malsaine, ils peuvent devenir une prison. S'il n'est pas contrôlé, le besoin de reconnaissance peut transformer un individu en égocentrique à part entière, aveuglé par l'orgueil et trop narcissique pour s'adonner au sacrifice de soi requis pour avoir des relations durables.

4ÈME BESOIN : AMOUR ET CONNEXION

Les plus belles choses du monde ne peuvent être vues ou même touchées. Elles sont ressenties avec le cœur.

—HELEN KELLER

L'amour est l'oxygène de l'âme. C'est ce que nous désirons vraiment. Nous sommes faits pour l'amour altruiste et inconditionnel, et nous le savons intuitivement (d'où notre appétit pour les chansons d'amour et les films romantiques). Cela peut être l'amour d'un conjoint, d'un membre de la famille ou d'un ami proche. Cela peut aussi être le pouvoir de la connexion — un sentiment subtilement différent. Se sentir connecté à la nature, à une histoire émouvante ou à votre chanson préférée peut vous donner l'impression que tout va bien dans le monde. La connexion la plus importante est, évidemment, à nous-même. Être à l'écoute de vos besoins est votre droit inné en tant que gardien de votre âme.

Alors, comment diable un besoin d'amour et de connexion a-t-il un rapport avec votre voyage financier ? Vous seriez surpris...

- Deux meilleures amies, qui ont pour rituel de faire du shopping ensemble et de contracter d'immenses dettes en achetant des marques de haute couture. Leur codépendance a trouvé un exutoire dangereux et onéreux. Elles se vantent même de la couleur de leur carte de crédit, qui les démarque du reste des accros du shopping (remarque : vous pouvez voir combien le besoin de reconnaissance est lui aussi bien présent dans ce comportement).
- Le couple qui a sagement planifié ses objectifs d'indépendance financière ensemble, mais se fait des surprises en s'offrant des vacances et des petits luxes amusants lorsqu'ils atteignent certains jalons importants.
- L'homme qui a choisi son pote d'université comme courtier et sait que celui-ci lui vend des produits financiers pour engranger des commissions substantielles. Il ne peut se résoudre à passer aux services d'un conseiller fiduciaire par peur de perdre cette amitié.

Conseil de vie : L'amour est ce que nous cherchons le plus, et nous le cherchons souvent des manières les plus intéressantes qui soient. Certains ont peur de se dévoiler et d'être aimés et se contentent souvent de substituts, comme des « amis » sur des réseaux sociaux ou des actes intimes avec des inconnus.

Les quatre premiers besoins sont ce que j'appelle les « besoins de la personnalité ». Les deux derniers surgissent au fil de notre évolution, lorsque nous commençons à reconnaître les besoins plus profonds de l'âme.

5ÈME BESOIN : CROISSANCE
La croissance commence lorsque nous commençons à accepter notre propre faiblesse.
—JEAN VANIER

Le principe de la vie stipule que si nous ne sommes pas en train de grandir, nous sommes en train de mourir. La liberté financière est vaine si nous n'éprouvons pas de sentiment de croissance dans notre vie. Nos relations, nos affaires, notre spiritualité et nos croyances ont besoin de se développer, nos esprits ont besoin d'évoluer et, bien sûr, notre fortune de croître. La raison pour laquelle nous nous développons, c'est pour avoir quelque chose à donner. Bien entendu, nous pourrions donner de l'argent, et nous le devrions, mais nous pouvons également donner de nous-mêmes, notre sagesse, notre amour et plus.

Je pense qu'une histoire de ma vie privée est l'anecdote parfaite. Comme j'en ai déjà parlé dans mes livres, j'ai grandi dans un foyer assez pauvre. Quand j'avais environ 11 ans, nous n'avions pas assez de nourriture dans les placards pour les fêtes de Thanksgiving. Nous étions sans ressources, et la tension entre mes parents était palpable. Quelqu'un a frappé à la porte et, surprise, un ange est arrivé : un livreur avec des sacs de courses remplis de tout ce dont nous pourrions avoir besoin. Il nous a dit que c'était un cadeau de la part d'un ami. Mes frères, mes sœurs et moi-même étions fous de joie, mais mon père, dans sa fierté, a failli refuser la nourriture parce qu'il « n'acceptait pas l'aumône ». Le livreur a beaucoup insisté, et mon père a fini par accepter les provisions à contrecœur. Ce soir-là, nous avons dégusté un délicieux repas, parce qu'un inconnu veillait sur nous. Le message était clair : si des inconnus veillaient sur moi, je devais veiller à mon tour sur des inconnus. Sautons jusqu'à mes 18 ans, quand j'ai entendu parler de deux familles locales dans le besoin. Je leur ai rendu la pareille le jour de Thanksgiving. Elles étaient si reconnaissantes qu'elles m'ont étreint et étreint encore, alors que je leur avais dit que je n'étais que le livreur.

Dans la camionnette que j'avais empruntée, j'ai fondu en larmes après la dernière livraison. J'ai repensé à ce Thanksgiving, qui aurait pu être un des pires jours de mon enfance, mais qui, à la place, était devenu un des meilleurs jours et m'avait façonné pour ce moment précis. La vie se passait *pour* moi, pas *contre* moi. Je parie que vous pourriez dire cela d'un moment dans votre vie aussi. Lors de chaque Thanksgiving qui a suivi, j'ai nourri toujours plus de familles dans le besoin, et j'ai recruté des amis pour remplir d'immenses paniers de nourriture et de provisions. Nous avons appelé notre mission la « Basket Brigade » et, aujourd'hui, ma fondation aide à nourrir chaque année des millions de personnes.

En 2014, j'ai appris que le gouvernement allait réduire les bons alimentaires (le programme d'aide supplémentaire à la nutrition SNAP). La coupe budgétaire décrétée équivalait à supprimer 21 repas par mois pour une famille de quatre. Autrement dit, une famille allait devoir se priver de manger pendant une semaine chaque mois à moins que les citoyens, les banques alimentaires et les associations à but non lucratif n'interviennent. Il était temps pour moi de faire croître et de développer ma générosité. Je me suis associé à Feeding America pour fixer un défi immense : « Le défi des 100 millions de repas. » En reversant les bénéfices des deux livres précédents et grâce à d'autres dons personnels, nous avons dépassé notre objectif et avons désormais passé la barre des 400 millions de repas offerts ! Nous l'avons officiellement rebaptisé « Le défi du 1 milliard de repas » et sommes en bonne voie pour atteindre ce défi ambitieux. Oui, il s'agit bien ici de contribution, mais avant tout et surtout de croissance. De développer notre vision, nos objectifs, notre générosité et beaucoup, beaucoup plus encore.

Conseil de vie : Certains des individus les plus prospères que j'ai rencontrés ont tout ce qu'ils pourraient jamais désirer, mais leur croyance qu'ils sont « arrivés », qu'il n'y a plus rien à conquérir, a freiné leur croissance, et ils se retrouvent inévitablement insatisfaits.

6ÈME BESOIN : CONTRIBUTION
On gagne sa vie avec ce que l'on reçoit,
mais on la bâtit avec ce que l'on donne.
—WINSTON CHURCHILL

Comme je viens de le partager, je crois de tout mon cœur que le secret de la vie est de donner. Se dépasser soi-même, voilà ce qui pimente vraiment la vie. Voyez les choses comme ceci : votre vie n'a de sens que celui que vous êtes en mesure de créer. Quand votre vie a un sens, indépendamment de ce que vous avez en banque, votre âme est épanouie. Mais le sens n'est pas créé en regardant son propre nombril. Il est créé en donnant, et en donnant généreusement. En donnant votre temps, votre amour, vos ressources — sans rien attendre en retour. Quand votre coupe déborde, vous devenez une bénédiction pour tous ceux qui vous entourent, mais, le plus merveilleux dans tout ça, c'est que vous en êtes le plus grand bénéficiaire !

Voici quelques belles anecdotes illustrant le pouvoir de la CONTRIBUTION :

- Le couple qui a planifié assidûment et dépensé sagement, ce qui leur permet de donner généreusement à l'église et de contribuer aux frais d'université de leur petit-enfant, ainsi que de faire du bénévolat à l'hôpital des enfants local. Leur retraite est emplie d'un sens, d'une raison d'être profonds.
- La famille de quatre qui se rassemble pour décider à qui bénéficiera leur don annuel ; tous ont voix au chapitre. Chaque enfant doit choisir son association préférée et rapporter le bien qui a été fait grâce au don de sa famille. Ils cultivent un cœur de générosité qui durera des générations.

- Un vieil homme qui avait décidé que sa fortune serait léguée à sa mort et pas avant. Peter l'a convaincu qu'il « valait mieux donner avec une main chaude qu'avec une main froide ». Il a commencé à faire des dons aux œuvres locales et à leur rendre visite pour constater le fruit de sa générosité. Il a été profondément ému et s'est rendu compte combien sa vie était plus épanouissante lorsqu'il desserrait les cordons de sa bourse.

    Conseil de vie : Donner est une discipline. Si vous ne donnez pas un centime pour chacun de vos dollars aujourd'hui, vous ne donnerez jamais 1 000 $ pour chaque 10 000, 1 million ou 10 millions de dollars. Commencez à vous discipliner et cultivez un esprit joyeux et généreux !

JASON, TAKE THE WHEEL[8] !

Vous vous rappelez l'histoire de Jason, à Las Vegas ? Le Jason dont la fortune s'élevait à moins 500 millions de dollars ? Avant d'être trop prompts à juger, analysons les rouages des 6 besoins humains dans l'esprit de Jason. Était-il aveuglé par son besoin de reconnaissance ? Sans aucun doute ! Il n'y a pas de meilleure recette que d'être le tout nouveau promoteur immobilier à Sin City. Il était extrêmement certain de ses compétences en affaires après avoir vendu sa société pour une somme à neuf chiffres (bien que sa certitude ait été complètement déplacée, puisqu'il n'avait aucune expérience dans l'immobilier). Sa nouvelle ville de résidence, Las Vegas, l'excitation et les défis d'être le tout nouveau promoteur en ville, les soirées et évènements promotionnels, ont donné à Jason une immense sensation de variété. Il trouvait également des connexions dans son environnement social florissant et ses interactions avec des acquéreurs potentiels.

Je vois souvent que quand trois besoins ou plus sont satisfaits en même temps, les ingrédients d'une addiction sont en place (qu'elle soit positive ou négative).

---

8 « Jason, prends le volant ! » Référence à Jesus Take The Wheel, chanson de Carrie Underwood

Dans chaque anecdote de ce chapitre, un ou plus parmi les 6 besoins humains étaient présents. Je pourrais écrire tout un bouquin sur la manière dont ces besoins interagissent et se métamorphosent au fil du temps et des différentes phases de la vie. Il existe quantité d'exemples sur la façon dont nos besoins façonnent nos vies, nos histoires, mais la question la plus importante est : comment façonnent-ils actuellement la vôtre ? Qu'est-ce qui motive votre désir de liberté financière ? Quels besoins pourraient vous retenir ? À quels besoins devriez-vous donner la priorité ? Quels besoins devraient être relégués au second plan ?

Comprendre ce qui vous motive vous permet d'éliminer les obstacles auto-imposés et de donner la priorité à vos besoins d'une manière plus épanouissante et percutante. Dans ma vie, j'ai découvert que la véritable liberté était de dépasser les besoins de base et de s'efforcer d'assouvir les besoins supérieurs de croissance et de contribution. Bien évidemment, les attributs de la fortune (voitures, maisons, etc.) peuvent être amusants un moment ; mais lorsque je me lance à la conquête d'un défi qui me dépasse, je puise dans un carburant infini et une capacité augmentée de connaître le bonheur véritable. Quand je me suis fixé pour objectif de contribuer un milliard de repas (actuellement 400 millions) à ceux dans le besoin, c'était une tâche intimidante qui allait demander un effort incroyable. Pareil quand je me suis engagé à fournir de l'eau potable à 250 000 personnes pour le restant de leurs vies. Je ressens la dure réalité, dans le sens où ces enfants mourraient sans mon soutien. Ces objectifs de contribution audacieux m'ont permis de voir mes finances et mes investissements sous un nouveau jour. Ils sont devenus plus que des chiffres sur un écran. Ils représentent l'opportunité de donner, de soutenir, de nourrir, de laver, etc. Ce sont des expressions tangibles de mon amour pour les autres et de ma profonde gratitude pour la vie au-delà de mon imagination.

Durant votre quête de la liberté financière, n'oubliez pas pourquoi vous la poursuivez : vous essayez de satisfaire vos désirs émotionnels et psychologiques. J'ai rencontré de nombreuses personnes qui jouissent d'une sécurité financière, mais pas de la liberté qui l'accompagne. Ils sont riches en argent, mais vivent dans la pauvreté émotionnelle. Ils ne connaissent pas la joie, la croissance ou la contribution. Ils ont beaucoup, mais manquent du plus important.

Alors, bien que vous deviez certainement cibler des objectifs financiers mesurables, la clé est non seulement de choisir quelles émotions vous voulez expérimenter dans le cadre de votre quête (p.ex., gratitude, excitation, générosité, passion), mais de décider de les expérimenter maintenant, pas dans un futur défini par un nombre. La liberté financière est en partie un état d'esprit, atteignable maintenant, indépendamment de votre situation financière. Oui, vous aurez besoin d'une bonne stratégie (ce dont traite le reste de ce livre), mais votre mentalité, votre désir et votre volonté de prendre le contrôle de vos besoins émotionnels définiront en définitive votre liberté réelle.

Maintenant que Peter vous a donné un aperçu de l'avenir et que je vous ai donné un aperçu des priorités de votre esprit, il est temps de sélectionner un partenaire pour votre voyage.

PARTIE II

TRACER VOTRE VOIE

CHAPITRE QUATRE

CHOISIR UN GUIDE POUR VOTRE VOYAGE

par Peter Mallouk

La route n'est jamais longue en bonne compagnie.
—PROVERBE TURC

La voie vers la liberté financière est longue. Elle commence par votre premier emploi — oui, ce job étudiant de maître-nageur compte — et se termine par l'héritage que vous aimeriez léguer à vos descendants. Que vous décidiez de tracer cette voie seul ou avec l'aide d'un conseiller ne dépend que de vous et de vos besoins financiers. Cela dit, tout alpiniste expérimenté sait qu'escalader l'Everest sans guide est déconseillé ; l'enjeu est trop élevé. Ceux qui se passionnent pour la planification à long terme, qui s'y connaissent et s'informent sur le marché, et dégagent du temps pour investir, pourraient choisir de faire le voyage seul. D'autres pourraient décider de s'allier à un conseiller financier pour une variété de raisons. Comme nous l'apprendrons, choisir le bon conseiller peut faire la différence entre atteindre le sommet et errer sans but autour du camp de base.

Environ la moitié des Américains ont recours aux services d'un conseiller financier. Vous pourriez penser qu'une personne fortunée a les connaissances financières et l'assurance nécessaire pour s'en sortir seul. En réalité, plus la fortune d'une personne est élevée, plus la probabilité qu'il ou elle se tourne vers un conseil financier est élevée. Les individus fortunés sont plus susceptibles de savoir tout ce qu'ils ne savent pas. Ils sont également plus susceptibles de savoir qu'investir est capital pour leur succès financier à long terme.

Ayant fait affaires avec des milliers de familles fortunées, je peux vous dire que la plupart croient à une ou plusieurs parmi les propositions suivantes :

- Elles attachent de l'importance à leur conseiller financier et pensent que les bons conseillers valent plusieurs fois leurs honoraires.
- Elles savent qu'il est important d'éviter les grosses erreurs de placement.
- Elles accordent de l'importance à certains placements auxquels elles ne pourraient pas accéder seules.
- Elles sont susceptibles de bénéficier substantiellement de conseils en fonds spéculatifs et ont l'habitude de recourir à des professionnels comme des avocats, consultants et professionnels fiscaux.
- Elles sont susceptibles d'accorder de la valeur à leur temps et de ne pas vouloir en passer hors de leur domaine d'expertise.
- Elles veulent que leur conseiller financier soit une ressource pour elles-mêmes ou leurs membres en cas de problèmes persistants.
- Elles veulent que leur conseiller financier assure la relève en cas d'incapacité ou de décès.

De nombreux Américains attendent d'avoir accumulé des actifs substantiels avant de se tourner vers un spécialiste pour les aider à les investir. C'est une erreur critique ! C'est comme escalader une montagne, vous retrouver bloqué à mi-hauteur et devoir rebrousser chemin, alors que vous auriez simplement pu demander votre chemin à l'alpiniste chevronné qui a atteint le sommet d'innombrables fois. Tracer un itinéraire au début de votre voyage financier vous permettra d'économiser du temps et de l'argent à long terme.[9] Il est vrai que les avantages incrémentaux d'un conseiller n'ont pas autant d'impact

---

9   Même si vous ne vous considérez pas encore comme un investisseur, il est important d'embrasser cet aspect comme faisant partie de votre identité.

pour quelqu'un qui a 100 000 $ à investir que pour quelqu'un qui en a un million, mais le bon conseiller peut être le facteur clé pour atteindre vos objectifs financiers. Quels prêts devriez-vous d'abord rembourser ? Quelle somme devriez-vous cotiser à votre régime de retraite ? Combien devriez-vous économiser pour envoyer vos enfants à l'université ? Ceci n'est qu'un échantillon parmi toutes les questions qui exigent une réponse au début du voyage financier de chacun. Et ce sont les questions auxquelles les conseillers financiers adorent répondre.

Pour les clients patrimoniaux, fortunés, la décision de s'allier à un conseiller financier est souvent facile. Ceux qui possèdent moins d'argent sont parfois plus réticents. Au minimum, obtenez le conseil de qualité[10] dont vous avez besoin pour emprunter la bonne voie vers la liberté.

LA PLUPART DES CONSEILLERS FONT PLUS DE MAL QUE DE BIEN

Si vous pouvez aider les autres, faites-le. Mais si vous ne le pouvez pas, au moins ne leur nuisez pas.

—DALAÏ-LAMA XIV

Le choix de recourir à un conseiller financier vous revient à vous seul. Si vous désirez vous associer à un conseiller financier, soyez prêt à faire des recherches pour en trouver un à la fois compétent et digne de confiance. Parce que laissez-moi vous révéler tout de suite un grand secret dans le secteur financier : la majorité des conseillers font plus de mal que de bien.

La plupart tombent dans une de ces quatre catégories :

---

10   Remarquez l'accent mis sur « qualité ». Malheureusement, de nombreux conseillers offrent des conseils qui leur sont plus bénéfiques qu'à vous.

1. Ils conservent[11] votre argent dans le cadre du cours normal de leurs affaires.
2. Ce sont des vendeurs déguisés.
3. Ils emploient des stratégies préjudiciables aux objectifs financiers de leurs clients, parce qu'ils essaient de vous vendre ce que vous voulez entendre. Et ce même s'ils savent que ça ne fonctionne pas, ou parce qu'ils ne savent pas ce qu'ils font.[12]
4. Ils se décrivent comme des « gestionnaires de patrimoine » qui vous consultent sur chaque aspect de votre vie financière, mais sont en réalité des « gestionnaires d'argent » qui veulent vous vendre un portefeuille de fonds et vous voir une fois de temps à autre pour discuter des progrès.

Il y a de nombreux aspects à prendre en compte pour choisir un conseiller, mais si vous parvenez à manœuvrer entre les quatre écueils fondamentaux que je nomme les « 4 C » (pour conflit, conservation, compétence et « customisation »), vous éliminerez environ 90 % des conseillers sur votre liste. Vos chances de trouver un professionnel compétent, qui ne volera pas votre argent, ne vous vendra pas ses propres produits et ne vous induira pas en erreur, seront bien plus élevées si vous prenez en considération les 4 C lorsque vous choisissez un conseiller financier.

---

[11] *Conservation* est un mot sophistiqué pour expliquer où/comment votre argent est contrôlé. Par exemple, Bernard Madoff est dépositaire/conservateur de votre argent.

[12] Je ne me réjouis pas du tout de recevoir les lettres d'insultes de certains conseillers financiers.

1ᴱᴿ CRITÈRE PROBLÉMATIQUE DE SÉLECTION D'UN CONSEILLER : CONFLIT

Conflit d'intérêts : conflit entre les intérêts privés et les responsabilités officielles d'une personne dans un poste de confiance.

—DICTIONNAIRE MERRIAM-WEBSTER, ONZIÈME ÉDITION[13]

Il y a tant de manières d'être trompé par un conseiller financier qu'il est choquant que la profession existe toujours. Je ne connais aucun autre secteur où les gens recherchent les conseils d'un professionnel et, le plus souvent, se retrouvent dans une pire posture qu'au départ. Cela va faire grincer les dents de quelques noms dans l'industrie, mais la réalité est que le secteur financier est brisé. Une autre déclaration qui va déranger : si vous avez choisi un conseiller typique, il y a plus de chances que vous soyez mieux loti sans lui.

La raison est simple : l'écrasante majorité des conseillers financiers ne sont pas dans votre camp. De nombreux conseillers touchent des primes s'ils vous vendent certains produits, d'autres n'ont pas un devoir fiduciaire de servir au mieux vos intérêts et une portion travaille pour des firmes qui vendent leurs propres fonds exclusifs. Si cela ressemble à votre situation, il est temps de vous trouver un nouveau conseiller — le plus tôt, le mieux. Alors, comment déterminer si votre conseiller, tout sympathique qu'il soit, a des conflits d'intérêts ? Je vais décomposer ce problème en trois parties afin de vous faciliter la tâche de déterminer si votre conseiller passe ces tests critiques.

---

13   Par exemple, le secteur financier.

TEST 1 : « *ÊTES-VOUS UN CONSEILLER OU UN COURTIER ?* »
« Malgré ce que de nombreux consommateurs sont amenés à croire, tous les conseillers financiers ne servent pas au mieux leurs intérêts lorsqu'ils suggèrent des véhicules de placement. Ils ne sont pas tenus de respecter une norme fiduciaire. »
NAPFA (ASSOCIATION NATIONALE DES CONSEILLERS EN FINANCES PERSONNELLES)

Neuf Américains sur dix sont d'accord — dont 76 %, tout à fait d'accord — sur le fait que lorsqu'ils reçoivent des conseils en placement d'un conseiller financier, cette personne devrait d'abord servir les intérêts du client et divulguer tout conflit d'intérêts qui pourrait influencer ses conseils. Assez raisonnable, si vous voulez mon avis. L'ironie, c'est que neuf conseillers sur dix ne sont pas tenus de servir au mieux les intérêts de leurs clients. En outre, la loi américaine n'aide pas à distinguer les diverses responsabilités d'un conseiller financier à votre égard. Commençons par quelques définitions, afin de pouvoir classer ces conseillers en catégories.

DÉFINITION D'UN CONSEILLER EN PLACEMENTS
L'Investment Advisers Act de 1940 définit un *conseiller en placements inscrit* (RIA) comme une « personne ou firme qui, contre honoraires, est engagée dans l'acte d'apporter des conseils, de faire des recommandations, de publier des rapports ou de fournir des analyses de titres, soit directement soit dans des publications ». En bref, les conseillers fournissent des recommandations et reçoivent des honoraires pour leur expertise.

Les conseillers en placements inscrits sont tenus de respecter une norme fiduciaire. Comme votre médecin ou votre expert-comptable, un conseiller en placements a un devoir fiduciaire à votre égard, ce qui veut dire qu'il ou elle a l'obligation fondamentale de toujours placer vos besoins avant les siens. Les conseillers en placements doivent également divulguer tout conflit d'intérêts et ne peuvent pas effectuer des opérations qui génèrent plus de revenus pour eux-mêmes ou leur firme. Vous pourriez être en train de hocher la tête et de penser que c'est du simple bon sens. Cependant, je vous assure que ce n'est pas si commun que ça !

DÉFINITION D'UN COURTIER

Le Securities Exchange Act de 1934 définit un *courtier* comme « toute personne se livrant à des transactions de titres pour le compte d'autres personnes ». Le cœur du métier de courtier est d'acheter et de vendre des investissements. Vous pourriez penser qu'il serait donc facile de différencier un courtier d'un fiduciaire, mais ce n'est pas aussi simple que ça. En fait, une législation récente n'a fait que compliquer la distinction entre les deux métiers. D'abord, un peu d'histoire.

Historiquement, les courtiers étaient tenus de respecter ce qui est appelé la « norme d'acceptabilité » ; ils n'étaient pas légalement tenus de servir au mieux vos intérêts, mais simplement d'apporter des conseils ou d'effectuer des transactions jugées « acceptables ». Par exemple, ils pouvaient vous vendre un produit ou un capital excellent pour leur portefeuille alors que des options à moindre coût ou à meilleur rendement étaient disponibles. Et c'était complètement légal, puisque la vente était considérée comme « acceptable ». Mais depuis quand vous contentez-vous de ce qui est simplement « acceptable » ?![14]

En 2019, la SEC (Securities and Exchange Commission) a essayé d'améliorer la situation en introduisant la Reg BI (pour Regulation Best Interest, autrement dit « Régulation Meilleur Intérêt »). L'idée était que les courtiers devraient respecter une norme plus stricte lorsqu'ils donnent certains conseils et que, dans ces circonstances, ils seraient à présent tenus de servir au mieux les intérêts de leurs clients (d'où régulation « meilleur intérêt »). Cela ressemble beaucoup à la définition d'un fiduciaire, alors les courtiers sont-ils devenus

---

14 Vous vous imaginez un peu aller au restaurant et choisir un repas « acceptable » ? Ou encore choisir un conjoint « acceptable » ? Vous préférez recevoir des conseils en placements « acceptables » ou qui servent au mieux vos intérêts ?

des fiduciaires ? La réponse est un non catégorique. Le président de la SEC Jay Clayton a expliqué la différence lors d'une interview sur CNBC peu après l'entrée en vigueur de la nouvelle régulation :

> *[Le devoir fiduciaire est] un mélange de responsabilité et de loyauté. Vous avez un devoir de diligence envers quelqu'un, et vous devez servir les intérêts du client avant les vôtres. Du côté des courtiers, la régulation meilleur intérêt contient de nombreux éléments similaires, mais nous voulons que les gens comprennent que les univers des conseillers en placements et des courtiers-négociants sont différents. Ils sont très différents dans la manière dont les professionnels sont payés. Dans l'univers des conseillers en placements, c'est beaucoup plus une relation à long terme, où les conseillers touchent des honoraires trimestriels, annuels, et ont une longue relation de gestion de portefeuille avec vous. Ce sont deux relations très différentes, et nous voulons que ce soit clair.*

Voilà où le bât blesse : Reg BI ne définit pas clairement ce que signifie « meilleur intérêt » ! L'incertitude plane toujours sur la manière dont cette régulation sera mesurée et imposée, mais une chose est sûre : ce n'est pas la même norme de diligence légale que la norme fiduciaire. La régulation permet expressément aux firmes « [d'offrir] des produits exclusifs seulement, de placer des limitations matérielles sur le choix de produits ou d'encourager la vente de tels produits via des avantages rémunérés. » Je ne sais pas vous, mais cela ne correspond pas à ma définition personnelle de « meilleurs intérêts ».

ALORS, QUELLE DIFFÉRENCE ?

Le paysage a beau être confus, les Américains sont doués pour reconnaître l'embrouille. Dans un récent sondage sur la perception qu'ont les Américains des conseillers financiers, 60 % des personnes interrogées pensaient que les conseillers financiers servaient mieux les intérêts de leur employeur que ceux du client.

Alors quelle est la différence entre ces conseillers qui travaillent pour vous et ceux qui travaillent pour leur patron ? Pour faire court, si votre agent est un conseiller en placements inscrit indépendant, cette personne a un devoir fiduciaire à votre égard et est tenue de respecter la norme de diligence légale la plus stricte. Mais si votre conseiller est un courtier, ce n'est pas le cas. Pour le consommateur moyen, faire la distinction n'est pas évident. C'est parce que la plupart des courtiers exercent sous des titres délibérément vagues comme « conseiller financier ». Selon le *Wall Street Journal*, il existe plus de 200 appellations pour un conseiller financier, y compris « consultant financier », « gestionnaire de fortune », « agent financier », « conseiller en placements » et « conseiller en gestion de patrimoine ». Pas étonnant que les Américains se méfient des conseillers financiers ! Vous allez devoir poser plus de questions et creuser en fonction.

Vous vous demandez peut-être à présent pourquoi ces grandes banques et ces courtiers veulent éviter la norme fiduciaire. La raison est simple : vendre des produits exclusifs, et les différentes formes de rémunération dérivées de ces produits, est une pratique lucrative. Ces firmes préfèrent divulguer ces conflits d'intérêts — généralement en petits caractères au verso de longues déclarations — plutôt que de les éliminer. De nombreux courtiers travaillent pour des entreprises cotées en bourse, et ces pratiques aident à générer autant de bénéfices que possible pour leurs actionnaires.

En définitive, non seulement les courtiers n'ont pas de devoir fiduciaire, mais ils font du lobbying au Congrès pour s'assurer que cela ne change pas. Gardez cela à l'esprit lorsque vous décidez à qui vous allez confier votre argent.[15]

---

15   Imaginez ceci : Vous payez un conseiller financier qui va partager sa commission avec sa firme. Cette firme dépense ensuite une partie de cette somme pour faire pression sur le Congrès et permettre à ses conseillers de vous conseiller sans devoir servir au mieux vos intérêts. Cela résume la plus grande partie du secteur financier.

Il existe plus de 650 000 « conseillers financiers » aux États-Unis. La plupart sont des courtiers. Cela signifie que le secteur financier n'est pas tenu aux devoirs de diligence légaux les plus stricts lorsqu'il gère votre argent. Effrayant, non ? Vous pouvez déterminer si votre conseiller est un courtier en lui posant deux questions clés :

1. Êtes-vous un courtier ou un conseiller en placements ? Réponse correcte : conseiller en placements uniquement.
2. Êtes-vous agréé par la SEC ou par la FINRA (Organisme de régulation du secteur financier) ? Réponse correcte : la SEC uniquement, pas les deux (double affiliation) et pas juste la FINRA (courtier uniquement).

Maintenant que nous avons éliminé environ 85 % des conseillers financiers, essayons de réduire encore le champ d'action.[16]

TEST 2 : « ÊTES-VOUS VRAIMENT INDÉPENDANT,
OU SEULEMENT UNE PARTIE DU TEMPS ? »
LE CONSEILLER DOUBLEMENT INSCRIT EST L'ULTIME LOUP DÉGUISÉ EN MOUTON.

Jusqu'ici, nous avons divisé le métier de conseiller financier en deux catégories principales : les conseillers en placements indépendants et les courtiers. Cependant, nous devons aller un peu plus loin pour assurer que vous ayez affaire à quelqu'un qui est *toujours* tenu d'agir dans votre intérêt, pas seulement une partie du temps.

Malheureusement, la loi américaine autorise les conseillers financiers à avoir une « double affiliation », ce qui veut dire qu'ils peuvent être inscrits à la fois

---

16   Notez que je ne dis pas que tous les courtiers sont mauvais. Ce n'est certainement pas le cas. Il y a des courtiers honnêtes et malhonnêtes tout comme il y a des conseillers financiers honnêtes et malhonnêtes. Je dis juste que vous devriez, au minimum, exiger que la personne que vous embauchez pour vous aider soit légalement tenue de servir au mieux vos intérêts à tout moment, et les courtiers ne satisfont pas à ce critère.

en tant que conseiller indépendant et en tant que courtier. J'espère que vous êtes bouche bée en lisant ces lignes. Comment une personne peut-elle à la fois être un conseiller financier tenu aux normes de diligence les plus strictes et un courtier qui ne l'est pas ?

C'est une situation extrêmement dangereuse, car ce conseiller peut honnêtement dire qu'il est un conseiller en placements tenu à la norme fiduciaire ; cependant — et c'est un énorme *cependant* — cette même personne peut passer *au cours d'une même conversation* d'un conseiller en placements, tenu de respecter la norme fiduciaire et de veiller sur vos intérêts, à un courtier, qui n'a aucune obligation d'agir en ce sens. Vous avez bien lu. En s'affiliant sous ces deux appellations, un conseiller peut agir conformément à la norme fiduciaire dans certaines situations et en tant que courtier pour éviter de devoir respecter cette norme dans d'autres. Bonne chance pour faire la distinction. Le conseiller à affiliation double est l'ultime loup déguisé en mouton. Il y a deux manières de déterminer si un « conseiller en placements indépendant » exerce également comme courtier. La première, posez directement la question. La deuxième, regardez sa carte de visite ou son site web. Si vous voyez « fonds offerts par courtier-négociant *ABC* », vous avez affaire à quelqu'un qui est également un courtier. Si vous travaillez avec un conseiller doublement inscrit, ne soyez pas surpris que votre portefeuille d'investissement finisse par contenir des investissements commissionnables, rentes variables et fonds exclusifs.

Ce qui nous amène au troisième et dernier test.

> *TEST 3 : « ME VENDEZ-VOUS VOS PRODUITS EXCLUSIFS ? »*
> *Ne demandez jamais à un coiffeur si vous avez besoin d'une coupe de cheveux.*
> —WARREN BUFFETT

À mon avis, un conseiller qui revend ses propres produits est le pire genre d'arrangement pour un investisseur. L'investisseur a fait l'effort de chercher un conseiller indépendant et, à la place, se retrouve avec un vendeur déguisé. Et ne vous y trompez pas : quand vous engagez un courtier, vous engagez un vendeur. Si vous allez donner à un conseiller votre argent durement gagné en échange de ses conseils, le moins que vous puissiez exiger de cette personne est qu'elle n'ait pas un produit à vous vendre et soit légalement tenue de veiller sur votre argent.

Par exemple, vous n'iriez pas voir un concessionnaire Honda en vous attendant à une réponse impartiale à la question : « Quelle marque de voiture devrais-je acheter ? » Sans faire d'étude de marché ni même recevoir de retour des consommateurs, le concessionnaire vous recommandera d'acheter une Honda. De la même manière, vous ne devriez jamais choisir un conseiller dont la firme, ou la firme affiliée, possède des *fonds exclusifs* (des fonds appartenant à l'entreprise et dont la vente lui bénéficie). Si c'est le cas, ne soyez pas surpris de les voir apparaître dans votre portefeuille.

Si vous travaillez avec un courtier ou un conseiller doublement affilié, prenez une minute pour analyser votre portefeuille. Examinez vos investissements. Vous découvrirez sans doute que vous avez investi dans certains des fonds appartenant à l'entreprise affiliée, parfois sous un nom de marque séparé. Posez-vous cette question : « Est-ce que ces fonds sont ceux qui me conviennent le mieux au monde ? » La réponse est probablement non. Quelle est la probabilité que votre conseiller travaille *justement* pour la firme qui possède *justement* le meilleur investissement possible pour toutes les allocations données de votre portefeuille ? Cela peut arriver de temps à autre, mais c'est peu probable. Si un conseiller travaille pour une firme qui vend ses propres fonds ou est affilié à une firme qui vend ses propres fonds, continuez à chercher.

UNE DERNIÈRE CONSIDÉRATION SUR LES CONFLITS D'INTÉRÊTS
J'entends souvent les gens dire que bien que leur conseiller ait des conflits d'intérêts, cela n'a aucune importance parce que le conseiller en question est

digne de confiance, ou parce qu'ils ont fait leurs études ensemble, ou parce que leurs enfants fréquentent la même école primaire. À ceux d'entre vous qui éprouvent ce sentiment de loyauté, gardez à l'esprit que votre épargne vous survivra. Quel genre de conseils recevront votre conjoint ou vos enfants après votre mort ? Dans ma carrière d'avocat en planification successorale, j'ai vu de nombreux conseillers vendre une rente onéreuse au conjoint survivant et se jeter sur un client peu méfiant qui n'avait même pas encore eu le temps de régler la succession ! D'un autre côté, vous pourriez vivre jusqu'à un grand âge, mais ne pas être aussi vif d'esprit dans votre vieillesse. Quand votre famille et vous-même ferez face à des obstacles ou à des difficultés, mieux vaut avoir un conseiller financier tenu d'être impartial et cohérent. Warren Buffet aime dire qu'il préfère acheter une entreprise qui peut être dirigée par un idiot, parce que ce sera le cas un jour. Je recommande de toujours s'allier à un conseiller indépendant (qui n'est pas aussi un courtier), parce que même si les conflits d'intérêts du courtier ne sont pas apparents aujourd'hui, ils le seront probablement un jour.

2ᵉᵐᵉ CRITÈRE PROBLÉMATIQUE DE SÉLECTION D'UN CONSEILLER : CUSTOMISATION

Une de ces choses n'est pas comme l'autre.
—BIG BIRD

L'un des aspects les plus importants pour planifier le bon portefeuille est la customisation, mais la grande majorité des portefeuilles vendus sont des modèles standards, pré-coupés, basés en grande partie sur la tolérance au risque. Ces modèles sont facilement évolutifs et expliquent comment les grandes banques et maisons de courtage peuvent gérer des milliards de dollars d'actifs. Essentiellement, vous optez pour un des 6 menus à la carte. Or, un portefeuille adapté à la situation spécifique de chaque investisseur est crucial pour atteindre le succès financier individuel, mais cela requiert plus de travail. Cependant, l'effort en vaut la peine. Examinons quelques exemples de comment la customisation peut vous bénéficier.

Supposons que vous décidiez que vous devez diversifier votre portefeuille en déplaçant une portion de vos investissements dans de nouvelles positions. Dans la plupart des cas, un conseiller vendra tout votre patrimoine existant pour bâtir un nouveau portefeuille contenant vos positions privilégiées. Le problème, c'est que cette façon de faire aura sans doute des implications fiscales négatives qui ne pourront être couvertes par la performance des nouvelles positions. Autrement dit, un tel changement vous coûtera plus d'argent que vous n'êtes susceptible d'en récupérer.

Prenons un autre exemple. Supposons que vous déterminiez que votre portefeuille devrait contenir une allocation générale dans des stocks d'énergie. Vous découvrez que le meilleur moyen d'accomplir ceci est d'utiliser un *fonds négocié en bourse* (FNB) qui possède trente à cinquante des plus grandes sociétés énergétiques du pays. Cependant, une bonne portion de votre portefeuille est déjà investie dans ExxonMobil et Chevron, qui forment une grande partie de l'index. Ces deux portefeuilles d'actions ont crû de près de 100 % depuis que vous les avez achetés. Plutôt que d'encourir un impôt considérable sur les gains en capital en vendant vos actions Exxon et Chevron, il serait plus avisé de garder ces positions et, à la place, de réduire la quantité proportionnelle de titres FNB que vous aimeriez acheter. Ce genre de personnalisation est complètement sensé, mais la majorité des portefeuilles préemballés n'autorisent pas ces ajustements cruciaux.

LA DIFFÉRENCE ENTRE UN GESTIONNAIRE DE PORTEFEUILLE ET UN GESTIONNAIRE DE FORTUNE

Le danger lorsque l'on a recours à un gestionnaire de portefeuille — un conseiller dont le seul rôle est de gérer votre portefeuille –, c'est que cette personne n'est pas équipée pour vous considérer en tant qu'individu. Pour la majorité de ceux qui ont travaillé avec un conseiller financier, il s'agit de se faire vendre un ensemble de fonds et de se réunir une fois l'an pour voir ce qu'ils ont rapporté (et de se faire vendre un nouvel investissement ou produit). Cette approche générique des gestionnaires de portefeuilles est insuffisante. Par exemple, à un moment donné, un gestionnaire de portefeuille pourrait décider d'investir dans des fonds immobiliers. Cela pourrait s'avérer une excellente décision pour un client typique, mais cela n'a sans doute aucun sens pour quelqu'un qui a fait fortune dans l'immobilier. Le client a sans doute déjà alloué des fonds à l'immobilier et risquerait de surinvestir dans ce secteur et de s'exposer en cas de régression soudaine du marché.

Ce genre de décision peut avoir un impact radical sur votre succès financier global. Vous devriez gérer vos finances de la même manière qu'un médecin envisage votre santé : en regardant le tout de manière holistique plutôt que comme des éléments séparés. En voyant comment les pièces s'assemblent, votre gestionnaire de fortune devrait pouvoir sélectionner des investissements judicieux, qui prennent en compte votre patrimoine existant et vos objectifs futurs. Et avec l'aide d'un bon gestionnaire de fortune, votre portefeuille peut être plus diversifié que si vous embauchiez une demi-douzaine de gestionnaires de portefeuilles. Il y a une différence énorme entre gérer l'argent de la même manière pour tout le monde et donner des conseils financiers personnalisés.

Un autre avantage de la customisation ? Elle vous aide à rester fidèle à votre portefeuille quand le marché baisse ou que vous traversez une mauvaise passe. Si vous savez que votre portefeuille est adapté à vos besoins spécifiques, vous savez pourquoi vous possédez chaque allocation et *pourquoi* elles se trouvent dans chacun de vos différents comptes. Grâce à cela, vous serez plus enclin à conserver votre portefeuille et à vous abstenir de faire des choix émotionnels quand les temps seront durs.

L'IMPORTANCE D'AVOIR UN PLAN FINANCIER

Un avion est une machine bien huilée, constituée de milliers de pièces. Elle peut fonctionner incroyablement bien, mais sans plan de vol et corrections de cap continues, la probabilité d'arriver à destination est mince, voire nulle. Votre portefeuille n'est qu'une partie de votre plan financier. Considérez votre portefeuille comme le carburant de votre avion et votre plan financier comme les commandes de vol qui vous permettront de maintenir le cap.

Et, tout comme les coordonnées de l'Islande sont très différentes de celles de Singapour, votre plan financier devrait être adapté à vos circonstances et à votre destination. Un plan financier écrit et bien défini devrait guider toutes vos décisions d'investissement (vous apprendrez comment dresser un plan financier au chapitre 5). Si vous avez recours à un conseiller, cette personne devrait au minimum capturer les informations nécessaires sur vos actifs courants, vos économies prévues et vos sources de revenus, ainsi que comprendre vos objectifs financiers jusqu'au bout avant de vous apporter des conseils en investissement. Tout le monde veut passer directement aux placements, mais un plan bien défini est la clé pour rester sur la bonne voie.

Bien que le plan puisse devenir bien plus perfectionné que ceci, comme c'est souvent le cas à Creative Planning, c'est un prérequis essentiel pour qu'un gestionnaire de fortune puisse vous donner des conseils compétents. Mais que votre plan financier soit basique ou complexe, si vous cédez la gestion de votre argent sans en avoir un, alors vous travaillez avec un gestionnaire de portefeuille, pas un gestionnaire de fortune, et vous ne voyez sans doute qu'une fraction des bénéfices que vous pourriez toucher grâce à une approche plus complète de votre bien-être financier.

3ᵉᵐᵉ CRITÈRE PROBLÉMATIQUE DE SÉLECTION D'UN CONSEILLER : CONSERVATION

Les maisons de courtages et courtiers devraient avoir des dépositaires indépendants, et le gouvernement aurait dû me forcer à avoir un dépositaire indépendant. Les fonds des clients devraient être conservés par des dépositaires indépendants. Si c'était le cas, j'aurais été arrêté il y a longtemps. Si la SEC m'avait fait passer une inspection, ils auraient regardé les comptes dépositaires et ils auraient vu que mes livres ne correspondaient pas aux fonds sur les comptes, et j'aurais été arrêté.

—BERNARD MADOFF

En 2008, le scandale Bernard Madoff a fait couler beaucoup d'encre. Madoff, considéré comme l'un des meilleurs gestionnaires de portefeuilles de la nation, a reconnu qu'il opérait la plus grande arnaque de toute l'histoire : il payait les retraits de ses clients avec l'argent que lui transféraient de nouveaux clients. Et si Madoff a fini par être pris sur le fait, c'est uniquement parce que tandis que le marché s'effondrait, de nombreux investisseurs demandaient à retirer leurs fonds. Puisqu'il avait depuis longtemps dépensé ou caché la plus grande partie de l'argent de ses clients, il n'en avait plus assez pour satisfaire ces nouvelles demandes. Pendant la panique boursière de 2008, les dépôts ne suivaient pas les demandes de retrait. N'ayant plus de nouveaux fonds à cacher, Madoff a confessé la plus grande escroquerie financière de toute l'histoire.

Les agissements de Bernard Madoff sont méprisables. Non seulement il a volé l'argent de personnes fortunées et de célébrités, mais il a aussi mis sur la paille des professionnels assidus et des entrepreneurs, et a détourné des centaines de millions de dollars destinés à des fondations et associations de bienfaisance. Beaucoup de ses anciens clients ont été forcés de vendre leur domicile et leurs biens. Des fondations de premier plan ont perdu la plus grande partie de leur capital, et certaines ont même dû déposer le bilan. René-Thierry Magon de la Villehuchet, un riche homme d'affaires qui référait des clients à Madoff, s'est suicidé, honteux de l'association. Je travaille avec des clients qui ont été victimes de cette arnaque, et il a été satisfaisant de les voir récupérer la plupart de leurs investissements grâce au travail du syndic de faillite supervisant les efforts de recouvrement.

La couverture médiatique a atteint son paroxysme en grande partie vu l'échelle de l'arnaque, mais aussi parce que Madoff n'était pas le seul gestionnaire de portefeuille à escroquer ses clients. Maintenant, je vous entends penser, « Mais c'était il y a plus de dix ans. Il n'y a pas eu d'autres magouilles récemment ». Vous avez raison, mais les pyramides de Ponzi éclatent plus souvent au grand jour pendant les krachs boursiers, comme l'effondrement des marchés de 2008-2009. Ce n'est pas parce qu'il y avait plus d'escrocs à cette époque, mais qu'il était plus facile de les prendre sur le fait parce qu'ils ne pouvaient plus satisfaire les demandes de retrait accrues pendant le marché baissier. Comme Warren Buffet l'a dit : « C'est quand la marée se retire qu'on voit qui nageait tout nu. »

Certains dans la presse ont reproché aux investisseurs de ne pas avoir fait de recherches sur leur conseiller. Mais comment un investisseur aurait-il pu savoir à quoi Bernard Madoff s'adonnait ? Une simple recherche sur son passé aurait révélé un homme membre de nombreux clubs exclusifs, appartenant aux conseils administratifs d'associations caritatives et d'hôpitaux, activement impliqué dans sa communauté religieuse. Il donnait des millions aux œuvres de bienfaisance, et parmi ses clients se trouvaient certains des investisseurs les plus avisés au monde. Madoff a même été président du NASDAQ. Certes, il y avait bien quelques signaux d'alarme. Ses fonds n'étaient audités que par un seul comptable et ses deux assistants. Ses retours sur investissement, qui augmentaient d'environ 10 % par an, ne se comportaient pas comme dans le monde réel. Néanmoins, il est déplacé de blâmer les investisseurs.

La véritable leçon que nous pouvons tirer du scandale Bernard Madoff concerne la conservation de l'argent. Quand un investisseur parle à son conseiller, une des premières questions qu'il devrait poser est « Qui est dépositaire de mon argent ? ». Les clients de Madoff envoyaient leurs chèques à Madoff Investments, et l'argent était déposé sur le compte de Madoff Investments, ce qui veut dire que Madoff était dépositaire de tous les actifs de ses clients. S'il retirait tout l'argent du compte d'un investisseur et le donnait à un autre investisseur qui souhaitait faire un retrait, les investisseurs n'avaient aucun moyen de savoir que de l'argent était déplacé d'un compte à l'autre. Les clients de Madoff recevaient des rapports falsifiés (créés par sa propre firme) reflétant leurs retours, qui croissaient tous les mois et ne portaient aucune ressemblance avec ce qui se trouvait vraiment sur leurs comptes.

Pour éviter un tel cauchemar financier, la manière idéale de travailler avec un investisseur est de séparer les actifs et les conseils. Par exemple, préférez un conseiller qui vous ouvre un compte dans une maison de courtage nationale. Vous pouvez ensuite signer une procuration limitée donnant au conseiller le droit d'effectuer des opérations en bourse et uniquement de facturer le compte. Le conseiller ne devrait pas avoir le pouvoir d'effectuer d'autres retraits. De plus, si votre conseiller vous fournit des rapports, vous devriez également recevoir une déclaration indépendante de la part de la firme de courtage.

Des milliers de gestionnaires de placements conseillent leurs clients de cette manière à travers le pays. Grâce à ce système, vous ne devez pas confier vos économies à quelqu'un qui insiste pour être dépositaire de vos actifs investissables.[17] Si vous ne voulez pas qu'on vous vole votre argent, ne le donnez à personne. C'est aussi simple que ça.

---

17   Certains types d'investissements exigent que vous renonciez à la garde de votre argent, y compris certains fonds spéculatifs, fonds de placements privés et fonds immobiliers. Si vous n'êtes pas en posture d'exercer un devoir de diligence extrême sur ces fonds, demandez-vous si vous avez vraiment besoin de ce type d'investissement. Pour ceux dotés d'un patrimoine conséquent, certaines parmi ces alternatives peuvent paraître séduisantes. Comme vous l'apprendrez au chapitre 10, j'apprécie bon nombre de ces investissements, j'ai personnellement investi dedans, et nous y recourons s'il y a lieu pour les clients de Creative Planning. Cependant, lorsque je les évalue pour moi-même ou pour mes clients, notre devoir de diligence bat tous les records, surtout comparé aux actifs cotés en bourse. Il n'est pas rare qu'un client me parle d'une « affaire » et me dise que ça ne le dérange pas de céder la garde/conservation de son argent parce que la personne qui gère l'investissement fréquente le même lieu de culte, fait partie du même groupe ethnique, et choses de cet acabit. Eh bien, cela ne veut rien dire. En fait, les pyramides de Ponzi sont souvent des arnaques d'affinité, dans le sens où l'organisateur s'en prend à ses semblables, comme Madoff l'a fait.

4ᵉᵐᵉ CRITÈRE PROBLÉMATIQUE DE SÉLECTION D'UN CONSEILLER : COMPÉTENCE

*Ne jamais attribuer à la malveillance
ce que l'incompétence suffit à expliquer*

—NAPOLÉON BONAPARTE

À ce stade, nous avons évalué les conseillers financiers sur des critères tels que les conflits d'intérêts, le niveau de customisation et la conservation des actifs. Nous avons éliminé de nombreux conseillers sur base de ces critères et pouvons à présent passer aux milliers de conseillers indépendants qui cochent toutes les cases discutées. Ce sont de véritables fiduciaires : ils ne vendent pas leurs propres produits et ne demandent pas à conserver vos actifs — mais ils doivent encore être triés sur base de leur compétence. Un conseiller financier peut avoir de bonnes intentions, mais s'il n'est pas qualifié, vos chances d'atteindre vos objectifs financiers à long terme sont limitées.

Le secteur du conseil financier se distingue des autres professions comme la médecine, le droit, l'ingénierie et l'éducation. Les médecins étudient la médecine, les avocats étudient le droit, les ingénieurs décrochent un diplôme d'ingénierie et les enseignants un diplôme d'éducation. En comparaison, la grande majorité des conseillers financiers — je spéculerais même bien plus de 95 % — n'ont pas suivi d'études universitaires en planification financière ou en gestion d'investissements. Jusqu'à récemment, il n'existait même pas de programme universitaire sur le sujet. Certains conseillers financiers n'ont pas de diplôme universitaire et apprennent toutes les ficelles du métier sur le tas. Alors, comment identifier un conseiller compétent et convenable ?

Pour obtenir une indication de la compétence en conseil, cherchez des qualifications sérieuses. Un conseiller peut avoir tout un alphabet de titres impressionnants après son nom,[18] mais la plupart sont probablement dénués de

---

[18] Le Financial Industry Regulatory Authority, l'instance dirigeante des courtiers, reconnaît près de 200 titres !

sens. Seules quelques désignations ont un poids dans l'industrie. Si vous avez besoin de services de planification financière, assurez-vous de travailler avec un PLANIFICATEUR FINANCIER AGRÉÉT™ (souvent abrégé en CFP®). Si vous avez besoin de conseils fiscaux, vous devriez vous tourner vers un comptable public agréé (CPA). Pour avoir le droit à ces titres, le conseiller doit satisfaire à des exigences d'éducation spécifiques, passer un examen complet et remplir les prérequis d'expérience de l'industrie. S'il s'agit de planification successorale ou de conseil juridique, un diplôme en droit (J.D.) est incontournable.

À Creative Planning, nous savons qu'il est rare qu'un seul conseiller remplisse toutes ces conditions, aussi nous entourons nos clients d'une équipe de professionnels possédant les qualifications requises pour apporter des conseils approfondis. Vous devriez vous assurer que votre équipe soit elle aussi qualifiée. Vous pourriez également tomber sur certains titres spécialisés — tels que « Chartered Financial Analyst » (CFA) ou d'autres titres liés aux produits d'assurance — lorsque vous cherchez des stratégies d'investissement ou offres d'assurances spécialisées, mais vous pouvez essentiellement ignorer tous les autres.

Comme pour tout titre, une simple qualification ne garantit pas que vous receviez les meilleurs conseils possibles, comme vous ne pouvez pas trouver le meilleur médecin possible sur le simple fait qu'il est diplômé en médecine. Cela indique cependant qu'il a montré des compétences dans son domaine d'activité, ce qui est le minimum que vous devriez exiger d'un conseiller.

MAIS EST-CE LE BON CONSEILLER POUR VOUS ?

Un conseiller indépendant qui n'a pas de conflits d'intérêts, qui peut créer des portefeuilles personnalisés, qui s'abstient de conserver vos actifs et qui détient le titre de planificateur financier agréé™ pourrait pourtant ne pas vous convenir. Premièrement, assurez-vous que le conseiller choisi travaille avec des personnes telles que vous. Par exemple, si vous devez subir une opération du cœur, vous voulez que votre médecin ait des compétences prouvées en chirurgie cardiaque. Si vous êtes accusé à tort d'un crime,[19] vous voudrez embaucher un avocat de défense criminelle qui a défendu d'autres personnes dans votre situation avec succès. Pareillement, lorsque vous cherchez un conseiller financier, vous voulez en choisir un qui a la cote chez les personnes qui sont dans la même situation que la vôtre. Si vous êtes un investisseur débutant, choisissez un conseiller qui travaille principalement avec des clients novices. Si vous êtes riche, choisissez un conseiller qui travaille principalement avec des ménages fortunés. Vous ne voulez pas que votre conseiller apprenne aux dépens de votre sécurité financière. Quand un problème survient, vous voulez que votre conseiller puisse dire : « Ça, je connais. »

Deuxièmement, assurez-vous que votre conseiller vend un produit qui fonctionne. La plupart des conseillers ont pour métier de vendre quelque chose, que ce soit apparent ou non à leurs clients. Même ceux qui sont véritablement indépendants vendent souvent une stratégie qu'ils savent que les gens veulent acheter. Certains conseillers financiers attirent les clients en les persuadant qu'il existe un moyen de participer au bon côté du marché et, en même temps, d'en sortir avant une régression. Un conseiller intègre et compétent sait que cela n'est pas systématiquement vrai et ne vous vendra pas ce concept. Un conseiller compétent, mais malhonnête sait que ce n'est pas possible, mais vous le vendra quand même pour gagner de l'argent facile.

J'ai dit dès le début que la plupart des conseillers faisaient plus de mal que de bien, puis je vous ai donné une liste de tests à leur faire passer. Vous vous dites peut-être « La vache ! Est-ce que ça en vaut la peine ? ». Selon une étude récente, un conseiller qui respecte les principes présentés dans ce livre peut apporter une valeur ajoutée de 3 % par an aux actifs de ses clients. Les chercheurs ont découvert que certaines années, la plus-value était négligeable,

---

19   Ou à raison. Je ne fais que vous accorder le bénéfice du doute !

tandis qu'à d'autres, la plus-value dépassait les 10 %, en particulier durant les périodes de grands chamboulements du marché.[20]

Si les principes de ce livre vous paraissent raisonnables et sensés, vous devriez chercher un conseiller de confiance qui s'engage à devenir votre partenaire pour planifier votre avenir financier.

PRÊTS POUR UN DEUXIÈME AVIS ?

Creative Planning vous offre un deuxième avis gratuit sur votre situation financière et vos investissements actuels. Nous vous aiderons à identifier sur vos comptes les signaux d'alarme discutés dans ce chapitre, tels que...

- Commissions inutiles ou frais excessifs
- Fonds exclusifs ou propres
- Conflits d'intérêts
- Opportunités de customisation

Rendez-vous sur www.creativeplanning.com

---

20   Je pense personnellement que cette étude surestime beaucoup les choses, mais je ne doute pas qu'un conseiller qui satisfait aux critères présentés dans ce chapitre vous apportera probablement une plus-value significative.

Figure 4.1

QUELS CONSEILLERS ÉVITER	RAISON
COURTIERS	Ne sont pas tenus de respecter la norme fiduciaire et de veiller rigoureusement sur votre argent. Vous méritez mieux.
CONSEILLERS À DOUBLE AFFILIATION	Conseillers à l'inscription double : parfois tenus de respecter la norme fiduciaire et parfois non. Vous ne devriez pas travailler avec quelqu'un qui n'est tenu de veiller rigoureusement sur votre argent qu'une partie du temps.
TOUT CONSEILLER, INDÉPENDANT OU COURTIER, QUI VOUS DEMANDE DE CONVERTIR VOTRE COMPTE IMPOSABLE POUR INVESTIR DANS UN DE SES MODÈLES.	Cela représente une négligence flagrante des conséquences fiscales et entraîne une perte qu'il pourrait être impossible de recouvrer, même avec l'aide d'un excellent gestionnaire de portefeuille.
STOCK PICKER	Faire du stock picking n'a rien de mal, mais cela ne constitue pas un conseil financier. Le rôle du conseiller financier est de vous apporter une stratégie de gestion financière personnalisée et de faire correspondre vos investissements à vos objectifs. Si quelqu'un se contente de faire du stock picking, ce n'est pas vraiment un conseiller financier, mais un gestionnaire de portefeuille. Si vous croyez au stock picking et que c'est tout ce que vous cherchez, investissez simplement dans un fonds commun de placement à faible coût et passez à la suite.
TOUT CONSEILLER QUI VOUS PRÉSENTE UN CHOIX DE QUELQUES MODÈLES.	C'est incompatible. Vous voulez que le conseiller adapte votre portefeuille à vos besoins, pas qu'il adapte votre portefeuille pour correspondre à un de ses modèles faciles à gérer.
TOUT CONSEILLER QUI GAGNE UNE COMMISSION EN VOUS VENDANT DES INVESTISSEMENTS.	De nos jours, vous pouvez investir dans les meilleurs placements sans vous acquitter d'une commission à un conseiller. Évitez les conflits d'intérêts.
TOUT CONSEILLER QUI DONNE DES RECOMMANDATIONS D'INVESTISSEMENT SANS D'ABORD LIVRER UN PLAN FINANCIER ÉCRIT COMPLET.	Comment le conseiller peut-il savoir ce qui est bon pour vous sans connaître votre situation et ce que vous désirez accomplir ?

Figure 4.2 QUE CHERCHER ?

Un conseiller qui travaille pour un gestionnaire de placements agréé (RIA) et n'a pas de double affiliation.
Un conseiller qui travaille pour un RIA qui ne vend aucun de ses propres produits.
Un conseiller qui prend le temps de vous connaître, vous et vos objectifs, en préparant d'abord un plan financier écrit complet, avant de vous faire des recommandations d'investissement.
Un conseiller dont la firme a une longue expérience de travail avec des personnes telles que vous.
Un conseiller dont la firme est capable de personnaliser un portefeuille qui correspond à vos besoins.
Un conseiller qui ne convertira jamais automatiquement votre portefeuille imposable en argent comptant avant d'investir.
Le secteur financier est en train de changer, et vous n'avez plus à choisir entre une maison de courtage expérimentée et un RIA sans expérience. Tirez des leçons du devoir de diligence collectif d'autres investisseurs et cherchez un grand gestionnaire de placements agréé qui a de l'expérience dans les portefeuilles personnalisés pour les personnes telles que vous.

Figure 4.3 TOUS LES FIDUCIAIRES NE SONT PAS ÉGAUX

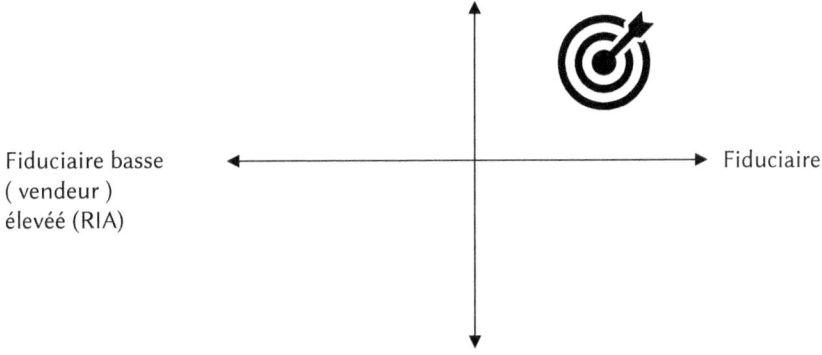

Sophistication/compétences élevées

Fiduciaire basse (vendeur) élevéé (RIA) ◄————————► Fiduciaire

Sophistication/compétences basses

CHAPITRE CINQ
LES QUATRE LOIS DE L'INVESTISSEMENT

par Peter Mallouk

Un objectif sans plan n'est qu'un souhait.
—ANTOINE DE SAINT-EXUPÉRY

On nous dit que nous devrions investir, mais on nous dit rarement pourquoi. Et le pourquoi on investit est d'une importance capitale. Puisque nous économisons pour l'avenir, de quel genre d'avenir voulons-nous ? Pendant ma longue carrière en tant que conseiller financier, j'ai eu l'opportunité de rencontrer d'innombrables individus et familles. Trop souvent, ils se focalisent tellement sur obtenir les plus grands retours sur investissement qu'ils perdent de vue ce qui est important et voient leurs placements — et leurs relations — s'effondrer comme un château de cartes. J'ai vu des familles qui ne croyaient pas aux assurances souffrir inutilement quand le soutien de famille est décédé de manière inattendue. J'ai vu des individus accumuler des fortunes immenses, puis perdre presque tout parce que leur patrimoine n'était pas correctement diversifié. J'ai vu des individus paniqués décider de dévier de leur plan, parce qu'ils « se fiaient à leurs instincts », pour perdre des centaines de milliers, voire des millions de dollars qu'ils ne reverront sans doute jamais. Quoi qu'il en soit, il a suffi d'un choc majeur pour ruiner leur plan financier et, dans de nombreux cas, gaspiller le travail de toute une vie. Assurons-nous que cela ne vous arrive jamais.

J'ai également eu l'opportunité de travailler avec l'incroyable équipe de Creative Planning pour aider des milliers de familles à assurer leur avenir financier. Nous y parvenons en établissant un plan d'investissement adapté aux circonstances spécifiques et aux résultats attendus, en prenant les mesures nécessaires pour leur éviter des pertes catastrophiques et en créant un plan successoral pour garantir que leur vision puisse continuer après leur décès. Ces familles sont sereines, car elles savent que leurs finances reposent sur les bases fermes nécessaires pour les protéger des surprises inévitables de la vie. Elles sont disciplinées et suivent leur voie, sachant que celle-ci les mènera inévitablement où elles souhaitent aller.

Lorsque vient le temps d'élaborer votre plan d'investissement, commencez par suivre les quatre lois de l'investissement.

LOI N° 1 : ÉTABLISSEZ UN PLAN CLAIREMENT DÉFINI – NE RIEN PLANIFIER REVIENT À PLANIFIER L'ÉCHEC

Planifiez ce qui est difficile pendant que c'est facile,
faites ce qui est grand alors que c'est petit.
—SUN TZU

Avant d'investir le moindre dollar, vous devez avoir un plan, tout comme avant de préparer un repas, vous avez besoin d'une recette pour tous ces ingrédients étalés sur votre plan de travail. Un plan n'a pas besoin d'être une feuille de route longue de 150 pages sur comment vous allez investir pendant chaque minute du reste de votre vie. Un plan peut être très simple et vous servir d'étoile polaire pendant votre voyage.

L'objectif de nombreuses personnes est de pouvoir prendre leur retraite à un âge raisonnable, et cela devient le point focal de leur stratégie d'investissement. D'un autre côté, la retraite pourrait être une préoccupation mineure pour les investisseurs qui ont déjà accumulé un certain patrimoine. Leurs investissements pourraient être voués à la réalisation d'autres objectifs : faire des donations à leur association caritative préférée ou envoyer leurs petits-enfants à l'université. Mais quels que soient vos objectifs financiers spécifiques, je n'ai jamais rencontré d'investisseur qui ne veuille pas devenir financièrement indépendant.

L'indépendance financière se distingue de la retraite ; prendre votre retraite signifie que vous n'avez plus besoin de travailler pour vivre, alors qu'être indépendant financièrement signifie que dès aujourd'hui, vous pourriez quitter votre emploi, vivre le train de vie que vous voulez et ne pas avoir à travailler pour le restant de vos jours. De nombreux retraités ne sont pas financièrement indépendants et devront peut-être un jour reprendre le travail.

D'un autre côté, vous pourriez aussi travailler tout en étant financièrement indépendant. De nombreuses personnes ont investi de telle manière qu'ils travaillent parce qu'ils le veulent, pas parce qu'ils le doivent. Si vous êtes à la retraite et financièrement indépendant, cela veut dire que votre portefeuille et vos revenus sont suffisamment stables et sûrs pour assurer que vous ne deviez pas reprendre le travail. Quel sentiment de liberté ! Parce que l'indépendance financière est un objectif pratiquement universel, commençons par la voie qui y mène, qui comprend cinq étapes de base : créer un état de l'avoir net, développer un plan financier, faire des projections, ajuster le cap si nécessaire et établir un portefeuille personnalisé.

1ᴱᴿᴱ ÉTAPE : CRÉEZ UN ÉTAT DE L'AVOIR NET

Un état de l'avoir net est simplement un aperçu de vos actifs et de vos passifs. Vos *actifs* sont tout ce que vous possédez, évalués comme le montant que vous en retireriez si chaque bien était vendu aujourd'hui. Vos *passifs* sont le total de ce que vous devez si vous deviez rembourser toutes vos dettes aujourd'hui. La différence entre vos actifs et vos passifs représente votre *valeur nette*. La plupart des gens ont tendance à ne considérer que ce qu'ils possèdent et pas ce qu'ils doivent, mais ce que vous devez est sans doute plus important que ce que vous possédez. Pour tous ceux qui ont contracté un prêt immobilier, remboursent une voiture ou des dettes de carte de crédit, évaluer leur passif pourrait davantage ressembler à braver une tempête.

Lorsque vous dressez votre avoir net, il est important de considérer lesquels parmi vos actifs peuvent contribuer à votre objectif d'indépendance financière. Prenons deux investisseurs ayant le même objectif : tous deux aimeraient avoir accumulé assez d'actifs à l'âge de 65 ans pour générer 100 000 $ par an pour le restant de leur vie, ajusté à l'inflation. Tous deux ont 55 ans et n'ont pas d'emprunts à rembourser. France Frugale a une valeur nette d'un million de dollars : 200 000 $ dans sa maison et 800 000 $ dans des comptes d'épargne-retraite et d'investissement. Henry Flambeur a également une valeur nette d'un million de dollars : 600 000 $ dans sa maison, 200 000 $ dans sa maison au bord d'un lac et 200 000 $ dans des comptes d'épargne-retraite et d'autres investissements. En supposant qui ni France ni Henry ne veuillent vendre leur maison pour financer leur objectif d'indépendance, France est bien mieux placée avec ses 800 000 $ en investissements. S'ils sont investis judicieusement, ceux-ci lui rapporteront de l'argent tous les jours. Henry n'a que 200 000 $ en investissements à faire fructifier, mais il a 800 000 $ de biens qui, au contraire, lui coûtent de l'argent chaque jour (p.ex., mensualités du prêt hypothécaire, impôts fonciers, frais d'entretien). La bonne nouvelle pour France, c'est que soit elle atteindra son objectif d'indépendance financière plus vite que les dix ans estimés, soit elle pourra allouer un pourcentage plus faible de ses revenus chaque année à son plan d'investissement.

Votre valeur nette est un chiffre important pour votre planification financière, mais il ne dit pas tout. Examinez toujours votre *avoir net* pour déterminer quels avoirs vous rapportent de l'argent et quels autres vous en font perdre. Vous considérez peut-être votre voiture ou votre bateau comme un actif dans votre avoir net, mais pour atteindre votre objectif d'indépendance financière, ils représentent plus probablement un passif.

2ᵉᵐᴱ ÉTAPE : DÉTERMINEZ VOS OBJECTIFS FINANCIERS ET DÉVELOPPEZ UN PLAN FINANCIER

Cela paraît pourtant simple, mais la majorité des gens ne peuvent définir clairement leur aboutissement financier désiré. Un objectif financier doit être à la fois spécifique et réaliste. Un exemple d'objectif vague (et donc irréaliste) est : « Je veux gagner beaucoup d'argent. » Soyons un peu sérieux ! Il nous faut un objectif clairement défini. Un objectif bien plus spécifique et accessible est : « J'aimerais prendre ma retraite à 62 ans avec des revenus nets de 100 000 $ par an, ajustés à l'inflation, en supposant que la sécurité sociale ne sera pas là pour m'aider. » Voilà un objectif avec lequel nous pouvons travailler !

Lorsque vous avez une vision claire de vos objectifs, il est temps de développer un plan financier pour les atteindre. Même si vous êtes un individu riche ou ultrariche et êtes déjà financièrement indépendant, créer un plan financier reste essentiel pour atteindre votre vision. Votre plan vous aidera à identifier quelle portion de votre valeur nette doit être allouée à l'accomplissement de vos objectifs aujourd'hui *versus* quelle portion peut être confortablement réservée pour la génération suivante ou pour soutenir des bonnes causes.

Vous devriez également explorer des stratégies de protection des actifs — comme une police d'assurance responsabilité civile complémentaire ou une fiducie de protection des biens — parce que la triste réalité est qu'avoir de l'argent fait de vous une cible de litige. Enfin, votre conseiller devrait identifier tout impôt sur le patrimoine potentiel et élaborer une stratégie pour maximiser le transfert de votre fortune à vos héritiers tout en minimisant les droits de succession.

Un bon plan financier évalue plus que vos progrès vers l'indépendance financière. Il devrait également évaluer comment l'inconnu — les choses que vous ne contrôlez pas — peut vous affecter. Par exemple, comment votre famille et vous-même serez affectés par une incapacité à long terme ou permanente, le besoin de soins infirmiers spécialisés en fin de vie ou, pour les couples mariés, la mort prématurée d'un des conjoints ?

3ᵉᴹᴱ ÉTAPE : FAITES DES PROJECTIONS

Si je compte rouler de Kansas City à la Floride, j'ai plutôt intérêt à m'assurer d'avoir assez de carburant dans le réservoir et de provisions dans le coffre. Pareillement, mieux vaut vous assurer d'être bien préparé pour atteindre vos objectifs. La meilleure manière de faire est d'effectuer une projection (il existe des outils en ligne pour vous aider, ou un conseiller peut le faire pour vous). Faites bien attention d'omettre tous les actifs qui ne sont pas disponibles pour financer votre objectif d'indépendance financière. Par exemple, si votre avoir net montre que vous avez 800 000 $ aujourd'hui, mais que vous comptez dépenser 150 000 $ pour financer le mariage et les études de vos enfants, votre projection devrait démarrer avec les 650 000 $ disponibles pour financer votre objectif (800 000 $ moins les 150 000 $ réservés à vos enfants). Ensuite, incluez l'argent que vous cotisez régulièrement, que ce soit à un plan 401(k), un compte-épargne ou un compte imposable. Ces projections peuvent devenir plus élaborées si vous incluez la sécurité sociale, d'autres revenus comme des pensions ou loyers, héritages potentiels et autres variables.

En raison de la variété de scénarios qui doivent être pris en compte durant le processus de planification, de nombreux investisseurs ont recours à l'aide de planificateurs financiers professionnels. Les planificateurs financiers utilisent des logiciels spécialisés pour évaluer rapidement et de manière approfondie les résultats, en utilisant différents retours sur investissement, âges de pension et d'autres variables, pour vous aider à créer le plan financier qui vous convient le mieux. Cette personne peut également vous aider à déterminer combien vous devrez dépenser — et, par conséquent, combien vous devrez épargner — pour pouvoir conserver votre train de vie actuel après la retraite. Elle pourra également recommander des stratégies pour vous aider à optimiser votre plan, comme convertir vos actifs vers un compte d'épargne retraite Roth ou refinancer votre prêt immobilier.

4ᵉᴹᴱ ÉTAPE : DÉTERMINEZ SI VOUS DEVEZ AJUSTER VOTRE OBJECTIF
Après avoir fait une projection, de nombreuses personnes qui économisent diligemment découvrent qu'elles sont bien plus avancées qu'elles ne le pensaient et sont ravies de voir payer leurs économies et leurs investissements. En revanche, si vous découvrez que vous n'êtes pas sur la voie de l'indépendance financière, vous devrez peut-être ajuster vos objectifs, habitudes de dépense ou d'épargne. Par exemple, si votre projection montre que pour atteindre votre objectif, il vous faudrait un taux de retour sur investissement de 20 % par an, eh bien, mieux vaut modifier l'objectif, car il y a peu de chances que cela se produise. Vous pouvez ajuster votre objectif en actionnant d'autres leviers comme réduire vos revenus nécessaires, épargner plus, repousser l'âge de votre retraite ou demander à vos enfants de rogner le budget du mariage de conte de fées qu'ils aimeraient que vous financiez.

Revenons aux cas de Henry et de France. Si France touche un peu plus de 7 % de retour sur son épargne pendant les dix prochaines années, elle aura environ 1,6 million de dollars dans ses divers comptes d'investissement quand elle atteindra 65 ans. Si elle devient plus conservatrice après avoir pris sa retraite et qu'elle baisse son taux de retour attendu à 5 %, son portefeuille lui rapportera 80 000 $ par an. En supposant qu'elle touchera également 20 000 $ par an de la sécurité sociale à partir de 66 ans, France sera sur la bonne voie pour atteindre ses 100 000 $ de revenus par an et donc son indépendance financière.

Pour augmenter ses chances de conserver son indépendance financière, France devrait épargner suffisamment pour accroître son tampon ou stock de sécurité. Par exemple, si elle économise 1 000 $ de plus chaque mois, son portefeuille devrait croître jusqu'à atteindre environ 1,8 million $ lorsqu'elle aura 65 ans. Les 200 000 $ additionnels qu'elle aura épargnés avant de prendre sa retraite lui permettront de limiter sa dépendance à la sécurité sociale et à la performance des actifs dans son portefeuille chaque année. Ces fonds excédentaires (200 000 $) pourraient être son surplus de retraite.

Planifier un surplus permet d'assurer que vous ayez assez d'actifs pour subvenir à vos besoins face à l'incertitude. Cela vous offre une marge de sécurité en cas de dépenses inattendues (comme devoir faire poser un nouveau toit sur la maison) et vous permet de réduire votre dépendance aux marchés pour atteindre vos objectifs. Si votre plan d'épargne actuel vous mène juste à la limite de l'indépendance financière, vous ressentirez sans doute du stress à chaque fluctuation du marché ; chaque bon jour vous donnera confiance en la retraite, chaque mauvais jour vous fera craindre de devoir manger des nouilles et de la pâtée pour chat pendant vos années dorées. Pour plus de sérénité, planifiez d'épargner un peu plus que vos besoins réels.

À présent, retournons voir Henry Flambeur. Henry va devoir prendre de sérieuses décisions. Pour atteindre les 1,6 million de dollars approximatifs dont il a besoin pour atteindre son objectif d'indépendance financière à 65 ans, il va devoir économiser environ 7 000 $ par mois (par rapport à France qui doit économiser bien moins, parce qu'une plus grande portion de sa valeur nette est investie et fructifie). Si c'est faisable pour Henry, tant mieux ; il peut économiser plus que France chaque mois et continuer à passer ses week-ends dans sa maison au bord du lac. Si ce n'est pas faisable, Henry va devoir décider s'il est prêt à vendre sa maison ou à passer à une propriété plus petite, pour que ses actifs financent son indépendance financière au lieu de la limiter.

Ce genre de décision doit être pris au début de votre voyage d'investissement pour éviter d'avoir des conversations empreintes de regret avec votre conjoint ou vos proches sur le fait que vous auriez dû mieux planifier votre épargne. Vous devriez toujours avoir une vision nette de votre position financière actuelle : quels actifs font fructifier votre fortune, quels actifs la limitent et combien de temps il vous reste pour atteindre vos objectifs financiers. Cela vous permettra de déterminer si vous devriez vendre certains actifs aujourd'hui ou lorsque vous approcherez de l'âge de la retraite, ou si vous pouvez conserver tous vos actifs ne générant pas de revenus (p.ex., votre maison de vacances ou votre bateau) sans entamer votre objectif de retraite.

Vous devriez également déterminer si vous allez devoir épargner plus ou moins que prévu initialement pour atteindre vos objectifs.

5ÈME ÉTAPE : ÉTABLIR UN PORTEFEUILLE PERSONNALISÉ
Une fois que vous avez bien compris vos objectifs et comment vos habitudes financières doivent être ajustées pour les atteindre, vous devriez établir un portefeuille qui aura la plus grande probabilité d'atteindre vos objectifs.

Vous pourriez aussi avoir plusieurs plans, avec différents niveaux de risque pour différents portefeuilles. Par exemple, vous pourriez créer des investissements séparés pour l'éducation, qui auront un montant de départ différent (mis de côté pour les études) et un objectif différent (le montant des frais de scolarité que vous aimeriez financer). D'autres objectifs pourraient être ceux d'acquérir une résidence secondaire, de mettre de côté pour un mariage ou d'établir une fiducie pour vos enfants ou petits-enfants. Si vous possédez des fonds excédentaires, ce qui signifie que vous avez plus d'argent que nécessaire pour mener à bien tous vos objectifs, il est parfaitement légitime d'allouer une portion de votre portefeuille à « battre l'indice S&P 500 » ou tout autre objectif qui vous chante. La clé est de vous assurer d'avoir un solide portefeuille en place pour être sur la bonne voie vers l'indépendance financière. Ensuite, les fonds excédentaires peuvent être investis de différentes manières.

Dans tous les cas, déterminez d'abord votre objectif spécifique — que ce soit financer votre retraite, l'éducation de vos enfants, avoir des fonds excédentaires ou autre. Tout le reste découle de cette raison d'être.

ET MAINTENANT ?
Un médecin qui annonce un pronostic de maladie chronique a besoin de nombreuses informations avant de déterminer un traitement. Il en va de même dans l'investissement. Une fois que vous avez un plan basé sur vos objectifs et que vous savez combien vous devez épargner, un conseiller financier peut déterminer les meilleurs véhicules pour créer une fortune.

La première chose que vous recommanderont la plupart des conseillers financiers (moi inclus) est de cotiser à un compte d'épargne-retraite subventionné par l'employeur comme un plan 401(k) ou 403(b), dans la mesure où vos contributions sont égalées par votre employeur. Si votre employeur vous donne un dollar pour chaque dollar des trois premiers pour cent de votre cotisation, il est difficile de battre ce taux de retour immédiat de 100 %. Si vous avez cette chance, félicitations ! C'est un avantage très généreux, et vous êtes parmi la minorité de la main-d'œuvre américaine à en bénéficier. Ne manquez jamais une opportunité d'accepter la contribution d'un employeur.

Ensuite, les investisseurs éligibles devraient essayer de maximiser leurs versements sur un compte d'épargne retraite Roth. L'éligibilité et les limites sont basées sur vos revenus bruts ajustés et votre état civil. Ces limites sont sujettes à changement chaque année, aussi vous devriez consulter un comptable pour voir si vous êtes éligible pour cette épargne et, le cas échéant, à hauteur de combien. Même si vous n'obtiendrez pas de déduction fiscale en épargnant sur un compte Roth, ces régimes offrent des avantages substantiels : les investissements placés sur des comptes Roth fructifient en étant exonérés d'impôt, et l'argent peut être retiré sans être taxé à la retraite.

Après avoir maximisé leur contribution à un compte Roth, les investisseurs devraient revenir à leur plan d'épargne subventionné par l'employeur et cotiser jusqu'à la limite maximale annuelle. Vous obtiendrez une déduction d'impôt immédiate à hauteur de votre contribution, l'argent sur le compte pourra fructifier en étant exonéré d'impôt, et les taxes ne seront payées que lorsque vous retirerez les fonds à la retraite. Les investisseurs de 50 ans et plus sont également éligibles pour des contributions de « rattrapage » plus importantes à des comptes Roth et subventionnés par l'employeur, ce qui peut accélérer vos progrès vers l'indépendance financière.

Les investisseurs indépendants ou qui possèdent leur propre entreprise ont accès à d'autres véhicules d'épargne-retraite, comme des plans 401(k) individuels, SEP IRA ou SIMPLE IRA, qui peuvent remplacer le compte d'épargne subventionné par l'employeur. Chaque type de véhicule d'épargne offre une combinaison unique d'avantages et d'inconvénients, aussi vous devriez consulter un planificateur financier ou un conseiller en placements pour déterminer quelle option vous conviendra le mieux.

Après avoir maximisé le plan d'épargne subventionné par l'employeur, les décisions se compliquent. Où vous choisissez de placer votre argent dépendra en grande partie de si vous êtes éligible à d'autres régimes d'épargne-retraite, ainsi que de votre tranche d'imposition. La clé est d'épargner le montant nécessaire pour atteindre l'indépendance financière de la manière la plus fiscalement avantageuse possible.

COMMENT Y ARRIVER ?

Savoir combien vous devez investir pour atteindre votre objectif et avoir des ressources à investir sont souvent deux choses distinctes. Certains investisseurs potentiels pourraient avoir de l'argent à disposition — sur un compte d'épargne ou un autre véhicule similaire –, mais craindre de l'investir en bourse au cas où ils auraient un besoin urgent de liquidités. D'autres pourraient vouloir investir, mais avoir un cash-flow limité par des remboursements de prêts ou réservé pour de grandes dépenses. Pour ces personnes, trouver les ressources pour implémenter leur plan financier semble impossible. Jetons un œil aux deux facteurs qui limitent le plus fréquemment l'investissement et comment les supprimer.

RÉSERVES D'ARGENT D'URGENCE

Avoir accès à de l'argent en cas de besoin urgent est important que vous soyez un nouveau riche ou un multimillionnaire. Mais il y a une distinction entre avoir accès à de l'argent *versus* avoir de l'argent sur un compte (argent qui perd en valeur chaque jour à cause de l'inflation). L'épargne actuelle ayant un taux d'intérêt négligeable, laisser votre argent sur un compte d'épargne ou un compte courant est presque aussi utile pour atteindre la liberté financière que l'accumuler sous votre matelas pendant 20 ans. Tout argent en surplus après avoir pris en compte vos besoins à court terme, comme vos achats anticipés dans les deux prochaines années, devrait idéalement être investi pour fructifier à long terme. Un montant raisonnable en cas d'urgence — disons, trois à six mois de dépenses — devrait aussi rester en banque.

En ce qui concerne vos réserves plus étendues — disons, six à douze mois de dépenses –, de nombreuses options permettent d'accéder facilement et rapidement à ces fonds tout en les faisant fructifier tant que vous n'en avez pas besoin. Par exemple, un crédit hypothécaire ou des titres très liquides dans votre portefeuille d'investissement (comme des fonds d'obligations) peuvent être convertis en sources d'argent si les temps sont durs. Mais s'il fait beau dehors, ils peuvent fructifier en bourse.

REMBOURSEMENTS DE PRÊTS

Entre les prêts étudiants et les prêts immobiliers, le rêve américain de la plupart des gens s'est financé à coup d'emprunts. Lorsqu'ils sont contractés de manière responsable, les emprunts permettent de commencer votre vie d'adulte ou de couvrir des dépenses inattendues. Lorsqu'ils sont contractés de manière irresponsable, ils peuvent devenir un fardeau écrasant qui entrave vos rêves.

Le recours aux emprunts est sans doute le sujet le plus débattu dans le monde des finances personnelles. Il y a des « gourous » des deux côtés : ceux qui vantent les mérites de l'utilisation stratégique des prêts et les autres, qui les considèrent comme un fléau humain à éviter à tout prix. Quelle que soit votre opinion sur les prêts, une chose est sûre : votre capacité à contracter un emprunt est toujours limitée par votre capacité à le rembourser. J'ai connu des clients de 80 ans qui remboursaient toujours leur emprunt-logement parce qu'ils avaient obtenu un taux d'intérêt extrêmement bas et qu'ils avaient des revenus prévisibles et en suffisance pour couvrir les mensualités. J'ai aussi connu des personnes qui avaient du mal à mettre en place le plan d'investissement le plus basique, parce qu'il ne leur restait pas assez d'argent en fin de mois lorsque leurs mensualités avaient été payées.

Si vos prêts vous empêchent d'atteindre vos objectifs financiers, il est important de réduire ou d'éliminer tout prêt qui limitera l'efficacité de votre plan d'investissement. La plupart des crédits à la consommation, comme les cartes de crédit, facturent des taux d'intérêt annuels qui excèdent de loin le retour attendu sur vos investissements. Financer un investissement dont le retour est un taux à un chiffre (même élevé) alors que vous payez des taux d'intérêt à deux chiffres sur vos crédits, c'est comme essayer d'escalader une montagne en étant alourdi par un sac à dos de cent kilos.

Alors que pouvez-vous faire ? Le meilleur plan d'action est de s'attaquer d'abord aux emprunts à taux d'intérêt élevé. Les rembourser en premier réduira l'impact négatif de l'intérêt et évitera que le solde ne dégénère. En même temps, si votre employeur subventionne votre épargne-retraite, contribuez au moins au montant minimum de l'épargne pour recevoir la subvention complète (p.ex., si l'offre est de 3 %, contribuez au moins à ce montant). À mesure que vous libérez des liquidités en remboursant vos prêts, vous pourrez cotiser davantage à vos comptes Roth IRA ou autres comptes d'investissement, ou à votre plan d'épargne subventionné par l'employeur, pour accélérer votre progression vers votre objectif.

Parfois, les prêts contractés ne sont pas lourds, et les gens se demandent s'ils ne devraient pas juste rembourser la totalité avec l'argent de leur épargne. La réponse dépend de l'alternative. Ceux qui ne sont pas à l'aise à l'idée d'investir de l'argent et qui comptent laisser l'argent reposer sur leur compte feraient aussi bien de rembourser l'emprunt. Mais si la personne désire investir de l'argent et peut s'attendre à un retour sur investissement plus élevé qu'en remboursant le prêt, je recommande qu'elle investisse l'argent et continue à rembourser le prêt. Elle finira probablement avec plus d'argent à long terme. De plus, si elle décide ensuite qu'elle préfère rembourser la dette, elle peut toujours retirer l'argent de son compte d'investissement, où il a fructifié en attendant.

Par exemple, quelqu'un qui a contracté un prêt immobilier à taux fixe de 2,5 % (dont une partie pourrait être défalquée), qui n'est pas dérangé par ses dettes et qui cherche à atteindre la plus haute valeur nette possible dans 20 ans, ferait mieux d'investir son argent plutôt que de rembourser l'emprunt. À l'inverse, quelqu'un dans la même situation ayant contracté un prêt à 7 % d'intérêt ferait sans aucun doute mieux de rembourser l'emprunt.

ÉDUCATION
L'éducation coûte cher, mais il en va de même pour l'ignorance.
—CLAUS MOSER

De nombreux investisseurs considèrent que payer les frais d'université de leurs enfants est leur premier objectif financier. Malheureusement, beaucoup se rebiffent en voyant le coût. Il est vrai que le coût des études universitaires a atteint des proportions de crise. De temps à autre, des clients plus âgés me disent : « Moi, j'ai travaillé pour payer mes études. » De nos jours, cette option est rarement accessible aux étudiants. Bien que l'inflation des salaires n'augmente que de quelques points par an en moyenne, le coût des études universitaires a grimpé près de deux fois plus vite. Du coup, travailler pour financer ses études ne tient plus debout.

Encore une fois, commencez par bien comprendre votre point de départ. Pour beaucoup, le point de départ est zéro : ils n'ont encore rien mis de côté pour l'éducation de leurs enfants. Ensuite, nous avons besoin d'une destination, autrement dit l'université que vous voulez financer. Aimeriez-vous payer quatre ans d'études dans une université privée ou six ans d'études dans une université d'État ? Voulez-vous payer tous les frais de scolarité ou une partie seulement ?

Prenons comme exemple Ginny Généreuse. Elle aimerait contribuer aux frais de scolarité de ses enfants à hauteur de 75 % du coût d'une université d'État pendant quatre ans. Après quelques recherches rapides, nous avons déterminé le coût total des frais de scolarité, des manuels, d'une chambre et des repas à l'université choisie de son état. Ensuite, nous ajustons cette somme pour tenir compte de l'augmentation moyenne annuelle des frais d'université. Enfin, nous obtenons le montant total nécessaire quand viendra le moment où ses enfants commenceront leurs études respectives.

À partir de là, nous pouvons calculer combien Ginny doit mettre de côté chaque mois pour atteindre cet objectif éducatif. Ce calcul présuppose qu'elle touchera un retour sur investissement raisonnable chaque année et est basé sur une allocation appropriée à la durée de l'épargne avant que chaque enfant n'entre à l'université. Par exemple, supposons que 75 % du coût total d'une année d'études dans son université de choix soit de 17 500 $ aujourd'hui et que ce coût augmentera de 4 % par an. Grâce à ces chiffres, nous pouvons estimer qu'elle aura besoin d'économiser 225 000 $ pour envoyer sa fille de 9 ans et son fils de 6 ans à l'université lorsqu'ils auront 18 ans. En supposant un retour sur investissement de 6 %, elle va devoir épargner environ 700 $ par mois pour sa fille et 575 $ par mois pour son fils pour avoir économisé assez d'argent quand ses enfants commenceront leurs études.

Tout comme pour votre épargne-retraite, il ne suffit pas de connaître votre situation financière courante, votre objectif et combien vous devez mettre de côté chaque mois. Pour économiser pour l'éducation, vous devez également identifier les meilleurs placements pour votre argent. Pour la majorité des parents, les régimes d'épargne-études 529 sont la solution parfaite. Grâce à un régime 529, vos contributions peuvent fructifier en étant exonérées d'impôt, et les distributions pour les dépenses universitaires qualifiées peuvent également être effectuées sans être taxées. Certains états offrent même une déduction fiscale à ceux qui contribuent au régime. La seule situation dans laquelle ce genre de plan n'est pas idéal est quand la famille est fortunée. Pour les ultrariches, il est plus logique de payer l'université directement plutôt que de financer un régime 529.

Vu la hausse effrénée des coûts d'université, de nombreuses familles cherchent de l'aide partout où elles peuvent la trouver. Des aides financières en fonction des besoins peuvent contribuer à financer l'éducation universitaire, et votre manière d'épargner et de payer l'université peut avoir un impact direct sur l'éligibilité de votre enfant au soutien financier.

Les tenants et aboutissants de la planification de l'aide financière aux études dépassent le cadre de ce livre, mais voici quelques considérations générales à garder à l'esprit lorsque vous établirez un plan d'épargne :

1.Les actifs appartenant aux parents sont considérés plus favorablement que ceux appartenant aux étudiants. Lorsque le calcul de l'éligibilité à l'aide est effectué, le solde accumulé par un parent dans le régime 529 pèse moins lourd que les soldes des comptes au nom de l'étudiant. Les actifs des étudiants incluent également les comptes de garde établis pour leur bénéfice (tels qu'un compte UTMA ou UGMA), donc tout fonds réservé à l'université ferait mieux d'être versé sur un régime 529 ou un autre compte au nom du parent.

2.Les contributions provenant de régimes 529 appartenant à d'autres membres de la famille peuvent réduire l'admissibilité à l'aide. Par exemple, si vous avez ouvert un compte 529 pour envoyer à l'université quelqu'un qui n'est pas votre enfant — disons, un petit-enfant ou une nièce –, l'université peut considérer les contributions de ce plan aux dépenses scolaires comme un revenu de l'étudiant, ce qui peut réduire le montant d'aide qu'il ou elle pourra recevoir l'année suivante. Par conséquent, vous devriez planifier de couvrir les dépenses de l'étudiant lors de ses troisième et quatrième années d'université pour ne pas réduire le montant de l'aide potentielle.

3.Les revenus affectent plus négativement l'aide que les actifs. Même si vous structurez votre épargne aussi stratégiquement que possible, vos revenus pourraient rendre votre enfant inéligible à une aide financière. N'hésitez pas à examiner toutes les sources d'aide financière, y compris les bourses académiques, programmes travail-études et subventions, mais assurez-vous que votre plan d'épargne anticipe la possibilité que vous deviez payer 100 % des frais.

LOI N° 2 : DÉVELOPPEZ UN PORTEFEUILLE QUI S'ALIGNE AVEC VOTRE OBJECTIF

Si vous ne savez pas où vous allez, vous finirez ailleurs.
—YOGI BERRA

La plupart d'entre nous avons acheté une voiture à un moment donné de notre vie. Avant ça, nous avons une idée de ce que nous essayons d'accomplir. Pendant mes années d'université, j'avais besoin d'une voiture qui me mènerait d'un point A à un point B, alors je voulais une voiture qui ne coûtait que quelques milliers de dollars et qui fonctionnait la plupart du temps. Quand je me suis marié, j'ai eu besoin d'une voiture plus fiable, qui me mènerait certainement d'un point A à un point B et avait des options comme l'air conditionné. Quand j'ai eu des enfants, la sécurité est devenue une priorité, et j'ai eu besoin d'une voiture où il était facile d'entrer et de sortir tout en tenant des bébés remuants. À mesure que mes enfants grandissaient, j'ai commencé à faire du covoiturage pour les emmener à leurs entraînements, et j'ai eu besoin d'une voiture qui pouvait transporter des ados chahuteurs et beaucoup de matériel sportif.

Nous comprenons tous les efforts et les réflexions qui précèdent l'achat d'une nouvelle voiture. Curieusement, la plupart des investisseurs réfléchissent bien moins à leurs investissements à long terme. Par exemple, il n'est pas rare qu'un investisseur moyen se demande : « Est-ce un bon jour pour acheter des actions Apple ? »

Les investisseurs avisés envisageraient cette décision différemment. Ils détermineraient d'abord la vue d'ensemble de ce qu'ils essaient d'accomplir et leurs objectifs financiers spécifiques, puis se poseraient ces questions : Combien d'argent devrais-je allouer à des actions ? Quelle portion de mes actions devrait être allouée aux actions de grandes entreprises ? Quelle portion de ces actions devrait être constituée d'actions d'entreprises américaines ? Une fois qu'ils ont répondu à ces questions, alors ils se demandent : « Apple rentre-t-il dans ce plan ? » Vous ne vous considérez peut-être pas comme un investisseur avisé, mais je vous assure qu'après avoir lu ce livre, vous possèderez plus de connaissances que la plupart des professionnels !

DÉPASSER VOS OBJECTIFS

Nous avons déjà discuté de plusieurs objectifs d'investissements spécifiques, comme atteindre l'indépendance financière ou financer l'éducation de ses enfants. Certains ont un objectif plus global pour leur patrimoine, comme offrir un train de vie plus confortable à leur famille à l'avenir. D'autres ont une vision encore plus étendue pour leur fortune, dans laquelle les œuvres caritatives et les générations futures sont les bénéficiaires ultimes.

Accomplir ces objectifs pourrait nécessiter différents portefeuilles employant différents « ingrédients », qui dicteront quels actifs sont les plus appropriés pour équilibrer le désir de croissance et le besoin de préserver ses avoirs.

Cette approche est radicalement différente du discours populaire qui dit que vous devriez accumuler autant d'argent que possible. Bien sûr, la plupart des gens veulent avoir autant d'argent que possible, mais si c'est là votre seule mission, cela se traduit en général par une prise de risque et des investissements peu judicieux. Ce sont les objectifs des actifs de votre portefeuille qui devraient dicter leur allocation, pas l'inverse. J'en entends déjà penser : « Je me moque de toutes ces choses. Mon objectif est d'accumuler autant d'argent que possible. » Laissez-moi vous donner un exemple de pourquoi cela pourrait ne pas être le cas.

Supposons que vous ayez accumulé assez d'actifs pour vous assurer une retraite confortable et qui, couplés à vos prestations sociales, vous permettront de prendre votre retraite dans dix ans et d'avoir environ 100 000 $ de revenus par an. Si je vous demande quel est votre objectif pour les dix prochaines années et que vous me répondez que vous voulez créer le plus gros pécule possible, nous faisons face à un dilemme intéressant. Si c'est vraiment là votre objectif, les données et statistiques historiques indiquent que vous devriez avoir 10 % ou moins de votre portefeuille en obligations parce que, la majorité du temps, il est attendu que les obligations rapportent significativement moins que les actions sur une période de dix ans.

Vous vous dites peut-être : « Fantastique ! Si c'est ce que disent les statistiques, je vais investir tout dans des actions. »

Cependant, votre objectif de prendre votre retraite dans dix ans avec 100 000 $ par an requiert lui un autre portefeuille que celui qui maximise la fortune. Si votre objectif est d'avoir la plus haute probabilité de prendre votre retraite dans dix ans, alors un portefeuille contenant entre 20 et 30 % d'obligations est plus approprié. Ceci parce que bien que le retour sur investissement d'obligations soit généralement moindre, il est beaucoup plus prévisible. Ceci réduit la volatilité globale du portefeuille, ce qui à son tour augmente les chances d'obtenir le retour spécifique visé. Un portefeuille contenant beaucoup d'actions a une plus haute probabilité de gagner plus que le retour sur investissement visé pour pouvoir prendre votre retraite, mais il augmente également le risque que le rendement n'atteigne pas les objectifs ciblés. Face à cet ensemble de faits, la plupart des investisseurs suivent les meilleures probabilités. Rien n'est garanti, mais ils choisissent la plus haute probabilité d'atteindre leur objectif de retraite.

Les mêmes principes s'appliquent aux ultrariches. Il y a cette perception que les personnes fortunées ont une machine à faire de l'argent secrète, qu'elles prennent d'immenses risques sur le marché, qu'elles doublent constamment leur fortune. Cette perception est très éloignée de la réalité : les plus riches sont bien plus soucieux de préserver leur fortune que de l'accroître. Beaucoup de personnes ultrariches citent comme objectifs principaux de léguer une fortune aux générations suivantes ou aux œuvres caritatives, donc leur planification successorale contient souvent de nombreux éléments amovibles. Ils établissent des fondations ou des fiducies pour servir de cadre à leur planification financière et ils donnent la priorité à la gestion fiscale afin que leur fortune ne soit pas gaspillée. Ils comprennent que leurs objectifs pourraient exiger le développement d'un portefeuille dont le but principal n'est pas de maximiser leur fortune, mais plutôt de gérer les risques ou d'optimiser l'aspect fiscal.

Par exemple, supposons qu'un investisseur ultrariche établisse une fondation familiale dont la clause d'emploi stipule que 5 % des actifs de la fondation doivent être redistribués à des œuvres caritatives chaque année. Un portefeuille développé pour cette fondation n'aurait jamais comme objectif de maximiser la croissance des actifs. En réalité, presque toutes les fondations familiales créées par les ultrariches incluent une allocation substantielle à des obligations.

Et la raison pour laquelle les ultrariches donnent la priorité aux obligations, c'est surtout parce qu'elles apportent de la sécurité. Votre portefeuille d'obligations vous permet d'assurer la redistribution annuelle sans devoir vendre des actifs plus versatiles lorsqu'ils baisseront inévitablement. Si vous regardez n'importe laquelle des crises majeures récentes — le 11 septembre, le krach boursier de 2008-2009, la pandémie de Covid-19 –, dans tous les cas, les obligations de haute qualité ont gagné en valeur, alors que les actions chutaient entre 40 et 50 %. Pendant ces temps durs, une fondation possédant une allocation d'obligations pourrait utiliser une combinaison des revenus du portefeuille et des obligations pour répondre aux besoins de répartition annuelle plutôt que de vendre des actions alors que le marché est bas, ce qui augmenterait la probabilité que la fondation perde tout son argent et expire.

Vous apprendrez en détail comment développer et gérer un portefeuille au chapitre 10, mais peu importe que vous commenciez seulement ou que vous ayez déjà 500 millions de dollars en poche : vous devez commencer avec un objectif ou une vision en tête. Lorsque vous comprenez ce que vous voulez accomplir, le reste devient plus facile.

LOI N° 3 : RÉEXAMINEZ LE PLAN
Si vous ne réussissez pas du premier coup,
alors le parachutisme n'est pas pour vous.
—AUTEUR INCONNU

Chacun d'entre nous a participé à une course à un moment donné de notre vie. Que ce soit un 100 mètres dans le quartier ou un sprint de 400 mètres aux Jeux olympiques, toutes les courses ont deux choses en commun : une ligne de départ et une ligne d'arrivée. Et tous les athlètes sérieux savent exactement où ils démarrent et où ils aimeraient terminer.

Revisitez votre plan financier et vos projections une fois par an ou chaque fois qu'un changement significatif survient dans votre vie (p.ex., mariage, naissance d'un enfant, changement de revenus significatif). Pendant votre passage en revue, vous pourriez remarquer que votre valeur nette a changé, parce que votre portefeuille vous a rapporté plus ou moins que prévu cette dernière année. Vous pourriez avoir reçu une prime ou un héritage inattendus, ou avoir connu un évènement de liquidité (p.ex., la vente d'une propriété). La ligne de départ a changé.

Peut-être vos objectifs ont-ils changé aussi. Peut-être aimeriez-vous prendre votre retraite plus tôt que prévu ou, au contraire, que vous deviez travailler à temps partiel après avoir pris votre retraite. Peut-être que l'université dans laquelle votre fille veut faire ses études est deux fois plus chère que vous ne le pensiez initialement. Peut-être que le bébé que vous attendez sont, en fait, des triplés. Peut-être que vous êtes maintenant marié, ou récemment célibataire, ou en meilleure santé, ou plus malade, que prévu. La ligne d'arrivée a peut-être changé.

Toutes sortes de choses se passent dans votre vie privée qui devraient entraîner des changements dans votre portefeuille. Notez l'accent mis sur les changements dans le portefeuille basés sur les changements personnels plutôt que sur les changements dans les différents marchés.

Supposons qu'une investisseuse âgée de 60 ans ait pour objectif de vivre avec 100 000 $ par an à l'âge de 62 ans. Ses projections présupposaient un retour de 6 % sur son portefeuille, et elle était en bonne voie pour atteindre son objectif. Cependant, lors de son passage en revue annuel, elle a remarqué que les retours de son portefeuille étaient bien meilleurs que projetés en raison d'un marché haussier. L'investisseuse se méfie également de la volatilité de son portefeuille tandis qu'elle approche de la retraite. Heureusement pour elle, elle n'a plus besoin d'un rendement de 6 % pour atteindre ses objectifs. Les projections du portefeuille montrent qu'elle n'a plus besoin que d'un retour de 5 %. Étant donné les circonstances, l'investisseuse pourrait choisir de réduire son exposition aux actions et d'augmenter l'allocation de son portefeuille à des obligations de haute qualité. Elle ferait ceci en sachant que son retour sur investissement à long terme serait amoindri, mais qu'elle augmenterait sa probabilité d'avoir un rendement de 5 % moins volatil.

LA LOI SUPRÊME : NE FOUTEZ PAS LE BORDEL !

Vu sur CNBC :
Présentateur : Est-ce une bonne opportunité d'achat ?
Invité : Je n'achèterais pas sur le marché aujourd'hui (S&P à 2 710), mais j'achèterais en masse à S&P 2 680.

Cette interaction illustre précisément la manière erronée de considérer votre portefeuille. Pourquoi un investisseur allouerait-il des d'actions à un indice S&P de 2 680, mais pas à S&P 2 710 ? Une fois que votre portefeuille est en place, restez discipliné. Suivez le schéma de décisions d'investissement présenté dans ce chapitre ou travaillez avec un conseiller qui comprend, accepte et investit selon ces principes. Ignorez le bruit, ne paniquez jamais, ne déviez pas pendant une crise et, surtout, restez concentré sur vos objectifs.

Si tous ces facteurs vous donnent envie d'avoir une deuxième opinion sur votre portefeuille actuel, nous y jetterons un œil gratuitement. Visitez www.creativeplanning.com.

CHAPITRE SIX
GÉRER LES RISQUES

par Peter Mallouk

Tout le monde a un plan jusqu'au premier coup de poing dans la gueule.
—MIKE TYSON

La gestion des risques fait partie de votre vie de tous les jours : verrouiller vos portes quand vous sortez de chez vous, attacher votre ceinture avant de passer une vitesse et regarder de chaque côté de la rue avant de traverser. Lorsqu'il s'agit d'investir, la *gestion du risque* revient à vous assurer contre les pertes financières. Dans le cas d'investisseurs qui ont déjà développé un plan d'épargne discipliné ou accumulé un patrimoine substantiel, la plus grande menace à leur indépendance financière est une perte catastrophique ; un évènement qui se produit *en dehors* de la Bourse et *en dehors* de leur contrôle, comme un incendie ou un décès. Accroître progressivement votre retour sur investissement n'a aucune importance si vous perdez tout lors d'un incident malencontreux.

Beaucoup parmi nous passons plus de temps à décider quelle pizza nous allons commander pour la famille (« Suzie mangera-t-elle du pepperoni cette fois ? ») qu'à décider quelle assurance nous devrions contracter pour la protéger.[21] Même si la gestion des risques fait partie intégrante de la gestion du patrimoine, vous vous demandez peut-être ce que le sujet vient faire dans un

---

21 Certains d'entre nous passent encore plus de temps à choisir quelle croûte nous devrions commander. Même si c'est également une décision qui vaut la peine d'être analysée soigneusement.

livre qui cherche à faire de vous un investisseur averti. Ce qu'il faut retenir, c'est qu'il est essentiel de vous protéger le plus possible contre tout risque financier. Si vous n'avez pas souscrit à une assurance, vous vous *auto-assurez*, ce qui veut dire qu'en cas de risque ou d'aléa (et ils sont légion dans la vie), vous supporterez la totalité du fardeau économique. Souvent, les investisseurs abandonnent leurs plans d'investissement lorsque le marché est volatil et plus risqué, car ils craignent l'impact financier potentiel si la valeur de leur portefeuille chute. Par exemple, un investisseur pourrait renoncer aux actions pendant un marché baissier, craignant que dans l'éventualité de son décès soudain, sa famille n'ait plus assez d'argent.

Les investisseurs avisés ne s'autorisent jamais à se retrouver dans cette posture. Si votre plan est bon, tous les risques sont sous contrôle indépendamment des marchés, ce qui vous permet de vous en tenir à votre stratégie (et de dormir sur vos deux oreilles).

Assurons-nous que vous soyez protégé, d'accord ?

ASSURANCE-VIE

La peur de la mort découle de la peur de la vie. Celui qui vit pleinement est prêt à mourir à tout moment.

—MARK TWAIN

On dit souvent que les assurances-vie sont vendues, pas achetées. Et qu'il est rare que les couples se réveillent un matin, se tournent l'un vers l'autre et se disent : « Chéri, allons souscrire à une assurance ! » Mais pour beaucoup, l'assurance-vie joue un rôle crucial dans la gestion des risques et la gestion du patrimoine.

Le concept de base de l'assurance-vie est simple : dans l'éventualité de votre mort, une compagnie d'assurance verse un *capital décès* à votre bénéficiaire.

En échange de ceci, vous payez un certain montant à ladite compagnie. Assez simple, non ? Cela étant dit, les choses se sont compliquées ces dernières années. Le secteur de l'assurance a créé toutes sortes de produits d'assurance — et de produits d'investissement se faisant passer pour des assurances — qui ont rendu cette décision bien plus difficile et complexe.

La structure du secteur des assurances pose un défi lorsque l'on souhaite souscrire à une assurance. En règle générale, les agents d'assurance touchent des commissions : ils reçoivent un pourcentage des primes des polices qu'ils vendent. Bien qu'il n'y ait rien de foncièrement malsain au fait de recevoir des commissions sur la vente de produits d'assurance, cela crée un conflit d'intérêts potentiel. Ayant le choix, l'agent d'assurance recommandera-t-il le produit qui convient le mieux à l'individu (c.-à-d. le moins cher pour remplir ses besoins) ou celui qui convient le mieux à l'agent (c.-à-d. payant la commission la plus élevée) ? En tant que consommateur, une manière de vous protéger est de savoir ce dont vous avez besoin et pourquoi vous en avez besoin avant de chercher une assurance.

À Creative Planning, nous reconnaissons que la gestion des risques est cruciale pour assurer la sécurité globale de nos clients et, pour cette raison, nos affiliés offrent des couvertures comme des assurances-vie. Lors d'une année typique, plus de 95 % des polices qu'obtiennent nos clients sont des assurances-vie temporaires, qui sont les produits les moins rentables du secteur, mais aussi ceux qui conviennent le mieux aux besoins de la plupart des gens.

ASSURANCE TEMPORAIRE

Les *assurances temporaires* sont le type d'assurance-vie le plus approprié pour presque tous les Américains ; cependant, les agents d'assurance les recommandent rarement, parce qu'elles génèrent le moins de commissions. Une police d'assurance temporaire permet d'assurer votre vie pendant une période de temps spécifique. Supposons que votre plan financier montre clairement que tant que vous continuez à épargner pendant les 15 prochaines années, votre famille aura tout ce dont elle a besoin pour subvenir à ses besoins pendant le restant de leurs vies. Le hic dans ce plan, c'est que si vous mourez demain, votre famille vous perdra, vous *et* vos revenus.[22] Au lieu d'avoir besoin de l'argent que vous avez épargné dans 15 ans, votre famille va en avoir besoin maintenant. Cela signifie que (1) l'argent n'a pas eu le temps de fructifier et (2) aucun revenu ne sera ajouté à cet investissement.[23] Pour aggraver encore le problème, en plus de commencer 15 ans plus tôt que prévu, les retraits dureront 15 ans de plus que prévu. Ce genre de choses peut faire capoter votre plan d'investissement et l'avenir de votre famille.

Au début de ma carrière, j'ai recommandé une assurance temporaire à un médecin. Il a ignoré ma suggestion parce qu'il avait lu quelque part un article qui disait que les assurances ne servaient à rien. Malheureusement, il est décédé de manière inattendue au courant de la même année, laissant sa famille dans le besoin. Sa femme et sa fille ont connu des difficultés financières inutiles pendant de nombreuses années, en plus de l'émoi d'avoir perdu un mari et un père. Je travaille toujours avec la famille aujourd'hui, et cela m'attriste de savoir que leur souffrance aurait été amoindrie par une police d'assurance temporaire qui n'aurait coûté que quelques centaines de dollars par an.

Tout être humain responsable devrait s'assurer d'avoir assez d'actifs en place pour protéger sa famille dans l'éventualité de sa mort. Si vous ne possédez pas de pécule significatif et ne pouvez pas vous assurer contre ce risque, une assurance temporaire est une solution facile. Elle est comparativement abordable, parce que les probabilités que vous surviviez à son terme sont élevées. Si vous souscrivez à une police d'assurance temporaire de 15 ans, les compagnies d'assurance s'attendent à ce que vous viviez plus de 15 ans, ce qui réduit significativement la probabilité qu'ils doivent vous verser un capital en

---

22 Le qualifier de « piège » est un euphémisme.
23 Même si, comme Patrick Swayze dans Ghost, vous revenez aider votre partenaire à faire de la poterie, supposons que vous n'aurez plus d'impact significatif sur les revenus de la famille.

cas de décès. De nombreux assureurs utilisent cette statistique pour dissuader les investisseurs de souscrire à une assurance temporaire, parce qu'il est peu probable que vous obteniez un retour sur investissement. Cet argument passe à côté de l'essentiel : c'est comme dire que vous devriez regretter d'avoir souscrit à une assurance habitation alors que votre maison n'a pas brûlé une seule fois ! C'est exactement à cela que sert une assurance : vous assurer contre un évènement improbable en versant une petite portion de votre patrimoine en échange d'une protection en cas de catastrophe économique.

Déterminer le montant d'assurance-vie dont vous avez besoin devrait faire partie intégrante de la création de votre plan financier. Il existe de nombreuses méthodologies pour estimer le montant de l'assurance-vie dont une personne a besoin. Malheureusement, la majorité n'ont aucun sens.[24] Par exemple, une règle générale populaire est que vous devriez souscrire à une assurance-vie équivalente à cinq fois vos revenus. Si vous gagnez 100 000 $ par an et avez épargné 5 millions de dollars, vous n'avez sans doute pas besoin d'une police d'assurance à 500 000 $, parce que votre famille s'en sortira très bien avec votre patrimoine existant. Cependant, si vous venez de sortir de faculté de médecine avec une dette de 250 000 $, avez acheté une maison à 700 000 $ et avez trois enfants, alors cinq fois vos revenus ne suffiront sans doute pas du tout pour subvenir aux besoins de votre famille.

Comme nous l'avons appris en développant des portefeuilles, la meilleure méthode est d'adapter votre assurance à votre situation spécifique. D'abord, totalisez les coûts de vos objectifs non financés si vous deviez mourir demain, comme des revenus supplémentaires pour subvenir aux besoins de votre famille, un fonds d'éducation universitaire ou le remboursement de vos dettes (y compris les prêts immobilier et automobile). Lorsque vous avez déterminé le montant de l'assurance nécessaire, le terme (c.-à-d. la durée de la police) peut être calculé en déterminant combien de temps il vous faudra

---

24 À ce stade, vous ne devriez pas être choqué.

pour devenir financièrement indépendant du point de vue d'une assurance.[25] Par exemple, si vous avez aujourd'hui besoin d'une assurance temporaire de 500 000 $, quand n'en aurez-vous plus besoin ? Vous pouvez calculer la réponse en déterminant quand votre besoin d'assurance expirera sur base du temps qu'il vous faudra pour accumuler le patrimoine nécessaire pour équivaloir au montant de la police. Si, basé sur le taux auquel vous épargnez, vous aurez économisé 500 000 $ de plus dans 15 ans, vous n'avez besoin que d'une police de 15 ans.

Une dernière remarque sur les assurances temporaires : de nombreuses personnes oublient de penser au besoin potentiel d'assurance-vie pour le conjoint qui ne travaille pas. Même s'il n'y a pas de revenus à remplacer dans l'éventualité de leur mort, les conjoints qui ne travaillent pas s'occupent généralement de nombreuses responsabilités domestiques (p.ex., garde d'enfant, transport, ménage) que le conjoint survivant devra probablement payer pour couvrir. C'est une considération importante.

ASSURANCE-VIE EN CO-SOUSCRIPTION : MAXIMISEZ LA VALEUR DE VOTRE SUCCESSION

Pour les personnes riches au patrimoine élargi, l'assurance-vie est souvent incorporée à un plan successoral tous risques. Le secteur de l'assurance offre un produit appelé *assurance-vie en co-souscription (ou assurance sur deux têtes, payable au deuxième décès)*, qui est une seule police couvrant les vies de deux époux ou partenaires en ménage. L'assurance ne paie que lorsque les deux individus assurés sont décédés. Parce que deux vies sont assurées, le capital versé en cas de décès est plus important que celui d'une police assurant un seul individu. Pour ceux qui possèdent des patrimoines imposables, ce genre de police peut apporter des liquidités pour couvrir de quelconques dépenses,

---

25 Ceci pourrait être une durée différente du temps qu'il vous faudra pour devenir financièrement indépendant du point de vue de votre retraite. Par exemple, quand vos enfants auront terminé leurs études ou que votre prêt immobilier sera remboursé, vous n'êtes plus obligé de souscrire à des assurances pour couvrir ces responsabilités, mais vous pourriez devoir encore épargner pour prendre votre retraite.

et par-là même évite de devoir vendre une entreprise ou une ferme pour payer les droits de succession. Si la police est couplée à une fiducie irrévocable (nous y reviendrons plus tard), le capital versé en cas de décès peut être légué aux héritiers en étant exonéré d'impôt.

L'objectif de l'assurance-vie en co-souscription est légèrement différent de celui d'une assurance-vie temporaire. Plutôt que de planifier un décès prématuré, la police d'assurance à adhésion conjointe est principalement utilisée pour minimiser les droits de succession. Après tout, les deux individus doivent décéder avant que le capital ne soit versé. Par conséquent, l'objectif de cette police est de maximiser la valeur qu'un couple peut donner chaque année sans payer de taxes pour payer les primes de l'assurance. Le capital versé en cas de décès devient le montant maximum accepté par les dons de primes annuelles. Nous réexaminerons ceci de manière plus approfondie au chapitre suivant.

L'ASSURANCE EN TANT « QU'INVESTISSEMENT »

Ici, la règle générale est de vous assurer que le type d'assurance que vous envisagez corresponde à vos besoins spécifiques. Les besoins des survivants sont presque toujours mieux servis par une police d'assurance temporaire. Les assurances en co-souscription et autres produits hautement spécialisés, comme les assurances-vie universelles, peuvent être utilisés pour apporter des liquidités de succession aux riches, mais en général, une assurance *ne devrait jamais* être considérée comme un investissement en soi. Pour cette raison, les assurances-vie à capital variable et rentes variables n'ont pas vraiment leur place dans le portefeuille d'un investisseur averti. Ces produits combinent investissement et assurance et font grimper le prix des deux.[26] À la place, les investisseurs avisés investiront leur argent de manière efficace et achèteront une assurance séparément pour couvrir les besoins du conjoint survivant.[27]

---

26 Quelqu'un s'enrichit sur le dos de ce genre de police. C'est juste que ce n'est pas vous, mais l'agent d'assurance !

27 Qu'importe ce que vous dit l'agent d'assurance. Et oui, je sais qu'il est vraiment sympa.

INVALIDITÉ

Le temps et la santé sont deux atouts précieux que nous ne reconnaissons et n'apprécions que lorsqu'ils sont épuisés.

—DENIS WAITLEY

Quel est, à votre avis, votre plus grand atout ? Peut-être pensez-vous que c'est votre maison, voire votre compte d'épargne retraite. Pour la plupart d'entre nous, cela dit, notre plus grand atout est notre capacité à gagner un salaire. Pensez à vos objectifs pour vous-même et votre famille. Tous ces objectifs, que ce soit économiser pour acheter votre première maison, éduquer votre enfant ou contribuer significativement aux associations caritatives, dépendent probablement d'une seule chose: votre capacité à gagner de l'argent.

Mon père est un médecin qui a travaillé dur toute sa vie. À une époque — quand il avait un emprunt immobilier, trois enfants voulant faire des études et qu'il voulait pouvoir voyager et prendre sa retraite à un moment donné –, ses objectifs étaient de rembourser sa maison, d'assurer que ses enfants aient une bonne éducation et de devenir financièrement indépendant. À part un décès prématuré, la seule chose qui aurait pu faire capoter son plan était une incapacité à travailler. S'il était devenu infirme sans avoir d'assurance en place, il n'aurait pu atteindre aucun de ses objectifs. Voilà pourquoi ceux qui gagnent l'argent nécessaire pour financer leurs objectifs devraient assurer leur capacité à gagner cet argent.

Au début de ma carrière, j'ai travaillé avec un médecin spécialisé dans le traitement de la douleur qui avait perdu un bout de son pouce dans un mixer. C'était bien plus grave qu'il n'y paraît, car il utilisait son pouce chaque jour pour faire des injections à ses patients. Il ne pouvait plus travailler, mais il avait une police d'assurance invalidité en place qui a pris soin de sa famille. Ces scénarios sont plus courants que vous ne le pensez, et j'ai personnellement travaillé avec des clients qui ont été impactés par des lésions traumatiques et des maladies débilitantes comme la sclérose en plaques, la maladie de Lyme et la maladie de Charcot. Dans de nombreux cas, une police d'assurance invalidité est ce qui a sauvé la sécurité financière de ces familles.

Les assurances invalidité se classent en deux types principaux : invalidité à court terme et invalidité à long terme. Les invalidités à court terme sont classées comme des invalidités qui vous empêchent de gagner des revenus pendant 90 jours ou moins. Puisque la durée d'incapacité de travail est comparativement minime et que l'impact financier ne perturbe pas généralement les finances sur le long terme, souscrire à ce genre d'assurance est souvent inutile. Les invalidités à long terme sont celles qui vous empêchent de gagner votre vie pendant plus de 90 jours, jusqu'au reste de votre vie. Il est important de considérer le risque de ce type d'invalidité sur votre indépendance financière.

Tout comme dans le cas d'une assurance-vie, l'intérêt de payer une assurance invalidité est de transférer une petite partie de votre fortune à une compagnie d'assurance en échange de revenus pour aider à subvenir aux besoins de votre famille dans l'éventualité où vous deveniez invalide à vie. Nous nous sentons tous invincibles jusqu'à ce que nous ne le soyons plus, aussi je vous encourage à ne pas ignorer cette section. Si vous avez déjà accumulé assez de fortune pour rembourser votre maison, être financièrement indépendant, envoyer vos enfants à l'université et ainsi de suite, il ne sert pas à grand-chose de souscrire à une telle police ou de conserver une police déjà en place. Mais s'il y a une chance qu'une invalidité ait un impact négatif sur l'avenir financier de votre famille, il vaut la peine d'envisager une assurance invalidité à long terme, en prenant en compte votre santé actuelle, vos revenus et les autres facteurs pertinents avant de prendre votre décision.

Les employeurs offrent généralement à leurs employés des polices d'assurance invalidité à court terme et à long terme, et c'est une bonne idée de commencer par voir s'il en existe de disponibles (ou ce à quoi vous avez déjà droit). Si votre employeur n'offre pas cet avantage ou que la couverture offerte n'est pas suffisante, peut-être pourriez-vous souscrire à une assurance invalidité privée. Il vaut mieux en parler à un planificateur financier pour voir si une assurance invalidité convient à votre situation et quel type de police serait le plus bénéfique.

SOINS DE LONGUE DURÉE

Quarante pour cent des individus atteignant l'âge de 65 ans entreront dans une maison de retraite.

—MORNINGSTAR

Financer les soins de longue durée est une inquiétude majeure de nombreux Américains, et avec raison. Le coût des maisons de repos varie à travers le pays, d'environ 95 000 $ par an en Arizona à plus de 155 000 $ par an à New York. Étant donné que seuls 44 % de la population de plus de 50 ans ont plus de 100 000 $ en liquidités, il n'est pas surprenant d'apprendre que la plupart de ceux qui entrent en maison de repos se retrouvent fauchés en quelques années à peine. Cependant, si vous analysez les statistiques de manière plus approfondie, elles montrent que 68 % des personnes qui entrent dans une maison de repos meurent dans l'année. Que devriez-vous en penser ?

Eh bien, si vous avez la chance d'être propriétaire d'un portefeuille de plusieurs millions de dollars, une allocation d'investissement correctement structurée devrait pouvoir produire l'argent nécessaire pour couvrir le coût de soins à longue durée. Pour quelqu'un dans cette situation, entrer dans une maison de retraite de qualité entraînera généralement une réduction de ses dépenses. Pendant les jours dorés de leur retraite, ces individus fortunés voyageaient peut-être autour du monde et dépensaient 200 000 $ par an, mais la majorité des maisons de repos du pays coûtent la moitié de cette somme. Entrer dans une maison de repos élimine de nombreuses autres dépenses, aussi les individus fortunés n'ont pas besoin de s'assurer pour se protéger contre ces dépenses de soins à long terme.

Cela dit, tous les autres se retrouvent face à un dilemme. Pour ceux qui ont quelques centaines de milliers de dollars d'actifs, il est presque impossible de se permettre une assurance pour soins prolongés adéquate. Ceux qui ont des revenus stables et plus de 500 000 $ d'actifs pourraient hésiter à souscrire à une assurance, car ils ne désirent pas trop dépenser au risque de faire dérailler leur plan d'épargne-retraite.

En fin de compte, le plus grand risque pour de nombreuses personnes est d'avoir besoin de soins de santé prolongés, et déterminer le plan d'action approprié requiert l'assistance d'un planificateur financier, qui pourra vous présenter des options pour couvrir adéquatement ce risque sans que le coût de l'assurance vous empêche de prendre votre retraite.

ASSURANCE SANTÉ

De nos jours, les médecins ont accès à des outils et options de traitement qui étaient inimaginables il y a une génération. Chaque jour, les chercheurs découvrent de nouvelles manières de guérir et de traiter des maladies qui, il y a dix ans à peine, semblaient complètement incurables. Le sous-produit malencontreux de cette innovation est le coût. Sans assurance maladie, les dépenses autres que les consultations routinières peuvent rapidement exploser et dépasser les moyens de la plupart des familles. Une assurance santé est un must pour tous.

Si elle vous est offerte, la meilleure option reste la police d'assurance-groupe ou collective de votre employeur. Les polices collectives ont tendance à être plus rentables pour plusieurs raisons. La première, c'est que de nombreux employeurs subsidient la couverture de leurs employés, donc vous n'avez pas à payer le coût total de votre police. La deuxième, c'est que le prix de ces polices est basé sur les caractéristiques moyennes du groupe, aussi leur prix a tendance à être plus bas que celui qu'un individu recevrait sur le libre marché.

Si votre employeur vous propose un compte gestion-santé flexible (FSA) ou un compte épargne médical (HSA), vous devriez profiter de ces avantages pour couvrir le coût de vos dépenses médicales. Chaque mois, vous versez une partie de votre chèque de salaire sur le compte. Vous pouvez ensuite utiliser ces fonds pour payer vos dépenses médicales au fur et à mesure, y compris les tickets modérateurs, ordonnances et autres dépenses qui ne sont pas couvertes par votre police d'assurance.

Les comptes FSA ou HSA sont financés grâce aux dollars bruts de votre chèque de salaire, tout comme votre 401(k). Ceci a deux avantages : vous ne payez pas d'impôt sur l'argent versé sur votre compte FSA ou HSA, ce qui peut réduire votre assujettissement à l'impôt, pas plus que sur les retraits pour couvrir vos frais médicaux, ce qui réduit vos dépenses médicales. Vous économisez de l'argent des deux côtés ! Par exemple, si vous versez 1 200 $ sur votre compte FSA, la totalité de la somme peut servir à payer une facture médicale. Mais si vous n'avez pas de compte FSA et êtes dans la tranche d'imposition de 25 %, vous devrez gagner 1 600 $ bruts pour avoir les 1 200 $ nécessaires pour couvrir la même facture. Une chose à garder à l'esprit avec un compte FSA est que l'argent est « à utiliser ou à perdre ». Tout montant restant sur le compte à la fin de l'année expire, aussi budgétisez votre épargne en fonction.

Si votre employeur propose une couverture santé à franchise élevée, il pourrait vous offrir un compte HSA. Un compte HSA a les mêmes caractéristiques de base qu'un compte FSA, mais les fonds n'expirent pas à la fin de l'année. À la place, ils peuvent être investis et fructifier au fil du temps. Après votre retraite, vous pouvez utiliser les fonds pour couvrir vos dépenses médicales sans payer d'impôts. Les plans HSA sont uniques en raison de ce triple avantage fiscal[28] : vos contributions réduisent votre assujettissement à l'impôt et fructifient en étant exonérées d'impôts, et les distributions ne sont pas imposables après la retraite. Pas mal ! Pour cette raison, la meilleure manière d'optimiser un

---

28 « Triple avantage fiscal » fait plus penser à une figure de patin qu'à un avantage très cool de planification financière.

compte HSA est d'y verser la contribution maximale chaque année, mais de ne pas piocher dedans pour vos dépenses médicales.[29] Choisissez plutôt de payer de votre poche et de préserver cet actif pour vos dépenses futures, après votre retraite. Si vos liquidités ne vous le permettent pas, mieux vaut alors utiliser un compte FSA.

Pour ceux à qui l'employeur ne propose pas d'assurance maladie, des polices individuelles sont disponibles. Lorsqu'ils cherchent une assurance santé, les gens ont tendance à être économes, mais il est important de garder quelques facteurs en tête lorsque vous évaluez vos options. Le premier est que le risque dicte le prix des polices. Quand une demande d'intervention est soumise, les compagnies d'assurance évaluent qui risque le plus d'argent. L'assurance vous coûte plus quand la compagnie d'assurance assume davantage de risques. Pour faire baisser le prix de l'assurance, vous devez accepter d'assumer plus de risques. Comme on dit, on n'a rien sans rien.

La deuxième considération concerne *vos* besoins d'assurance maladie. Avez-vous fréquemment rendez-vous chez le médecin ? Prenez-vous plusieurs médicaments ? Dans ce cas, les coûts non pris en charge auront leur importance. Avez-vous besoin de voir des spécialistes ? Dans ce cas, vérifiez que vos hôpitaux et médecins préférés acceptent cette assurance pour pouvoir recevoir les soins requis.

Les retraités oublient souvent d'inclure une assurance santé dans leurs plans de retraite, particulièrement lorsqu'ils prennent leur pension avant d'être éligibles à Medicare à 65 ans. Pour la majorité des jeunes retraités, le meilleur plan d'action est de poursuivre le plan d'assurance santé de votre ex-employeur pendant 18 mois après votre retraite. Suivant l'âge auquel vous prendrez votre pension, vous devrez peut-être souscrire à une assurance privée

---

29   C'est fou comme le Congrès passe des lois fiscales qui encouragent des comportements inattendus.

pour couvrir l'intervalle entre la fin de la période de continuation de 18 mois et le début de Medicare.

Lorsque vous avez droit à Medicare, certains tickets modérateurs et d'autres dépenses généralement couverts par l'assurance maladie traditionnelle passent maintenant à vos frais. Pour cette raison, c'est une bonne idée de souscrire au plan supplémentaire de Medicare pour combler ces lacunes. Ces plans peuvent offrir une couverture tous risques à un coût très raisonnable et vous permettent de mieux contrôler et planifier vos dépenses de santé pendant votre retraite.

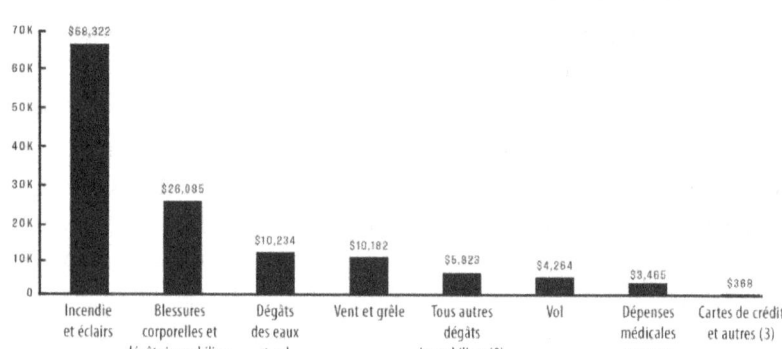

Figure 6.1 PERTES DES PROPRIÉTAIRES CLASSÉES PAR GRAVITÉ DES SINISTRES (MOYENNE DES DÉCLARATIONS) 2013-2017 (1)

(1) Pour les assurances périls multiples des propriétaires (HO-2, HO-3, HO-5 et HE-7 pour la Caroline du Nord). Exclut les assurances de locataires et de propriétaires d'appartements en copropriété. Pertes encourues l'année de l'accident, excluant les dépenses d'ajustement de perte (c.-à-d. indemnisations encourues par année d'accident). Exclut l'Alaska, le Texas et Puerto Rico.

(2) Inclut le vandalisme et les actes de malveillance.

(3) Inclut la couverture pour l'utilisation non autorisée de cartes, contrefaçons, fausse monnaie et pertes non classifiées.

« ENVIRON 1 MAISON SUR 17 ASSURÉES DÉCLARE DES SINISTRES CHAQUE ANNÉE »
*STATISTIQUES DE L'INSURANCE INFORMATION INSTITUTE, basées sur ISO®, entreprise Verisk Analytics®, données des déclarations de sinistres des propriétaires assurés entre 2013 et 2017.

L'assurance habitation vous protège en couvrant les dégâts immobiliers, mais uniquement endéans les limites de votre police. Malheureusement, la plupart des gens ignorent les limites de leur police jusqu'à ce qu'ils remplissent une déclaration de sinistre. Rares sont ceux parmi nous qui pourraient reconstruire la maison de nos rêves si elle était détruite par un incendie, une tornade, un tremblement de terre ou une autre catastrophe naturelle, mais la plupart d'entre nous choisissons quand même de souscrire à une assurance habitation. Le risque que votre maison soit complètement détruite est rare, mais il existe. Heureusement, du fait de cette rareté, l'assurance habitation est généralement abordable par rapport à la valeur de la propriété qu'elle couvre.

Comme pour toutes les autres assurances, la première étape est de déterminer le montant de protection nécessaire, ce qui dans le monde de l'assurance est appelé *couverture logement*. Ceci nécessite que vous évaluiez la valeur de remplacement de votre domicile, qui diffère de sa valeur marchande. Votre couverture logement devrait refléter le coût de reconstruction de votre maison de zéro, en utilisant les mêmes matériaux ou des matériaux similaires. Dans certaines régions du pays, le coût des matériaux a continué à enfler bien que la valeur de l'immobilier soit restée la même, aussi il est important de prendre en compte les coûts de construction actuels et de fixer la couverture de votre maison en fonction. Votre assureur aura accès aux coûts moyens dans votre région et est votre meilleure source d'information pour effectuer ce calcul.

Dans le cas de propriétés de grande valeur, une estimation de la propriété pourrait être requise pour déterminer le coût de reconstruction.

Il est important de noter que votre compagnie d'assurance couvrira l'entièreté des dégâts occasionnés à votre maison uniquement si le montant de votre couverture logement est d'au moins 80 % de la valeur de remplacement de votre maison. Par exemple, supposons qu'une conduite d'eau explose dans votre maison et cause 50 000 $ en dégâts matériels. Si le montant de la couverture logement listée sur votre police est de 350 000 $, mais que votre assureur estime que la valeur de remplacement de votre propriété est de 500 000 $, même si le montant de votre couverture logement couvre bien plus que les 50 000 $ de dégât, la compagnie d'assurance vous enverra un chèque d'une valeur de 43 750 $ seulement (moins la franchise).[30] Ce qui surprend souvent les victimes.

De nombreux individus sont surpris d'apprendre que leurs polices ne les couvrent pas autant qu'ils le pensaient en raison de plafonds internes sur certains types de dégâts ou de limites de remboursement sur des articles de valeur. Pour cette raison, il est généralement logique pour les individus fortunés de travailler avec des assureurs spécialisés qui ont des produits conçus pour protéger les habitations à valeur élevée, les logements en location ou d'autres propriétés précieuses ou uniques (p.ex., yachts, véhicules de collection). La plupart des polices limitent également la couverture sur les bijoux, fourrures, antiquités et autres objets de valeur. Si vous souhaitez protéger ces articles contre le vol, il est important que vous parliez avec votre assureur pour ajouter une couverture à votre police existante, ou pourquoi pas une police pour articles précieux séparée.

---

30 La compagnie d'assurance utilise un pourcentage de la couverture à laquelle vous avez souscrit (dans cet exemple, 70 % de la valeur de remplacement) comparée à la valeur de couverture à laquelle vous auriez dû souscrire (80 % de la valeur de remplacement de votre maison). 350 000/400 000 = 87,5 %, donc la compagnie ne couvrira que 87,5 % de la déclaration de sinistre de 50 000 $, soit 43 750 $.

RÉDUISEZ VOTRE PRIME AUJOURD'HUI

Une autre composante de l'assurance habitation est la *franchise*, autrement dit le montant de toute déclaration de sinistre que vous devez débourser avant que l'assurance n'intervienne. J'ai déjà parlé de s'assurer soi-même, ce qui signifie simplement que vous assumez une partie — ou tout — le risque par vous-même. Dans le cas d'une assurance habitation, vous pouvez vous assurer vous-même via votre franchise.

Statistiquement, il est plus logique d'un point de vue financier d'avoir une franchise d'environ 1 % de la valeur de remplacement de votre maison (en supposant que vos liquidités vous permettent de couvrir ce montant et que la réduction sur la prime soit significative). Puisque vous assumez plus de risque en ayant une franchise plus élevée, votre prime devrait être réduite suffisamment pour justifier le montant accru que vous devrez débourser en cas de sinistre.

Changer de franchise peut avoir un impact qui varie selon de nombreux facteurs, tels que votre historique de déclarations de sinistres personnel, l'historique de déclarations de sinistres du quartier, la compagnie d'assurance et l'ancienneté de votre maison. Parce qu'il est impossible de dire avec certitude quelle franchise est appropriée pour chacun, une bonne règle générale est d'envisager une période d'équilibre sur cinq ans, c'est-à-dire que vous devriez économiser assez en primes annuelles sur cinq ans pour rentabiliser la franchise accrue. Si votre franchise est de 1 000 $ et que vous voulez la faire passer à 2 500 $, vous ne devriez le faire que si votre prime baisse d'au moins 300 $ par an, puisque vous assumez à présent 1 500 $ de risque en plus.

Un autre aspect de votre police à évaluer est votre garantie responsabilité civile. Si vous avez une police d'assurance responsabilité civile complémentaire, et vous devriez probablement en avoir une (nous y reviendrons bientôt), la garantie responsabilité civile de vos assurances habitation et automobile devrait s'aligner avec les clauses de votre assurance responsabilité civile complémentaire. Si vous n'avez pas d'assurance responsabilité civile complémentaire, le montant de garantie responsabilité civile dont vous avez besoin devrait être évalué par votre assureur sur base de votre situation particulière.

Enfin, selon la partie du pays dans laquelle se trouve votre maison, il y a d'autres considérations à prendre en compte pour une assurance, comme le risque d'inondation, de tremblement de terre, d'ouragan, de vent ou de grêle, dont vous devriez discuter avec votre assureur pour être couvert adéquatement.

ASSURANCE AUTOMOBILE
*Si j'avais demandé aux gens ce qu'ils voulaient,
ils m'auraient répondu des chevaux plus rapides.*
—HENRY FORD

Si vous possédez une voiture, vous êtes légalement tenu de souscrire à une assurance automobile pour la conduire sur les routes principales. Cela garantit que si vous causez un accident, vous avez les ressources pour couvrir les coûts dont vous êtes responsable. De nombreuses personnes choisissent une couverture tous risques ou accidents de la route, qui apporte une protection supplémentaire en cas de dégât à votre véhicule. Avant de souscrire à ces couvertures supplémentaires, prenez une minute pour évaluer les franchises associées. Si vos liquidités le permettent, une franchise plus élevée pourrait vous faire économiser de l'argent sur le long terme. Mais si c'est votre fils adolescent qui conduit votre voiture, une franchise moins élevée pourrait le protéger contre la probabilité accrue d'avoir un accident. Dans les deux cas, tout comme pour la franchise de l'assurance habitation, la décision de passer à une franchise plus élevée devrait toujours être évaluée sur base des économies réalisées sur les primes.

Tandis que votre voiture prend de l'âge, il pourrait également être opportun de résilier *les couvertures tous risques ou dommages tous accidents*. Nous avons tous eu une voiture valant environ 1 000 $ à un moment donné de notre vie,[31] et il n'y a aucune raison de l'assurer au maximum.

Comme pour votre maison, votre garantie responsabilité civile devrait s'aligner avec les clauses de votre assurance responsabilité civile complémentaire. Si vous n'avez pas d'assurance responsabilité civile complémentaire, votre garantie responsabilité civile dépend de votre situation personnelle et des recommandations de votre assureur. Pour déterminer la garantie responsabilité civile, il est important de ne pas se fier aux exigences légales minimales imposées par la plupart des états. Vu le coût croissant des véhicules et des soins de santé, il est facile de se retrouver dans une situation où plusieurs véhicules sont endommagés (ou plusieurs passagers sont blessés), ce qui pourrait vous pousser à la limite de votre garantie responsabilité civile et vous forcer à payer les frais excédentaires de votre poche.

Une remarque pour les enfants adultes qui conduisent vos véhicules et sont couverts par votre police d'assurance. Quand des adultes qui ne sont pas mariés amalgament leurs biens, ils peuvent amalgamer leurs responsabilités. Si un enfant adulte cause un accident en conduisant votre voiture et est poursuivi en justice en raison de l'accident, vous pourriez découvrir que vos biens sont en péril parce que vous êtes le propriétaire du véhicule. Injuste, n'est-ce pas ? Si vous êtes dans une position où vous ne soutenez plus vos enfants financièrement en dehors de l'assurance ou du véhicule qu'ils conduisent, la manière la plus sûre d'éviter tout risque est de transférer la propriété du véhicule à vos enfants.[32] Cela augmentera sans doute la prime de l'assurance, mais dans la majorité des cas, payer une prime plus importante vaut de loin la responsabilité réduite. Cependant, chaque situation est différente et doit être évaluée par votre assureur.

---

31 J'en ai eu trois !
32 Ou dites-leur de prendre un Uber.

ASSURANCE RESPONSABILITÉ CIVILE COMPLÉMENTAIRE

Il se passe tellement de choses à chaque évènement et, si vous essayez de le manipuler, cela veut dire que vous luttez contre l'univers entier, ce qui est idiot.

—DEEPAK CHOPRA

Une assurance responsabilité civile complémentaire est exactement ça : une assurance qui complémente. Rassurez-vous, nous en avons presque terminé avec la gestion des risques. Tenez le coup ![33]

Une assurance responsabilité civile complémentaire est une police de responsabilité excédentaire qui vous couvre au-delà des limites de responsabilité civile des assurances habitation et automobile. Elle est souvent négligée, mais peut être le fourre-tout qui vous protège d'un nombre de situations spécifiques et très risquées. Elle couvre toutes sortes de choses qui peuvent vous arriver à tout moment et pour toute raison, se déployant souvent de manières inattendues. Si vous renversez un piéton qui traverse la rue ou que les parents du petit Johnny vous intentent un procès pour une blessure survenue lorsqu'il a sauté sur votre trampoline, alors une assurance responsabilité civile complémentaire peut vous sauver la mise et sauver vos actifs. Nous vivons dans une société de plus en plus procédurière.[34] Vous pouvez faire tout ce qui est en votre pouvoir pour sécuriser votre indépendance financière, mais cela n'aura aucune importance si vous perdez un procès coûteux. Pour cette raison, il est logique pour beaucoup de souscrire à une assurance responsabilité civile complémentaire. Alors, vous aurez accès à une équipe d'avocats qui travaillent pour la compagnie d'assurance et s'assurent de régler tous les problèmes de responsabilité.

---

33 Bon, soyons francs : la gestion des risques n'est pas l'aspect le plus marrant des finances personnelles. Je fais de mon mieux !
34 Merci pour le renseignement, Capitaine Évident.

Bien que la probabilité que se produise un évènement qui requiert une assurance responsabilité civile complémentaire soit faible, cela arrive et, dans de nombreux cas, c'est un évènement unique qui peut faire dérailler de manière permanente quelqu'un qui est déjà indépendant financièrement. Heureusement, les primes d'assurance responsabilité civile complémentaire reflètent ces probabilités basses et sont abordables comparées à la protection qu'elles offrent. Un bon point de départ pour une assurance responsabilité civile complémentaire est une couverture d'un million de dollars, mais une couverture de 2 ou 5 millions (voire plus élevée dans certains cas) pourrait être plus appropriée en fonction de votre valeur nette. Il est important de noter que votre assurance responsabilité civile complémentaire n'a pas besoin de correspondre à votre valeur nette ; la police devrait être une carotte pour les dommages et intérêts, pas une entrée. L'intérêt est plutôt d'apporter une confiance accrue qu'un procès à votre encontre soit réglé dans les limites de la police. Votre assureur peut vous guider sur le montant de protection approprié pour votre situation par rapport au coût de la couverture. Quand vous aurez l'assurance en place, n'oubliez pas d'analyser vos assurances habitation et automobile pour vous assurer que la garantie responsabilité civile de ces polices correspond bien aux exigences de votre assurance responsabilité civile complémentaire. Parce qu'une assurance responsabilité civile complémentaire est une police responsabilité étendue, toute lacune de couverture entre celle-ci et la garantie responsabilité civile de votre assurance habitation ou automobile devra sortir de votre poche. Ces polices doivent être évaluées à l'avance ; sinon, pendant que vous prêterez attention à d'autres choses, comme vivre votre vie et gérer votre portefeuille, vous pourriez tout perdre à cause d'une petite lacune de couverture.[35]

---

[35] Ouf ! Nous y sommes. Donnez-vous une petite tape dans le dos. Vous vous êtes sérieusement engagé à faire tout ce qu'il faut pour améliorer votre vie financière. Ou alors vous adorez vraiment les assurances. J'imagine que c'est la première proposition. Bravo pour avoir terminé ce chapitre. Le reste est plus facile.

CHAPITRE SEPT

PLANIFICATION SUCCESSORALE : VOTRE OBJECTIF FINANCIER ULTIME

par Peter Mallouk

Quelqu'un est assis à l'ombre aujourd'hui parce que quelqu'un d'autre a planté un arbre il y a longtemps.
—WARREN BUFFETT

Si vous avez mené à bien tout ce qui a été présenté dans les chapitres précédents, félicitations ! Vous avez fait d'incroyables progrès pour régler les composantes clés de votre plan financier. Il est maintenant temps de regarder au-delà, les bénéfices que vous apporteront votre plan, et de nous concentrer sur les bénéficiaires de votre patrimoine après votre décès. Et ce car il n'y a qu'une constante dans ce monde : peu importe le succès de votre plan, il viendra un temps où vous ne serez plus là pour en profiter. Et si vous ne planifiez pas en fonction, le gouvernement attendra ce moment les mains tendues.

Que vous vouliez simplifier les choses pour votre famille dans l'éventualité de votre mort ou laisser un héritage qui bénéficiera aux générations futures, une bonne planification successorale s'assure d'exaucer vos souhaits avec une quantité minimale de frais administratifs et fiscaux. Planifier ce qui se passera après votre mort ne rend pas votre mort plus probable, mais permet de garantir l'accomplissement de vos objectifs et de votre vision au-delà de votre durée de vie.

COMMENÇONS PAR LES BASES

*La procrastination est comme une carte de crédit ;
c'est très amusant jusqu'à ce que vous receviez la facture.*
—CHRISTOPHER PARKER

Quand j'aborde le sujet de la planification successorale, la première question qu'on me pose souvent est : « Quand devrais-je penser à la planification successorale ? » La réponse est simple : si vous n'avez pas encore rédigé de documents, ce moment est *maintenant*. Si vous mourez sans avoir préparé ces documents, vous cédez potentiellement d'importantes décisions (comme qui va hériter de votre patrimoine et qui va élever vos enfants) au tribunal des successions et des tutelles. Voulez-vous qu'un étranger décide comment votre famille va diviser vos biens et qui va avoir la garde de vos enfants ? Je ne pense pas. Et même si vous avez complété des documents, tout changement significatif dans votre situation personnelle ou financière mérite que vous passiez en revue votre plan successoral. Par exemple :

- Une naissance dans la famille
- Déménager dans un autre état
- Un changement significatif de votre valeur nette (p.ex., recevoir un héritage, gagner à la loterie)
- Acquérir ou vendre une entreprise
- Mariage ou divorce (le vôtre ou celui d'un de vos bénéficiaires)
- Un désir de changer vos bénéficiaires ou la distribution de vos biens
- Un décès dans la famille
- Tout changement dans les lois successorales ou d'impôt sur les donations

Parce que *maintenant* n'est pas la réponse que la plupart des gens veulent entendre, ensuite viennent les excuses :

- « *Je ne possède pas tellement, donc ce n'est pas important.* » Même si vos affaires sont claires et nettes, il est toujours nécessaire d'avoir un plan successoral. Si ce n'est pas important, pourquoi travaillez-vous ? Pourquoi investissez-vous ? Pourquoi faites-vous un budget ? Vous savez que c'est important. C'est juste que vous ne voulez pas vous en occuper.
- « *J'ai beaucoup d'actifs, alors ça va être pénible.* » Si vous pensez que ça va être pénible de rédiger les documents maintenant, imaginez ce que ce sera pour vos proches si vous devenez invalide ou décédez. Si vous avez un patrimoine substantiel, vous devriez commencer votre planification successorale immédiatement.
- « *Ma situation personnelle est compliquée.* » Si vous pensez que votre situation est compliquée et impliquera des décisions difficiles (p.ex., des enfants à problème, des enfants de mariages multiples, quatorze ex-conjoints), imaginez ce qui se passera quand votre patrimoine sera homologué. Le tribunal des successions et des tutelles prendra toutes ces décisions difficiles à votre place, sans vous consulter.

La réalité, c'est que pour la plupart des individus, seuls quelques documents cruciaux doivent être rédigés pour créer un plan successoral solide. Ce n'est pas tellement compliqué, et un après-midi suffit pour mettre vos affaires en ordre. Votre famille (et votre conseiller financier) vous remerciera.

Votre plan successoral doit aborder quatre thèmes principaux : un plan en cas d'incapacité, un plan de distribution de vos biens après votre décès, un plan pour éviter la procédure d'homologation et un plan pour minimiser ou éliminer les droits de succession. C'est tout ! Les ultrariches devraient peut-être considérer la protection de leur patrimoine en plus. Mais, pour la plupart des gens, seuls ces quatre thèmes sont applicables. Examinons-les dans l'ordre.

THÈME N° 1 : PLAN D'INCAPACITÉ

Imaginons qu'un client entre dans mon bureau et me dise : « Si je deviens invalide, je me moque de qui prend des décisions pour ma santé et gère mes affaires financières. Si je dois faire un choix, je pense que le gouvernement prendra des décisions sages et réfléchies, et je suis heureux de les laisser décider. » Cette déclaration vous paraît ridicule ? Eh bien, si vous n'avez pas planifié en cas d'incapacité, c'est exactement ce que vous dites !

Incapacité est un terme légal qui signifie que vous n'êtes plus capable de gérer vos propres affaires.[36] Cette incapacité peut résulter d'un problème médical pouvant survenir à n'importe quel âge, comme être dans le coma. Ou elle peut résulter du vieillissement naturel, quand un individu perd son acuité mentale pour prendre des décisions éclairées quant à son propre bien-être. Quelle que soit la raison, dans l'éventualité où vous ne pouvez plus prendre de décisions financières ou médicales par vous-même, soit vous possédez un document légal accordant le pouvoir de décision en votre nom à une autre personne, appelé *procuration,* soit le tribunal de succession et des tutelles se chargera de désigner quelqu'un.

THÈME N° 2 : DISTRIBUTION DES BIENS

The best things in life are free.
But you can keep 'em for the birds and bees.
Now give me money (that's what I want).[37]
—BERRY GORDY ET JANIE BRADFORD, « MONEY (THAT'S WHAT I WANT) »

Lorsque la plupart des gens pensent « planification successorale », ils se concentrent généralement sur la pièce la plus évidente du puzzle : décider

---

36 Notez qu'il y a une différence entre incapacité légale et le fait d'être un incapable. J'ai essayé de l'expliquer à ma femme, qui me traite d'incapable chaque fois que je dois donner des indications routières, organiser les trajets de nos enfants ou gérer notre programme d'activités.

37 « Dans la vie, les meilleures choses sont gratuites. Mais tu peux les garder pour les oiseaux et les abeilles. Maintenant, file-moi l'argent (c'est ce que je veux) »

qui héritera de leurs biens après leur décès. Tout comme pour vos soins de santé et vos décisions financières, si vous n'exprimez pas formellement vos désirs à l'avance, le tribunal des successions les prendra à votre place.

Si l'allocation des biens n'est pas claire, cela invite les problèmes financiers et les conflits familiaux. Des histoires d'héritiers qui se disputent leur héritage, de frères et sœurs qui se battent pour savoir qui recevra la bague de fiançailles antique de mamy, de parents qui sortent de l'ombre pour revendiquer une partie d'un patrimoine même modeste, sont bien plus fréquentes que vous ne le pensez. Lors d'un décès, les tensions sont élevées et la personne qui aurait pu régler les choses n'est plus là. C'est pourquoi il est essentiel que vous soyez clair quant à vos souhaits et que vous épargniez à votre famille les ennuis de s'en occuper par elle-même. Vous pensez que vos enfants s'aiment ? C'est sans doute le cas, mais l'histoire véritable se précise bien après votre décès, quand tous les biens que vous avez durement gagnés seront liquidés et divisés entre eux. Bien que la plupart des patrimoines soient distribués à l'amiable, il n'est pas rare qu'un héritier se pointe à la table en chantant les paroles d'ouverture de cette section.

Si vous mourez sans avoir établi de plan successoral, vous mourez *ab intestat*, et les règles de succession ab intestat de l'état où vous vivez dicteront qui s'occupera de vos affaires et qui héritera de vos biens. Autrement dit, si vous n'avez pas ébauché de plan, l'état en aura un pour vous ! Chaque état a ses propres règles d'ordre de succession qui déterminent qui a le droit à une partie de votre patrimoine et dans quelle proportion. Le tribunal des tutelles désignera également un gardien si vous avez des enfants encore mineurs. Souvent, les délais, la paperasse et les frais administratifs associés à un décès ab intestat diminuent la somme d'argent que les héritiers finiront par recevoir (et ces légataires pourraient être différents de ceux que vous aviez à l'esprit !).

TESTAMENTS

Si vous voulez connaître la vraie nature d'un homme, partagez un héritage avec lui.

—BENJAMIN FRANKLIN

La pièce maîtresse de tout plan successoral est un testament. Vous avez quatre décisions majeures à prendre lorsque vous rédigez votre testament :

- *Choisissez vos légataires.* Votre testament est votre chance de déterminer qui vous voulez voir hériter de votre patrimoine. Exprimer vos souhaits par écrit est non seulement important d'un point de vue juridique, mais aide à éliminer les désaccords entre les membres de votre famille en ce qui concerne la division de vos biens après votre décès.
- *Choisissez un exécuteur testamentaire.* L'exécuteur testamentaire est la personne que vous désignez dans votre testament pour payer vos impôts et dettes, recevoir et gérer votre patrimoine, et distribuer vos biens conformément à votre testament. L'exécuteur testamentaire classera votre testament auprès du tribunal, gèrera vos biens durant la procédure d'homologation et les affaires courantes de votre patrimoine (p.ex., cartes de crédit, emprunts auto et immobilier) et ouvrira un compte de succession, parmi d'autres responsabilités. Beaucoup choisissent un parent, un ami proche, une société de confiance ou un avocat. Choisissez judicieusement !
- *Choisissez un gardien.* Si vous avez des enfants mineurs, vous pouvez spécifier dans votre testament un *gardien*, qui est la personne (ou les personnes) que vous aimeriez voir élever vos enfants dans l'éventualité de votre mort. Vous pouvez sélectionner un gardien que cette responsabilité intéresse (et qui, vous l'espérez, partage vos valeurs et vos croyances).[38] Le gardien devrait être assez âgé pour gérer la responsabilité d'élever des enfants, mais également assez jeune pour être là pour les élever. Si votre testament ne désigne pas de gardien, toute personne que cela intéresse

---

38 Sans blague !

de s'en occuper peut demander leur tutelle à un juge. Le juge décidera ensuite qui les élèvera, utilisant son seul jugement pour décider ce qui est « le mieux pour l'enfant ».

DISTRIBUTION DIRECTE *VERSUS* FIDUCIE TESTAMENTAIRE

Lorsque vous déterminez comment vos biens seront distribués, vous avez l'option de donner l'argent ou la propriété directement au bénéficiaire (distribution *au comptant*), ou de spécifier que les biens seront détenus dans une *fiducie* au profit du bénéficiaire. Une fiducie est simplement une disposition légale pour détenir des biens. Une *fiducie testamentaire* est une fiducie créée et financée au moment d'un décès. Les fiducies testamentaires ont plusieurs fonctions, mais leur raison d'être principale est de spécifier les clauses d'emploi de votre argent pour le bien de vos enfants ou d'autres bénéficiaires après votre mort.

Supposons qu'un couple marié dispose de biens à hauteur de 400 000 $ qu'ils désirent répartir équitablement entre leurs deux enfants, âgés actuellement de 19 et 20 ans. Si les deux parents décèdent aujourd'hui, chaque enfant recevra 200 000 $ de biens sans restriction — ce qui soulève une question : qu'auriez-vous fait avec 200 000 $ à l'âge de 19 ou 20 ans ? À la place, ces parents ont inclus une clause dans leur testament et créé une fiducie testamentaire qui permettra à leurs enfants de recevoir des distributions des revenus générés par le capital pour financer leur santé et leurs études jusqu'à 30 ans, âge auquel le solde de la fiducie leur sera distribué.[39] Le testament doit également désigner un *fiduciaire testamentaire*, la personne ou société que vous sélectionnez pour conserver l'argent, l'investir et le distribuer selon les clauses de votre fiducie testamentaire.

---

39 Je suis convaincu que 30 ans est le nouveau 21 ans.

THÈME N° 3 : ÉVITER L'HOMOLOGATION
Ceci est un tribunal, jeune homme, pas une cour de justice.
—OLIVER WENDELL HOLMES JR.

Si un patrimoine comprend une certaine quantité de biens immobiliers, il sera sujet à *l'homologation* qu'un testament existe ou non. Les termes *homologation et tribunal des successions et des tutelles* ont déjà été mentionnés plusieurs fois, mais qu'est-ce que l'homologation, exactement ? *L'homologation* est le processus par lequel un tribunal établit la validité d'un testament (s'il y en a un) et reconnaît l'exécuteur testamentaire spécifié dans le document (s'il n'y a pas de testament, le tribunal désignera un *administrateur*). L'homologation requiert également que certains documents et rapports soient classés en accord avec la loi, facilite le paiement d'impôts et de dettes, et distribue ce qu'il reste sous la supervision du tribunal.[40] L'objectif principal de l'homologation est de donner à vos créanciers le temps d'exiger l'argent que vous leur devez et de donner à votre exécuteur testamentaire le temps de récolter l'argent qui vous est dû. L'homologation établit également des titres fonciers le cas échéant.

Vous vous dites peut-être, « Bon, mon patrimoine subira une procédure d'homologation. Où est le mal ? » Ravi que vous posiez la question ! L'homologation implique certains aspects que beaucoup préfèrent éviter :

- *Contrôle du patrimoine.* Pendant la procédure d'homologation, les bénéficiaires ne peuvent pas vendre vos biens, et l'exécuteur testamentaire ne peut vendre vos biens qu'avec la permission du tribunal.
- *La procédure est longue.* La procédure d'homologation prend au minimum six mois, mais dure généralement au moins un an. Elle peut durer encore plus longtemps si les choses sont compliquées par une dispute testamentaire (où la validité du testament est contestée), des problèmes

---

40 Qu'est-ce qui pourrait aller de travers, hein ?

liés à une entreprise ou tout autre évènement inhabituel. La durée varie également d'état en état.

- *Elle peut coûter cher.* De nouveau, le montant varie d'état en état, mais il est possible que les coûts s'élèvent à des dizaines, voire même des *centaines* de milliers de dollars pour certaines successions sous homologation.
- *L'homologation sera publiée dans le registre des successions.* Vous vous êtes déjà demandé comment les détails du patrimoine de célébrités finissaient dans la presse ? La réponse est simple : toute procédure d'homologation fait partie du domaine public. N'importe qui peut accéder aux archives publiques détaillant vos affaires financières personnelles, votre plan de distribution et votre liste de biens. Pour beaucoup, la pensée que leurs informations financières intimes soient rendues publiques est consternante. Peut-être pensez-vous que personne ne s'intéressera à vos affaires, mais il y a des gens qui consultent les registres de succession pour y trouver des personnes qui vont hériter de sommes substantielles, des gens qui pourraient s'intéresser à vos bénéficiaires. Le tribunal requiert également la publication d'un certain nombre de faire-part de décès pour donner à vos créanciers une chance de revendiquer une partie de votre capital.[41]

En outre, si vous possédez des propriétés dans plusieurs états, une procédure d'homologation séparée, appelée *homologation auxiliaire*, est généralement nécessaire dans *chacun* de ces états. Par exemple, si à votre décès, vous viviez à New York, mais aviez toujours un appartement en Floride, votre patrimoine devra encourir des procédures d'homologation séparées à New York et en Floride.

Avoir un testament peut accélérer la procédure d'homologation, mais pas l'éliminer. En fait, rédiger un testament *garantit* pratiquement qu'il sera homologué. En supposant que la perspective d'une procédure d'homologation ne

---

41 Donc à part pour la perte de contrôle, la durée, le coût et la nature publique de la procédure, ce n'est pas si mal

vous enchante pas, voici quelques techniques que vous pouvez utiliser pour l'éviter :

- *Certains biens peuvent contourner l'homologation.* Tout bien associé à un bénéficiaire désigné n'est pas sujet à homologation, comme les polices d'assurance-vie et les comptes épargne-retraite. Il est important de noter que si un bénéficiaire n'est pas désigné pour ces biens, ou si le bénéficiaire principal est décédé et qu'aucun bénéficiaire de remplacement n'a été désigné, les bénéfices seront ajoutés à votre capital et sujets à homologation.
- *Certains états autorisent d'autres biens à contourner l'homologation.* Cela varie grandement. Si vous avez un petit patrimoine, vous pourriez éviter l'homologation si ces types de biens en sont exemptés dans votre état.
- *Copropriété.* Les actifs appartenant à une propriété conjointe évitent l'homologation à la mort du premier propriétaire. Cependant, dépendre de cette méthode pour éviter l'homologation a plusieurs inconvénients. Une copropriété ne fait que *repousser* l'homologation à la mort du propriétaire survivant, mais n'élimine pas la procédure si les deux propriétaires décèdent simultanément. Il y a également des problèmes fiscaux et de responsabilité lorsque l'on passe de propriété individuelle à copropriété.
- *Établissez une fiducie révocable entre vifs.* Une fiducie révocable entre vifs correctement financée *évite l'homologation de tous les actifs.*

FIDUCIE RÉVOCABLE ENTRE VIFS

J'eus héritage de mon père, C'est la lune et le soleil. Et bien que j'erre à travers le monde, Il ne s'est jamais dissipé.
—ERNEST HEMINGWAY, POUR QUI SONNE LE GLAS

Il y a près de dix ans, je travaillais avec un couple incroyable venant du nord du Midwest, qui avait fait fortune dans l'immobilier. Leur plan successoral recourait à des testaments au lieu de fiducies, parce que leur avocat les avait persuadés que l'homologation n'était « pas un problème » et que les fiducies n'étaient pas nécessaires. Malheureusement, le mari est décédé il y a plus de quatre ans ; aujourd'hui, sa femme attend *toujours* de pouvoir vendre ses actifs, qui n'ont pas encore été homologués par le tribunal de succession. L'homologation est une procédure pénible, même pour les petits patrimoines, alors que c'est une procédure optionnelle qui peut être facilement évitée.

Beaucoup de gens comprennent l'importance d'un testament ; cependant, moins de gens savent ce que sont les fiducies et comment elles fonctionnent. Une perception courante est que les fiducies sont réservées aux individus fortunés. Cela ne pourrait être plus éloigné de la vérité. Une fiducie révocable entre vifs peut être la pièce maîtresse de tout plan successoral, quelle que soit la valeur nette d'un individu, *et* vous aidera à éviter l'homologation.

Pour faire simple, une fiducie révocable entre vifs est une disposition juridique de détention des actifs. Puisque la fiducie est constituée du vivant, c'est une fiducie *entre vifs*, et parce que la fiducie est établie de telle sorte à pouvoir mettre fin aux dispositions à tout moment, elle est *révocable*. Alors bien que le nom paraisse intimidant, une fiducie révocable entre vifs n'est qu'une « disposition juridique créée pour détenir vos actifs, que vous pouvez révoquer à tout moment de votre vie ».

Ce qui rend une fiducie révocable entre vifs (appelons-là simplement fiducie entre vifs) attirante, c'est que tout bien qu'elle détient n'est pas sujet à la procédure d'homologation. De votre vivant, vous pouvez gérer tous les biens détenus par la fiducie entre vifs comme s'ils n'en faisaient même pas partie — vous pouvez dépenser l'argent sur les comptes en banque de la fiducie et défalquer l'intérêt du prêt immobilier de votre maison appartenant à la fiducie sur votre déclaration d'impôt — et ce parce que *vous* êtes à la fois le cédant et le fiduciaire. Si vous devenez invalide, un *fiduciaire successeur* que vous aurez désigné prendra en charge l'administration de la fiducie jusqu'à ce que vous vous remettiez ou sera chargé de distribuer les actifs selon les clauses de la fiducie entre vifs si vous décédez.

Une fiducie entre vifs fonctionne de la même manière qu'un testament : vous pouvez désigner vos bénéficiaires, créer des dispositions pour des fiducies testamentaires et assigner des dons de bienfaisance. Je vous entends demander : « Si une fiducie entre vifs est si géniale, pourquoi tout le monde n'en a pas ? C'est quoi le hic ? »

Ma réponse est simple : les fiducies entre vifs *sont* géniales, si vous voulez mon avis, et tous ceux qui possèdent de nombreux actifs sujets à homologation *devraient* en avoir une. Si vous ne possédez pas de biens substantiels sujets à homologation — peut-être que vous louez votre appartement, avez une voiture en leasing et que tous vos autres biens ont des bénéficiaires nommés –, il n'y a peut-être pas grand avantage à établir une fiducie entre vifs ; cependant, pour beaucoup, la facilité de la planification successorale avec une fiducie entre vifs en fait une option attrayante.

Lorsque vous utilisez une fiducie entre vifs au lieu d'un testament, il y a deux considérations principales : le coût et l'administratif. Établir une fiducie entre vifs est plus cher que rédiger un testament. Ensuite, il y a la paperasse impliquée dans le transfert de propriété et de bénéficiaires de vos actifs. Les clauses d'une fiducie entre vifs n'affectent que les actifs qu'elle contrôle, aussi pour que votre fiducie entre vifs contrôle votre maison, vos comptes en banque et vos comptes d'investissement, vous devez les faire passer de votre nom à celui de votre fiducie entre vifs. Transférer ces actifs est appelé *financer* la fiducie.

Que se passe-t-il si quelque chose n'est pas transféré à votre fiducie entre vifs de votre vivant ? Pour accompagner votre fiducie, vous aurez également besoin d'un *testament « pour-over »*, un simple document qui assure que tout actif en dehors de votre fiducie rentre dans la fiducie au moment de votre mort. C'est en quelque sorte une mesure pour protéger vos actifs ; tout comme n'importe quel autre testament, le testament « pour-over » sera homologué, donc transférer vos actifs à votre fiducie entre vifs est crucial. Quel intérêt de prendre le temps et le coût de créer une fiducie si tout votre patrimoine doit ensuite être homologué parce que la fiducie n'a pas été correctement financée ?

Deux dernières remarques sur l'homologation. J'entends souvent : « Pourquoi devrais-je me soucier de l'homologation ? Je serai mort. » D'abord, une fiducie entre vifs vous aide si vous souffrez d'une incapacité, puisque votre fiduciaire successeur peut gérer vos actifs jusqu'à ce que vous vous remettiez. Deuxièmement, dans l'éventualité de votre mort, votre domaine n'est plus de votre ressort, mais de celui des survivants. Ajouter la complexité de procédures juridiques alors que votre famille est en deuil entraîne un stress inutile au pire moment. Les actifs et les comptes peuvent être gelés jusqu'à ce qu'ils soient relâchés par le tribunal, ce qui peut créer des difficultés pour payer les dernières dépenses et administrer les affaires familiales.

Un autre commentaire que j'entends souvent est : « Je n'ai pas besoin d'une fiducie entre vifs. Dans mon état, l'homologation est très facile. » Certains états ont fait des efforts monumentaux pour simplifier les procédures d'homologation, mais vous savez ce qui est encore plus simple ? Ne pas devoir passer par là ! J'ai travaillé personnellement avec de nombreux clients qui avaient été assurés par leurs avocats que l'homologation serait simple, facile, et qui ont passé des années à régler la succession de leur patrimoine. Lorsque vous additionnez le temps passé au tribunal et les maux de tête potentiels, une fiducie entre vifs peut sembler la solution de facilité.

AFFAIRES FINANCIÈRES

Si vous souffrez d'une incapacité, il n'y a pas que l'aspect médical de vos soins qui doit vous inquiéter, mais également l'administration de vos affaires — par exemple, payer vos factures, signer des documents légaux et interagir avec d'autres entités en votre nom (p.ex., votre opérateur télécom ou votre assureur). Personne ne peut agir en votre nom sans mandat valide. Si vous souffrez un jour d'une incapacité sans avoir de procuration, votre conjoint, vos proches et vos amis pourraient devoir aller au tribunal pour obtenir l'autorisation de gérer vos affaires financières.

Dans ce cas, une audition publique d'homologation sera requise. Comme toute autre procédure judiciaire, cela peut prendre beaucoup de temps, impliquer des avocats et engager des coûts considérables. Si le tribunal désigne un agent pour administrer vos affaires financières, le droit de gérer ces responsabilités vous sera repris et accordé à quelqu'un que vous n'avez pas choisi. Même après que le tribunal a désigné un administrateur ou un *curateur*, il y a d'autres problèmes à régler. Votre curateur devra probablement verser une caution, qui sert d'assurance au cas où il/elle vole ou gère mal votre propriété, et il/elle devra obtenir l'approbation du tribunal pour effectuer certaines transactions. Ça a l'air marrant, pas vrai ? Absolument pas. Et il y a une manière simple de s'éviter ces sottises.

Une *procuration qui subsiste à l'incapacité quant aux affaires financières* est un document dans lequel vous désignez quelqu'un pour prendre des décisions financières à votre place. Une procuration qui *subsiste* à l'incapacité diffère d'une procuration normale dans le sens où elle reste valide même si vous souffrez d'incapacité et ne pouvez prendre de décisions par vous-même, ce qui est généralement le moment où elle est la plus nécessaire. De nombreuses personnes donnent à leur agent financier des pouvoirs étendus sur leurs finances ; toutefois, vous pouvez donner à votre agent autant ou aussi peu de pouvoir que vous le désirez. Par exemple, certaines personnes limitent la capacité de leur agent financier à s'octroyer ou à octroyer à d'autres de l'argent ou des propriétés.

SOINS DE SANTÉ

Il y a quelques années, une de mes clientes m'a appelé en pleine crise d'hystérie. Je pouvais à peine comprendre ce qu'elle disait tandis qu'elle me racontait son histoire, entrecoupée de sanglots. Sa fille avait été impliquée dans un accident de voiture grave alors qu'elle revenait de l'université et avait été évacuée par pont aérien jusqu'à un hôpital proche. Sa fille ayant 19 ans, ma cliente n'avait plus le droit légal de prendre des décisions de santé en son nom. Sa fille s'est complètement rétablie, mais ma cliente a été ébranlée par son impuissance. Depuis lors, je conseille à mes clients d'avoir une procuration de santé en place non seulement pour eux-mêmes, mais aussi pour leurs enfants adultes.

Environ 75 % des Américains meurent dans un hôpital ou un établissement de soins de santé. Si vous ne remplissez pas les documents appropriés, vos soins seront laissés à la discrétion des professionnels qui vous traitent. Dans la plupart des cas, le médecin a pour tâche de préserver votre vie à tout prix. Cela pourrait correspondre ou pas à vos croyances et souhaits personnels concernant les traitements de fin de vie. Quand se pose la question de recourir à une opération grave ou à une technique qui prolonge la vie, le médecin pourrait ne pas demander le consentement de vos proches. Et même si un médecin consulte un partenaire ou un proche, des problèmes pourraient survenir s'il y a désaccord quant à la procédure de traitement. Dans certains cas, ces désaccords finissent devant le tribunal des successions et des tutelles,[42] où un juge sera appelé à décider qui choisira le traitement approprié (le tribunal appelle cette personne votre *gardien*). Ceci peut être coûteux, chronophage et émotionnellement douloureux pour toutes les personnes impliquées.

Remplir quelques documents de santé de base vous permet d'exercer le contrôle sur vos options de traitement et d'assurer que vos souhaits soient exaucés. Une *procuration qui subsiste à l'incapacité pour soins de santé*, aussi appelée *directive relative aux soins de santé*, donne à une autre personne l'autorité de prendre des décisions de santé pour vous si vous en êtes incapable. La personne que vous désignez comme votre gardien devrait être une personne en qui vous avez confiance pour exécuter vos souhaits. Et gardez à l'esprit que toutes les décisions de santé ne sont pas forcément des questions de vie ou de mort, dignes d'un épisode de *Grey's Anatomy*. Une procuration

---

42 Ouaip, on en revient encore et toujours à l'homologation. C'est pire que le service des immatriculations.

pour soins de santé peut couvrir des décisions comme vous placer entre les mains d'un autre médecin ou changer d'établissement de santé. La personne que vous choisissez comme gardien peut être votre conjoint, un proche ou un ami. Il est important de reconnaître que le gardien que vous sélectionnez pourrait devoir traiter avec des membres de votre famille, des médecins et d'autres personnes, qui pourraient être motivées par leurs propres croyances et intérêts plutôt que les vôtres. Si vous pensez que ce sera le cas, assurez-vous que votre gardien soit en mesure d'exécuter vos souhaits même s'il se retrouve face à un conflit. Il est également utile de choisir un gardien de santé qui vit à proximité, si possible, ainsi qu'un gardien de remplacement si votre premier choix n'est pas disponible ou n'est pas prêt à agir.

Un testament de vie (également appelé *directive de fin de vie ou testament biologique*) précise vos souhaits quant aux procédures que vous aimeriez recevoir ou ne pas recevoir dans l'éventualité où vous êtes incapable de communiquer ces préférences. Une fois que le médecin reçoit le testament de vie, il/elle doit suivre ses instructions ou vous transférer aux soins d'un autre médecin qui s'en chargera. Contrairement à une procuration pour soins de santé, dans laquelle vous donnez à quelqu'un d'autre le pouvoir de prendre des décisions à votre place, un testament de vie vous permet de prendre les décisions vous-même. Un testament de vie couvre des sujets comme le don d'organe, la gestion de la douleur et le recours à la réanimation (quand les patients ne veulent pas être réanimés, cela s'appelle *ordonnance de non-réanimation/ordre de ne pas réanimer* ONR). Assurez-vous de faire ceci pour vous-même et votre conjoint (si vous êtes marié), et vérifiez que vos parents et enfants adultes en ont rédigé un aussi.

THÈME N° 4 : MINIMISER OU ÉLIMINER LES DROITS DE SUCCESSION

Une personne très riche doit laisser suffisamment à ses enfants pour qu'ils fassent ce qu'ils veulent, mais pas assez pour qu'ils ne fassent rien.

—WARREN BUFFETT

Pour la plupart des gens, la planification successorale de l'impôt n'est pas et ne sera jamais un problème. En effet, à partir de 2020, l'IRS vous autorisera à léguer 11,58 millions de dollars exonérés d'impôt de votre vivant (ou à votre mort) ; ceci constitue votre *exonération cumulative*. Si vous léguez plus que ce montant de votre vivant, vous payez un *impôt sur les donations*, et si vous léguez plus que ce montant après votre mort, vous payez des *droits de succession*. Ces deux impôts ont le même taux : 40 %.

Mais attendez, il y a plus. L'IRS vous autorise également à donner 15 000 $ par an à qui vous voulez sans que cela affecte cette limite cumulative ; ceci s'appelle votre *exclusion annuelle*. Cela veut dire que vous pourriez donner 15 000 $ par personne à vos amis et proches chaque année et pouvoir encore donner 11,58 millions de dollars à votre mort sans payer d'impôts sur les donations ou de droits de succession. Ce qui peut totaliser un montant assez élevé.

Les couples mariés peuvent se donner l'un à l'autre un montant illimité durant leur vie ou à la mort, aussi les droits de succession sont uniquement payés à la mort du conjoint survivant (et uniquement s'il y a un patrimoine imposable). Les couples mariés peuvent également combiner leurs exemptions cumulatives, donc des droits de succession ne seront dus que si la valeur nette combinée dépasse 23,16 millions de dollars.

Notez que lorsque nous parlons d'une exemption de droits de succession, nous parlons du point de vue des impôts fédéraux. Certains états imposent leurs propres impôts sur le transfert de propriétés après la mort en plus des droits de succession. Ceci peut affecter de nombreuses personnes de classe moyenne, particulièrement parce que l'assurance vie est incluse dans ces calculs.

Les lois d'impôts sur les donations et de droits de succession sont hautement contentieuses et vivement débattues dans la politique moderne. Par conséquent, il est possible que des changements dans ces lois affectent votre patrimoine en le rendant imposable.[43] Il est important de passer périodiquement en revue votre plan successoral avec un avocat pour assurer que vous compreniez comment une nouvelle loi s'appliquera à vous et à votre patrimoine.

La manière la plus facile de limiter vos droits de succession est de dépenser votre argent.[44] Les droits de succession sont basés sur l'étendue de votre patrimoine à votre mort, aussi si vous dépensez assez pour réduire le total de vos actifs sous la limite d'exonération cumulative (à nouveau, actuellement fixée à 11 millions de dollars), vous pourriez éviter de payer des droits de succession. De plus, si vous utilisez vos ressources pour voyager en famille, passer du temps entre amis, aller voir des concerts ou poursuivre votre passion, vous profiterez certainement plus de votre argent que votre exécuteur testamentaire lorsqu'il écrira ce chèque au fisc.

Pour de nombreux individus dont le patrimoine est imposable, dépenser leur argent pour éviter les taxes n'est pas une solution raisonnable, et une planification plus élaborée est requise. En fin de compte, la planification successorale se résume à des stratégies pour rentabiliser au maximum ces trois options : maximiser la valeur de vos cadeaux annuels, de votre exonération cumulative et de vos dons charitables. Ces stratégies peuvent être utilisées de votre vivant, à votre mort ou une combinaison des deux.

---

43 Elles pourraient avoir déjà changé six fois à l'heure où vous lisez ces lignes.
44 Je parie que vous ne vous attendiez pas à cette stratégie, pas vrai ? ?

D'abord, il y a de nombreuses manières de donner des cadeaux de votre vivant pour réduire les droits de succession :

- *Donnez jusqu'à 15 000 $ par an directement à votre bénéficiaire souhaité.* Les couples mariés peuvent scinder leurs cadeaux, donc un conjoint peut donner 15 000 $ de plus par an à la même personne. Si le bénéficiaire est marié, votre conjoint et vous pouvez chacun donner au couple bénéficiaire 15 000 $ de plus par an. Cela signifie qu'un couple marié peut donner à un autre couple marié 60 000 $ par an sans conséquence fiscale et sans réduire son exonération cumulative.
- *Payez les frais d'éducation universitaire.* Vous pouvez utiliser votre cadeau annuel de 15 000 $ pour financer un régime d'épargne-études 529 pour un bénéficiaire. Vous pouvez même recevoir une déduction fiscale pour ce cadeau. Si l'étudiant est déjà à l'université, les paiements des frais de scolarité peuvent être versés directement à l'université sans entamer la limite du cadeau annuel de ce bénéficiaire.
- *Payez les dépenses médicales.* Vous pouvez payer les dépenses médicales d'amis ou de membres de votre famille sans que cela compte dans la limite annuelle de cadeaux, tant que les paiements sont effectués directement à l'établissement de soins.
- *Donnez aux associations caritatives.* Tout argent donné à des organisations caritatives n'intervient pas dans le calcul des impôts sur les dons ou des droits de succession.

Donner directement au bénéficiaire est facile (et généreux !), mais l'inconvénient est que vous n'avez aucun contrôle sur la manière dont ces fonds seront utilisés. Tout comme dans l'exemple de la fiducie testamentaire, de nombreux individus aimeraient poser des limites sur la façon dont leurs cadeaux sont dépensés. Le plus efficace pour y arriver est d'utiliser une *fiducie irrévocable*. Comme dans le cas de la fiducie testamentaire, la fiducie irrévocable vous autorise à décider comment les bénéficiaires utiliseront ces fonds, comme par exemple pour financer leur santé, leur éducation, leur vie de tous les jours… Cependant, contrairement aux fiducies révocables entre vifs, une fiducie irrévocable *ne peut pas* être révoquée, modifiée ou changée. Une fois que la fiducie est établie et financée, elle est hors de votre contrôle. En fait, vous devrez désigner un fiduciaire pour prendre toutes les décisions relatives à la gestion et à la distribution des fonds. Alors quel avantage à avoir une fiducie irrévocable ? Elle est considérée comme une entité juridique séparée, aussi les actifs qu'elle contient ne sont pas sujets aux droits de succession à votre mort (tant que vous avez établi et financé la fiducie plus de trois ans avant votre mort). De plus, si la fiducie est correctement établie, les actifs qu'elle contient seront protégés des créanciers, divorces, jugements juridiques et autres risques.

Voici quelques manières d'utiliser une fiducie irrévocable :

- *Recueillir des cadeaux annuels.* Plutôt que de distribuer des cadeaux annuels directement aux bénéficiaires, il est sensé de leur faire cadeau de l'argent dans une fiducie irrévocable, particulièrement si le bénéficiaire est jeune ou a des difficultés à gérer son argent.
- *Détenir une assurance vie.* Abriter une assurance-vie dans une fiducie irrévocable est si commun que ce genre de fiducie a son propre acronyme : l'ILIT (« *Irrevocable Life Insurance Trust* »). Beaucoup de gens savent que les bénéfices des polices d'assurance-vie ne sont pas sujets à un impôt sur les revenus ; cependant, il n'est pas de notoriété publique que les bénéfices sont sujets à des droits de succession. Pour éviter qu'une assurance-vie soit sujette aux droits de succession, une police existante peut être transférée à une fiducie irrévocable ou, encore mieux, à une nouvelle police permanente, créée au sein de la fiducie. La fiducie est ensuite financée avec les liquidités nécessaires pour payer les primes de l'assurance-vie et, quand le ou les individu(s) assuré(s) décède(nt), le capital sera versé aux bénéficiaires de la fiducie *sans* être sujet aux droits de succession ou impôts sur les revenus. C'est avantageux pour les individus fortunés, non seulement parce que cet arrangement offre une source significative

de fonds non imposables, mais aussi parce que les primes annuelles versées à la fiducie pour payer la police réduisent le patrimoine imposable. Supposons qu'un couple marié de 55 ans ait un patrimoine évalué à 25 millions de dollars et trois enfants. Ils veulent profiter pleinement de l'exclusion fiscale annuelle sur les dons pour payer la prime sur une police d'assurance-vie commune placée dans une fiducie irrévocable. Leur prime annuelle sera de 90 000 $ par an (cadeau de 15 000 $ x 2 époux x 3 enfants = 90 000 $) et, sur base des résultats de leur souscription d'assurance, s'ils font ce paiement de prime pour le reste de leur vie, ils atteindront une assurance-vie permanente avec un capital versé en cas de décès d'environ 13 millions de dollars. S'ils meurent tous deux à l'âge de 85 ans, ils auront réduit leur patrimoine imposable de 2,7 millions de dollars (90 000 $ x 30 ans = 2,7 millions $) en payant les primes, et leurs enfants se partageront les bénéfices de 13 millions de dollars de la police d'assurance sans payer d'impôts. Ces fonds sont fréquemment utilisés pour fournir les liquidités nécessaires pour payer les dernières dépenses et régler la succession de patrimoines importants.

- *Utilisez votre exonération cumulative.* Pour les clients ultrafortunés, léguer leur exonération cumulative complète (11,58 millions de dollars pour les célibataires et 23,16 millions de dollars pour les couples mariés) à un bénéficiaire via une fiducie irrévocable permet de protéger ce cadeau considérable et d'économiser beaucoup d'argent. Mais pourquoi quiconque voudrait céder autant d'argent aujourd'hui ? Supposons que vous ayez des actifs actuellement estimés à 10 millions de dollars, mais que vous vous attendiez à ce que ces actifs prennent en valeur de manière significative pendant votre vie et soient sujets à des droits de succession à l'avenir. En cédant ces actifs à une fiducie aujourd'hui, vous ne payez pas d'impôt sur le transfert parce que le montant est moins important que votre exonération cumulative. Sautons vingt ans et l'approche de votre mort : les actifs dans votre fiducie sont à présent évalués à 20 millions de dollars et seront cédés à vos bénéficiaires sans être taxés. Alors que si les 20 millions de dollars avaient été légués directement à vos bénéficiaires à votre mort, il est plus que probable qu'une portion significative de votre héritage aurait été sujette à des droits de succession.

Les fiducies irrévocables peuvent être créées à l'avance, comme celles décrites, ou à votre mort. Vous vous rappelez notre amie la fiducie testamentaire ? C'est une simple fiducie irrévocable créée à votre mort.[45] Par exemple, dans les familles recomposées comportant des enfants de mariages antérieurs, il n'est pas rare qu'une fiducie irrévocable soit créée à la mort, qui apporte des revenus au conjoint survivant, mais lègue le capital de la fiducie aux enfants du conjoint décédé.

Les fiducies irrévocables peuvent également être utilisées dans des stratégies de planification plus élaborées comme la protection de biens, le soutien financier de membres de la famille aux besoins particuliers, la planification Medicaid, la planification de bienfaisance, la vente d'une entreprise et bien plus. Un planificateur financier ou avocat de succession peut vous aider à identifier les stratégies les plus appropriées dans votre cas.

PLANIFICATION DE BIENFAISANCE
Vous gagnez votre vie avec ce que vous recevez,
mais vous la vivez avec ce que vous donnez.
—WINSTON CHURCHILL

Les Américains sont parmi les gens les plus généreux au monde et, pour de nombreux investisseurs, la planification de bienfaisance est devenue un objectif principal dans la planification financière. Donner de l'argent devrait être simple (et l'est souvent), mais pour les individus fortunés qui souhaitent laisser une contribution charitable, il existe des options plus élaborées à explorer.

---

45   Vous ne serez plus là pour y apporter des changements, alors il n'y a pas plus irrévocable que ça.

De nombreux individus fortunés utilisent leur argent pour bénéficier à la société via des dons annuels. Cependant, beaucoup voudraient pouvoir poursuivre leur impact philanthropique après leur décès, créant ainsi un héritage charitable continué par les générations futures. Ces objectifs peuvent être atteints grâce à une planification adaptée : les structures légales appropriées pour recevoir les cadeaux peuvent être créées, ces structures peuvent être financées et gérées, et des administrateurs peuvent être choisis pour poursuivre leur contribution après le décès de l'investisseur.

Examinons quelques manières de maximiser vos dons charitables et votre contribution financière :

- *Léguez les bons actifs aux œuvres caritatives.* Souvent, les individus nomment leurs enfants en tant que bénéficiaires de leur compte IRA ou de leur compte d'épargne retraite et lèguent des liquidités ou d'autres propriétés aux associations caritatives. Ce n'est pas toujours la meilleure solution. Par exemple, si vous laissez un compte IRA traditionnel évalué à 100 000 $ à vos enfants et un terrain d'une valeur de 100 000 $ à une œuvre de bienfaisance, vos enfants devront payer des impôts sur les distributions de l'IRA. Si, à la place, vous léguez l'IRA à l'association et le terrain à vos enfants, l'association caritative pourra liquider l'IRA sans conséquence fiscale, et vos enfants pourront vendre la propriété à votre mort sans payer d'impôts.[46]
- *Travaillez avec un fonds de bienfaisance.* Un *fonds de bienfaisance* est une association caritative publique qui gère un compte financé par un individu charitable (vous) et distribue ses actifs pour soutenir les œuvres et causes les plus importantes aux yeux de cet individu. Le compte peut être financé de votre vivant ou après votre mort et est assez abordable à gérer. Vous financez simplement votre compte, obtenez une déduction fiscale immédiate, et décidez quand et où vous voulez que cet argent soit versé.

---

46 Une solution simple mais élégante, si je puis dire.

Ceci peut être une bonne solution pour les individus aux moyens modérés et considérables de financer une contribution charitable.
- *Établissez une fondation privée.* Pour les individus ultrafortunés, établir une fondation privée peut être une excellente manière de créer un héritage charitable multigénérationnel. Une *fondation privée* est une entité caritative indépendante, dirigée par du personnel qui gère les opérations de la fondation et la distribution des actifs pour soutenir des missions caritatives. Une fondation privée comporte davantage de règles et de clauses régulant l'emploi et la distribution des fonds ce qui, en plus du salaire du personnel, peut être plus cher à mettre en place, mais les membres de la famille peuvent recevoir un salaire pour leur travail auprès de la fondation. Une fondation peut être financée par des actifs durant la vie de l'individu ou à sa mort, et peut être administrée par l'individu et/ou ses descendants.
- Conseil bonus pour tous les individus fortunés qui lisent ceci : si vous comptez laisser un montant substantiel aux associations caritatives à votre mort, vous devriez y réfléchir à deux fois. Si, à la place, vous faites don aux œuvres de votre vivant, même si c'est à votre propre fondation ou fonds de bienfaisance, non seulement vous éviterez les droits de succession, mais vous recevrez aussi une déduction fiscale.[47]

Développer une vision pour le genre d'héritage caritatif que vous souhaitez laisser est essentiel pour déterminer les outils et stratégies les plus appropriés pour votre portefeuille. Par exemple, supposons que votre objectif soit de créer une fondation capable de distribuer 50 000 $ aux œuvres de bienfaisance à partir de cette année et indéfiniment (en s'ajustant chaque année à l'inflation). Afin d'accomplir ceci, vous devrez doter votre fondation d'environ un million de dollars aujourd'hui. De plus, le portefeuille de la fondation devra être structuré pour que la plus grande partie des distributions annuelles soit payée à partir des revenus et de l'appréciation des biens, en préservant le capital pour les générations futures. Comme pour tout autre objectif, vous

---

47   Ceci conclut notre message d'intérêt public pour les 1 %.

pouvez concevoir un portefeuille pour créer un plan d'épargne uniquement après avoir développé un cadre pour ce que vous essayez d'accomplir.

Jusqu'ici, nous avons discuté de la planification de retraite, la planification éducative et la planification charitable, mais vous avez peut-être remarqué que nous n'avons pas encore choisi de placements. Cependant, nous avons couvert les décisions les plus importantes — déterminer ce que vous aimeriez accomplir, développer un cadre pour votre épargne et identifier les meilleurs véhicules disponibles pour avoir la plus grande probabilité de réussir — et posé les bases pour la suite. Lorsque votre planification sera achevée, vous pourrez commencer à construire un portefeuille conçu pour accomplir chaque objectif.

Si vous voulez devenir riche, *comportez-vous* comme les riches.[48] Commencez avec une vision claire et précise, puis pointez vos efforts délibérément dans cette direction.

AU BOULOT !
Just do it !
—NIKE[49]

Que votre valeur nette soit de 100 000 $ ou de 100 millions de dollars, vous avez besoin d'un plan successoral, et pas uniquement vous. Vos enfants adultes ont besoin d'un plan successoral, vos parents ont besoin d'un plan successoral et votre voisin plus loin dans la rue a sans doute besoin d'un plan successoral lui aussi. C'est la partie la plus facile pour atteindre la liberté financière, et ça ne prend qu'une heure ou deux avec un avocat en planification

---

48 Notez que cela ne veut pas dire prendre un accent de snob et renverser du champagne par terre pour rire.
49 Nike n'a rien payé pour cette référence. Note aux avocats de Nike : nous acceptons les sacs cadeaux. Nous savons que vous en offrez aux rappeurs. C'est un peu pareil ici.

successorale. Pourtant, c'est l'aspect de planification que les gens ont le moins de probabilité d'exécuter. Et pourquoi ? Il y a trois raisons d'éviter la planification successorale : les gens ne veulent pas faire face à leur mortalité, ils ne veulent pas prendre de décisions difficiles[50] et ils pensent que ça va prendre une éternité.

En ce qui concerne un plan successoral, avoir quelque chose en place vaut toujours mieux que rien. Vos documents peuvent toujours être passés en revue et adaptés aux circonstances qui évoluent, mais avoir quelque chose en place vous apportera une tranquillité d'esprit, à vous-même et à votre famille. Cela vous permettra d'être serein, de savoir que vous vous évitez du stress et des impôts inutiles, et le spectre de l'homologation. Et si vous avez la chance d'avoir une valeur nette élevée et que vos objectifs incluent une fortune générationnelle et un héritage charitable, une planification successorale bien faite peut aider à assurer qu'une plus grande partie de votre argent durement gagné bénéficie aux personnes et aux causes auxquelles vous tenez plutôt qu'au gouvernement. Même s'il est difficile de considérer comment les choses se passeront après votre décès, cela vaut la peine de prendre le temps de le faire. Alors faites-le !

VOUS L'AVEZ FAIT !

Oui ! Vous avez un plan successoral en place. Récapitulons les autres plans à mettre en place avant de commencer à investir (ou alors vous avez déjà commencé à investir, et ceci façonnera les investissements supplémentaires que vous devriez choisir) :

- État de l'avoir net
- Projections de retraite

---

50 Ça ne fait que paraître écrasant, un peu comme la carte des restaurants Cheesecake Factory : il semble que les options sont infinies mais, au bout d'un moment de réflexion, les sélections sont évidentes, même si c'est par élimination. Vous y arriverez d'une manière ou d'une autre.

- Autres projections, comme pour l'éducation
- Projections d'assurance
- Plan de gestion des risques, y compris les assurances vie, incapacité, soins à long terme, maladie, habitation, automobile et responsabilité civile complémentaire (en souscrivant toujours exactement à ce que requiert votre plan et pas plus)
- Plan successoral, y compris les documents nécessaires tels que fiducies, testaments, procurations financières, procurations pour soins de santé et planification de bienfaisance

Ces éléments forment les bases de la planification financière et *doivent* être rédigés pour assurer votre bien-être financier. Pensez à ces éléments comme étant l'équipement nécessaire pour l'ascension ; sans ceux-ci, vous risquez de ne pas atteindre le sommet. Les plans présentés dans ce chapitre vous permettront de tracer votre voie et vous protègeront, vous et votre famille, en cas de danger imprévu.

À Creative Planning, nous évaluons toutes ces considérations avant de sélectionner le moindre investissement pour nos clients. Nous ne pouvons pas concevoir de portefeuille adapté sans comprendre où vous vous situez et où vous désirez aller. Peu importe que vous soyez devenu un excellent investisseur si vous perdez tout à cause d'une incapacité, d'un décès dans la famille ou d'un autre évènement qui n'a pas été pris en compte dans votre plan global. Votre conseiller vous rend-il ce service ? Si la réponse est non, vous pouvez positionner un dernier élément au sommet de votre liste de planification : trouver un nouveau gestionnaire de patrimoine.

PARTIE III

LE POINT DE DÉPART

CHAPITRE HUIT
COMMENT LES MARCHÉS FONCTIONNENT

par Peter Mallouk

Le risque provient de ne pas savoir ce que l'on fait.
—WARREN BUFFETT

Puisque ceci est apparemment un livre sur l'investissement, commençons ce chapitre par vous conseiller un placement gagnant assuré. Cet investissement a crû d'environ 10 % par an ces 88 dernières années et a une trajectoire à la hausse constante. Regardez la figure 8.1 !

Figure 8.1

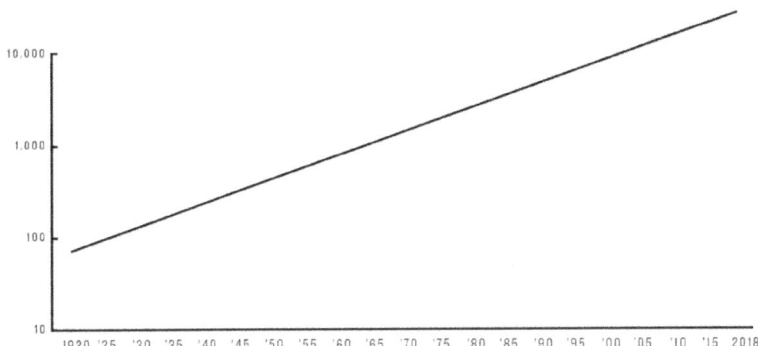

Si vous êtes comme la plupart des Américains, ce genre de retour lucratif continu ressemble à un rêve. Maintenant, et si je vous disais que ce retour était réel ? Eh bien, il l'est et, encore plus intriguant, il est facilement accessible à tous.

Quel est donc cet investissement incroyable et magique ? Vous en avez certainement déjà entendu parler : la Bourse.

LE PARADOXE DU MARKET TIMING

De nombreuses grandes études comparent la performance de l'investisseur individuel moyen à celui des grands indices, comme le S&P 500 ou le Dow Jones. Ces études démontrent toutes que l'investisseur individuel traîne toujours derrière les indices, et certaines suggèrent que l'écart de performance peut atteindre plusieurs pourcentages chaque année. Alors qu'est-ce qui empêche les investisseurs de gagner le même retour que le marché ?

Une des raisons est que les investisseurs essaient d'anticiper les tendances du marché, une stratégie aussi appelée arbitrage sur valeur liquidative ou market timing. Le *market timing* est l'idée qu'il y a des moments où il faut investir dans la Bourse et d'autres où il faut en sortir. De prime abord, cela semble tentant. Pourquoi voudriez-vous participer au marché boursier quand il est à la baisse ? Mais comme vous allez le voir, il est impossible de prédire ces fluctuations de manière répétée. Et, comme pour de nombreuses autres choses, la répétition est la clé pour gagner les pleins retours.[51]

Démystifions tout de suite ce mensonge. Le market timing ne fonctionne pas. C'est comme ça. Et ne me dites pas non plus que vous n'essayez pas d'anticiper le marché. Avez-vous déjà dit ou pensé quelque chose comme ce qui suit :

---

51   Sans parler des coûts fiscaux et des frais de transaction. Et des nuits sans sommeil.

« J'ai de l'argent de côté et j'attends juste que les choses se calment un peu. »
« J'ai une prime professionnelle sur mon compte, mais je vais attendre un ressac. »
« J'investirai après [insérez excuse bidon ici — quelques options : l'élection, le nouvel an, une correction des cours, la fin de la crise de la dette, le budget du Congrès, des éclaircissements sur le Brexit, etc.]. »

Tout ceci représente du market timing.

Mais pourquoi quiconque voudrait-il mettre des bâtons dans les roues d'un investissement qui a perpétuellement produit des retours aussi fantastiques ? Vouloir anticiper le marché peut paraître une pensée rationnelle, mais cela trahit en réalité une perspective émotionnelle. Permettez-moi de m'expliquer. La Bourse ne grimpe pas de manière complètement linéaire. Si la courbe des retours est tracée telle qu'elle se produit réellement, le graphique ressemble plutôt à la figure 8.2. Avec le recul, nous pouvons voir que bien que le marché ait chuté de nombreuses fois sur une période de 88 ans, il a connu une tendance à la hausse uniforme. Pour ceux qui les vivent, ces baisses du marché peuvent s'apparenter à la fin du monde. Imaginez l'émoi durant la Grande Dépression ou l'inertie et la futilité de l'inflation dans les années 1970. Plus récemment, le sentiment d'impuissance pendant la panique de 2008 et la récession qui a suivi nous affecte toujours. Lorsqu'on investit, quelques semaines à peine peuvent donner l'impression de durer une éternité, surtout quand le marché est contre vous. Et avec l'avènement des informations en continu et les progrès de la technologie cellulaire, il n'a jamais été plus facile de se laisser obnubiler par les microfluctuations de la Bourse. Elles peuvent donner l'impression aux investisseurs qu'ils devraient éviter les baisses du marché, alors que les bas sont complètement normaux. Cela pousse souvent les gens à vendre leurs actions et à perdre les bénéfices de l'investissement à long terme.

Figure 8.2 DOW JONES (DJIA), RETOURS NON LINÉAIRES

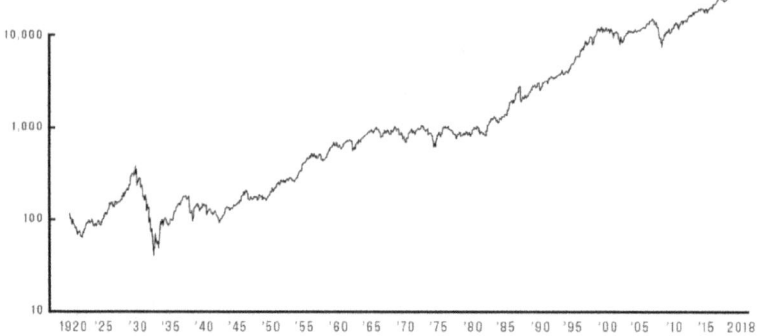

La première étape pour prendre des décisions éclairées quant à vos investissements est de vous ôter ces idées fausses au sujet de la Bourse. Reconnaître ce qui est normal sur le marché devrait améliorer radicalement les performances de vos investissements. Les effets secondaires de ce savoir nouveau peuvent inclure une diminution du stress, une probabilité accrue que vous atteigniez vos objectifs d'investissement et une meilleure qualité de vie.

Pour être clair, il y a de nombreux types de « marchés ». Les graphiques précédents représentent le Dow Jones Industrial Average (DJIA), un indice englobant 30 grandes compagnies américaines qui nous permet de visualiser un siècle d'histoire financière. Aujourd'hui, l'indice le plus courant est le S&P 500, un indice réunissant 500 grandes compagnies américaines comme Microsoft, Google, Procter & Gamble et McDonald's. Bien qu'il existe des actions par milliers, ces 500 grandes entreprises englobent environ 80 % de la capitalisation de tout le marché américain, ou la valeur totale du marché.[52]

---

52   *Capitalisation* est un mot sophistiqué pour dire valeur totale. Le prix des actions d'une entreprise, multiplié par le nombre d'actions existantes équivaut à leur capitalisation sur le marché.

Et ce parce que des sociétés comme McDonald's, qui fait partie du S&P 500, sont 50 à 100 fois plus grandes que des sociétés comme Cheesecake Factory.[53]

Pour que personne ne s'imagine que je suis sélectif dans mon amour des grands indices boursiers, la prémisse de la croissance à la hausse s'avère également pour les petites actions américaines, les actions internationales et celles des marchés émergents. Ce que j'essaie de faire comprendre, c'est que tous les grands marchés agissent de la même manière : ils grimpent. Beaucoup.

Tout ceci vous paraît génial, non ? Mais pour obtenir les mêmes retours, vous devez éviter la première grosse erreur : arrêtez d'essayer d'anticiper le marché. Ce n'est pas aussi facile qu'il y paraît, car il est probable que de nombreuses personnes vous encouragent à faire cette erreur.

Figure 8.3 CAMPS DES « MARKET-TIMER »

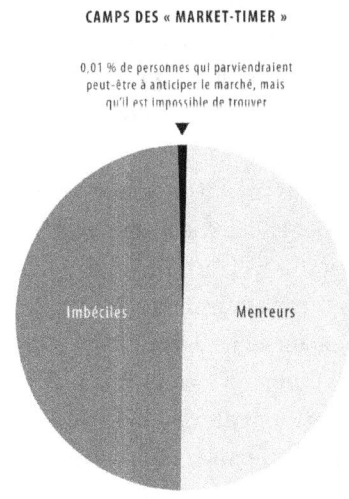

---

53 À l'évidence, la capitalisation sur le marché ne reflète pas quels desserts sont les plus délicieux. J'en reparlerai plus tard. C'est également la deuxième fois que je fais référence à Cheesecake Factory dans ce livre, donc je leur dois probablement une visite.

Parmi celles-ci se trouvent des sommités télévisées, vos amis au travail, votre beau-frère qui « s'en est sorti juste avant le dernier krach »[54] et la grande majorité du secteur financier.

Ce groupe de « market-timer » peut être divisé en deux camps, comme l'illustre la figure 8.3 :

Ce graphique n'est pas scientifique. Je ne sais pas vraiment quel pourcentage de market-timer sont bêtes et combien sont malhonnêtes. Mais je crois vraiment que tous les market-timer tombent dans un de ces deux camps, et qu'ils sont tout aussi dangereux. Analysons un peu ces deux groupes.

LES IMBÉCILES
Que faire quand le marché baisse ? Lisez les opinions des gourous de l'investissement cités dans le WSJ. Et, en les lisant, riez. Nous savons tous que les pronostiqueurs ne peuvent pas prédire les fluctuations à court terme du marché. Or, les voilà, à essayer désespérément de paraître intelligents alors qu'ils n'en ont aucune idée.
—JONATHAN CLEMENTS

Il existe des conseillers et des investisseurs parfaitement intègres qui croient vraiment pouvoir anticiper le marché. Ils pensent savoir quelque chose que personne d'autre ne sait, ou ils peuvent voir quelque chose que personne d'autre ne voit. Ils vous diront souvent qu'ils sont déjà passés par là, et peut-être que cela a été le cas — une fois. Ils sont un peu comme vos amis qui vous disent « J'ai assuré, bébé ! » lorsqu'ils reviennent d'un trip à Las Vegas, mais qui comme par hasard omettent de mentionner les cinq fois où ils ont perdu. Ces conseillers oublient leurs mauvaises décisions et se souviennent uniquement des bonnes. Ils ont beau être bien intentionnés, ils finissent par faire du mal à leurs portefeuilles — et aux portefeuilles de ceux qui leur font confiance.

---

54 De nombreuses personnes affirment avoir vu Bigfoot et le monstre du Loch Ness.

LES MENTEURS
Trois types d'individus font des prévisions boursières. Ceux qui ne savent pas, ceux qui ne savent pas qu'ils ne savent pas et ceux qui savent très bien qu'ils ne savent pas, mais se font un paquet de fric en prétendant savoir.
—BURTON MALKIEL[55]

D'autres conseillers financiers savent très bien que le marché ne peut pas être anticipé, mais leur métier est de vous convaincre qu'ils peuvent « vous sortir de là » grâce à leur « protection contre les risques de baisse » ou de corrections des cours. C'est le concept le plus facile à vendre dans le monde du conseil financier. Qui n'adore pas l'idée de participer aux hausses du marché boursier tout en évitant les baisses ? Les investisseurs avisés savent que cela n'est pas possible, mais il y en aura toujours qui voudront l'entendre. Tant que ces personnes existeront, il y aura des dizaines de milliers de professionnels prêts à leur vendre de la poudre de perlimpinpin.

Je connais également de nombreux conseillers financiers qui ont reçu toutes les informations nécessaires pour changer d'avis sur le market timing, mais que leurs gros chèques de salaires empêchent d'accepter les faits. Tout comme un membre de culte qui tombe sur une preuve irréfutable que le fondateur est un imposteur, le conseiller financier peut trouver la réalité trop difficile à accepter et choisir de se bercer d'illusions et de rester dans l'ignorance. Comme Descartes l'a dit : « Un homme est incapable de comprendre tout argument qui interfère avec ses revenus. »[56]

---

55 Burton Malkiel a écrit un livre révolutionnaire sur le sujet, *Une marche au hasard à travers la Bourse*. Il préconise d'utiliser les indices au cœur du portefeuille et la gestion active dans certains espaces « marginaux », une philosophie à laquelle j'adhère.
56 Également un type intelligent, mais lire ses livres ne vous apprendra rien sur l'investissement.

POURQUOI EST-IL SI DIFFICILE DE BATTRE LE MARCHÉ ?

Dans un marché efficace, à tout moment donné, le prix d'un titre sera une bonne estimation de sa valeur intrinsèque.

—EUGENE FAMA

Le market timing ne fonctionne pas pour de nombreuses raisons, et il y a tout autant de raisons pour lesquelles les gestionnaires de placements vous diront que le market timing fonctionne. Commençons par regarder le tableau d'ensemble, puis analysons ce que disent les gourous de l'investissement et avec quels résultats.

EFFICIENCE DU MARCHÉ

L'hypothèse de l'efficience du marché financier, développée par le lauréat du prix Nobel Eugene Fama, stipule qu'il est difficile de battre le marché parce que le marché incorpore efficacement toutes les informations pertinentes. Puisque de nombreuses personnes intelligentes (et moins intelligentes) connaissent toutes les mêmes choses au sujet d'une action ou d'un titre, il est impossible d'avoir l'avantage compétitif qui vous permettra de battre le retour de la Bourse.

En pratique, cela signifie que parce qu'il y a tant de participants sur le marché — individus, institutions, ordinateurs à grande vitesse — qui achètent et vendent tous activement et continuellement les mêmes titres, les nouvelles informations sont reflétées presque instantanément dans les cours. Qu'il se passe quelque chose de bon ou de mauvais, qui change le rendement attendu d'une société ou du marché global, l'effervescence d'activité boursière subséquente entraîne une fluctuation à la hausse ou à la baisse rapide de la Bourse, jusqu'à atteindre le point où le cours d'une action reflète la valeur économique de la nouvelle information. Le temps que l'investisseur moyen fasse une opération en bourse, tout avantage qu'il ou elle pensait avoir a depuis longtemps disparu.

Lorsque le marché donne l'impression de pouvoir être battu, c'est presque toujours dû à un investisseur qui prend un risque additionnel. Par exemple, il y a des indications que les actions des petites entreprises surpassent les actions des grandes entreprises sur de longues périodes de temps, mais c'est très probablement parce qu'elles sont plus risquées (plus volatiles).

LES MASSES SE TROMPENT, ENCORE ET ENCORE
Nous n'avons pas d'opinion sur où se situeront le marché, les taux d'intérêt et l'activité boursière dans un an. Nous pensons depuis longtemps que le seul intérêt des pronostiqueurs boursiers est de donner la cote aux voyants. Nous pensons que les prévisions sur le marché à court terme sont un poison et qu'elles devraient être enfermées dans un endroit sûr, loin des enfants et également des adultes qui se comportent comme des enfants à la Bourse.
—WARREN BUFFETT

L'investisseur moyen fait fréquemment, et de manière spectaculaire, des opérations boursières au mauvais moment. Au plus bas du marché baissier de 2001, les investisseurs ont liquidé un montant record (à l'époque) d'actions. Ils sont ensuite revenus sur le marché quand il s'est rétabli. Au plus bas de la crise de 2008-2009, les investisseurs ont surpassé le record précédent de liquidation d'actions. Voilà un exemple type d'instinct grégaire. Aujourd'hui, le marché est beaucoup plus haut que ces niveaux. Les investisseurs ont choisi le mauvais moment pour liquider leurs actions, battant des records des deux côtés.

LA PRESSE SE TROMPE, ENCORE ET ENCORE
Celui qui prédit l'avenir ment, même s'il dit la vérité.
—PROVERBE ARABE

Typiquement, les investisseurs tirent leurs informations financières de la presse. Il est important de noter que la valeur totale de toutes les informations de la presse sur la tendance des marchés est de zéro. En réalité, elle se situe sous zéro, car si vous suivez les conseils des médias sur les tendances boursières, vous obtiendrez probablement un résultat plus négatif que neutre.

Les pronostiqueurs des médias s'empressent de faire des annonces boursières marquantes, osées. Je suis apparu sur plusieurs chaînes économiques, y compris CNBC et FOX Business. Avant l'émission, le producteur me demande souvent « dans quelle direction va le marché » et est déçu quand je réponds qu'à court terme, je n'en sais rien. Une chaîne du réseau câblé national m'a même baptisé le conseiller « Machine à remonter dans le temps » parce que je répondais toujours en préambule que je ne savais pas ce qui se passerait à court terme, mais que j'étais très confiant sur le long terme.[57]

Les conseillers financiers trouvent l'idée d'encourager le market timing lucrative, et les organes de presse ne les défient pas, parce qu'ils gagnent plus de téléspectateurs quand leurs invités lancent des prédictions boursières délirantes.

Voyons maintenant pourquoi il est si peu judicieux de suivre les conseils des experts dans la presse !

LES ÉCONOMISTES SE TROMPENT, ENCORE ET ENCORE
Les pronostics peuvent vous en dire beaucoup au sujet du pronostiqueur, mais ils ne vous disent rien sur le futur.
—WARREN BUFFETT

Les économistes n'ont démontré aucune capacité à prédire la tendance que suivra l'économie. Il y a tout simplement trop de variables, connues et inconnues, pour que quiconque puisse y arriver de manière précise. L'histoire nous offre deux excellentes anecdotes à ce sujet.

---

[57] Ils y sont allés fort du côté graphique, avec ma tête qui dépassait d'une machine à explorer le temps qui ressemblait en gros à une cabine téléphonique antique. Mon beau-frère ne me laissera jamais l'oublier.

Le 15 octobre 1929, Irving Fisher, que Milton Friedman a qualifié du « meilleur économiste que les États-Unis aient jamais produit », a affirmé que « les cours en bourse avaient atteint ce qui ressemblait à un plateau haut permanent ». La semaine suivante, la Bourse s'est effondrée, ce qui a entraîné la Grande Dépression et une chute libre qui a fait perdre au Dow 88 % de sa valeur. Il a fallu attendre près de 80 ans pour qu'un autre marché boursier dégringole aussi vite ou abruptement. Et bien sûr, juste avant *cet* effondrement, un autre économiste de haut vol nous a offert une prédiction osée. Le 10 janvier 2008, Ben Bernanke a déclaré : « La Réserve fédérale des États-Unis ne prévoit pas actuellement de récession. »[58] L'économie ne l'a cependant pas écouté et, quelques mois plus tard, a connu la pire récession depuis la Grande Dépression, entraînant une chute de plus de 50 % des cours en bourse dans son sillage.

Je vous entends penser, « OK, ces deux types n'ont clairement pas bien prédit le marché, mais ça ne veut pas dire que tous les autres se trompent aussi ! » Eh bien, merci d'avoir soulevé ce point. Jetons un œil au peloton de pronostiqueurs économiques qui ont fait des prédictions osées, afin de voir si ces prédictions se sont réalisées.

Heureusement, je n'ai pas eu besoin de longtemps pour le découvrir. Les économistes Jerker Denrell et Christina Fang ont compilé toutes les prédictions publiées dans le sondage des pronostiqueurs économiques du *Wall Street Journal* entre juillet 2002 et 2005. Ils ont ensuite restreint leurs recherches pour isoler le groupe d'économistes qui avaient prédit le plus précisément des résultats improbables. Pour ce faire, ils ont défini une prédiction « extrême » comme étant un avis qui était soit 20 % plus élevé soit 20 % plus bas qu'une prédiction moyenne.

---

58   Maintenant, réfléchissez-y un moment. La Réserve fédérale des États-Unis est soi-disant dirigée par la meilleure équipe économique sur Terre. S'ils ne peuvent pas prédire ce qui va se passer et qu'ils contrôlent les taux d'intérêt, qui influencent au moins en partie ce qui se passera, comment vous, votre ami ou votre conseiller financier allez-vous pouvoir prédire ce qui se passera ?

Figure 8.4 TIRER DES LEÇONS DE L'HISTOIRE

Denrell et Fang ont ensuite analysé les autres prédictions faites par ce groupe et ont découvert que ces économistes, ceux qui avaient le mieux prédit certains évènements « extrêmes », avaient en fait un pire score global. Autrement dit, un économiste qui fait une prédiction délirante a des chances de marquer de temps à autre, mais a bien plus de probabilités de rater son coup que la moyenne. Est-ce vraiment le genre de personne de la part de qui vous voudriez recevoir des conseils financiers ? Voici le topo : *plus un pronostiqueur est certain de sa prédiction, moins cette personne a de chances d'avoir raison et plus la prévision a de chances d'être faite pour le spectacle.* Lorsqu'il est question d'investir, plus la prédiction est osée, moins la source est valide. Si vous vous souciez de votre bien-être financier, les faits vous suggèrent vivement de les ignorer. Joe Stiglitz, un économiste ayant remporté un prix Nobel,[59] a déclaré que les économistes avaient raison « environ 3 ou 4 fois sur 10 ». Vu les risques encourus, je préfère passer. Vous devriez aussi.[60]

---

59 Revoilà encore un lauréat du prix Nobel.
60 Ou alors, chaque fois que vous entendez une prédiction boursière ou économique osée, ajoutez les mots « ou pas » à la fin !

LES GESTIONNAIRES DE PLACEMENTS SE TROMPENT, ENCORE ET ENCORE

Bien sûr que ce serait génial de pouvoir sortir de la Bourse à son haut et d'y retourner à son bas, mais en 55 ans dans les affaires, non seulement je n'ai jamais rencontré quelqu'un qui savait comment y arriver, mais je n'ai jamais rencontré quelqu'un qui avait rencontré quelqu'un qui savait comment y arriver.

—JOHN BOGLE

Des milliers de conseillers financiers affirment posséder des « indicateurs » qui les aident à anticiper les tendances du marché. Mais comme Don Philipps, le directeur général de Morningstar, l'a dit : « Je ne peux indiquer aucun fonds commun de placement au monde qui ait produit un retour supérieur à long terme en recourant au market-timing comme critère d'investissement principal. » Je trouve cette déclaration percutante. Si vous misez tout l'argent que vous avez durement gagné sur le market-timing, et que le type qui dirige la firme de mesure de la performance des fonds la plus connue au monde n'a jamais vu cette stratégie payer, peut-être vaut-il la peine d'écouter ses conseils !

Tout cela pour dire qu'il n'y a aucune indication que les gestionnaires de placements puissent anticiper le marché de manière efficace et systématique. Les chances d'avoir raison sur le long terme sont extrêmement faibles, et seuls les imbéciles devraient miser ainsi leur épargne. Encore plus bêtes sont ceux qui paient quelqu'un pour miser leur argent de cette manière. Si vous voyiez un joueur qui avait de la veine et un gros tas de jetons devant lui, supposeriez-vous forcément qu'il continuerait toujours à gagner ? Comme à Vegas, les probabilités sont tellement contre le market timer que tout résultat à long terme autre que l'échec, qu'il soit modeste ou catastrophique, est rarement évitable.[61] Un petit conseil : si vous rencontrez un conseiller financier qui

---

61 1ère règle de l'investissement : évitez les erreurs colossales. Les erreurs colossales, c'est terrible.

affirme pouvoir transférer votre argent au comptant avant une régression, cherchez ailleurs.

LES LETTRES D'INFORMATION SE TROMPENT, ENCORE ET ENCORE
Le seul moyen de gagner de l'argent avec un bulletin d'information est d'en vendre un.
—MALCOLM FORBES

Des dizaines de milliers d'Américains souscrivent à des lettres d'information sur le market timing. Ces Américains dépensent de l'argent et passent beaucoup de temps à lire ces nouvelles, uniquement pour augmenter leurs chances de ne pas atteindre leurs objectifs en bourse.

En 1994, John Graham et Campbell Harvey, en analysant des données fournies par Mark Hulbert,[62] ont mené ce qui est considéré par beaucoup comme l'étude la plus complète sur la capacité des lettres d'information à prédire les tendances du marché. Ils ont analysé plus de 15 000 prédictions provenant de 237 lettres d'information publiées sur 13 ans. La conclusion est accablante : 75 % des prédictions des lettres d'information ont produit des retours anormalement négatifs. Suivre les conseils de la majorité de ces lettres entraînait des performances négatives ! La lettre *Granville Market Letter*, autrefois célèbre, a produit un retour annuel moyen de — 5,4 %. La lettre *Elliot Wave Theorist*, préférée par les fanatiques de la fin du monde, a produit un retour annuel de -14,8 %.[63] Pendant la même période, le S&P 500 a gagné 15,9 % par an, surpassant trois quarts des lettres d'information.

Vous pourriez demander : « Qu'en est-il des 25 % qui ont égalé ou battu le marché ? » Eh bien, l'étude exagère les performances de ces lettres d'informations, parce qu'entrer et sortir de la Bourse coûte cher. Si l'étude avait pris en compte

---

62 Mark Hulbert gère un service qui analyse les prédictions et performances des lettres d'information.
63 N'est-il pas intéressant que les fanatiques de la fin du monde finissent par perdre leur argent malgré leurs tentatives désespérées de le sauver ?

les frais, coûts de transaction et taxes, la sous-performance aurait été encore pire ! Enfin, les auteurs ont approfondi leur étude pour vérifier si les gagnants continuaient à gagner. La réponse : « Les gagnants gagnent rarement de nouveau. » La conclusion des auteurs est dure et définitive : « Il n'y a pas d'indication que les lettres peuvent anticiper les tendances du marché. »

L'étude de Mark Hulbert montre que les rares lettres qui surpassent le marché, quelle que soit l'année, ne sont pas les mêmes d'année en année. Et des données additionnelles montrent qu'aucune lettre d'information sur le market timing n'a battu le marché sur le long terme.

CE QUE LES INVESTISSEURS SAGES ONT À DIRE SUR LE MARKET TIMING!
Le panthéon du market timing est vide.
—JANE BRYANT QUINN

Parmi les grands investisseurs de toute l'histoire, aucun ne préconise le market timing. J. P. Morgan, qui a dominé la finance du dix-neuvième siècle, a répondu à un jeune investisseur qui lui demandait ce qu'allaient faire les marchés : « Ils vont fluctuer, jeune homme. Ils vont fluctuer. » Benjamin Graham, le père de l'investissement moderne, plaidait déjà en défaveur du market timing en 1976 : « Si j'ai appris quoi que ce soit ces 60 dernières années à Wall Street, c'est que les gens ne peuvent pas prédire ce qui arrivera au marché boursier. » John Bogle, fondateur de Vanguard, la plus grande société de fonds d'investissements du monde, répétait qu'il trouvait le market timing impossible et futile. Warren Buffett, qui est sans égal dans le monde de l'investissement actuel, s'est moqué du market timing à plusieurs reprises, le citant comme la chose la plus stupide que les investisseurs puissent faire. Il a de nombreuses opinions sur le sujet, y compris : « Les pronostiqueurs existent pour donner la part belle aux voyants » et, plus pertinemment, « Je n'ai *jamais* rencontré quiconque qui puisse anticiper les tendances du marché. »

Alors que doit faire l'investisseur ? Après tout, les économistes, pronostiqueurs, conseillers et lettres d'information attirent l'attention des médias parce que tout le monde cherche un avantage, une longueur d'avance. Si vous ne pouvez pas vous fier à tous ces gourous, comment vous protéger ? La réponse : en ayant un plan d'investissement solide, qui pare à toutes les éventualités avant même que le marché ne devienne volatil. Je conserve un parapluie dans ma voiture parce que je sais qu'il pleuvra à un moment donné et que j'en aurai besoin. Lorsque nous investissons en bourse et concevons un portefeuille, nous devons également nous préparer pour le mauvais temps ; dans le cas des marchés, cela peut vouloir dire tout ce qui se trouve entre des corrections des cours (« une averse d'été ») et un marché baissier (« des pluies diluviennes »).

CORRECTIONS DES COURS

Il y aura des récessions et des déclins boursiers. Si vous ne comprenez pas qu'ils sont inévitables, alors vous n'êtes pas prêt.
Vous ne vous en sortirez pas bien en bourse.

—PETER LYNCH

On dit que seules deux choses sont garanties dans ce monde : la mort et les taxes. Pour ma part, je dirais qu'on est passé à côté d'une chose : *les corrections des cours*. Comment puis-je faire une prédiction si osée ? Je le peux, parce que les corrections des cours boursiers se produisent tout le temps. En prédire une, c'est comme prédire qu'il pleuvra de nouveau à Seattle.

Qu'est-ce qu'une *correction*, exactement ? Une correction est une chute de 10 % ou plus des cours. Si le marché chute de plus de 20 %, la correction devient un *marché baissier*. À quelle fréquence se produisent ces corrections ? Depuis 1900, il y a eu en moyenne une correction tous les ans, donc il est important de les comprendre et d'être paré pour les surmonter. Si vous avez 50 ans, vous pouvez vous attendre à en connaître environ 35 autres, voire plus !

Certains pourraient dire : « Pourquoi ne pas sortir du marché quand il chute de 10 %, mais avant qu'il ne devienne un marché baissier ? » La raison, c'est que la plupart des corrections n'atteignent jamais le statut de marché baissier. Historiquement, les cours chutent en moyenne de 13,5 % pendant une correction, et la majorité d'entre elles durent moins de deux mois (leur durée moyenne est de 54 jours). Moins d'une correction sur cinq se transforme en marché baissier. Autrement dit, le marché ignore les corrections 80 % du temps.

En gardant cela à l'esprit, vendre vos positions pour passer au comptant dès qu'une correction a lieu n'a aucun sens. La plupart du temps, vous liquideriez juste avant que le marché n'atteigne son point le plus bas. Il suffirait de liquider vos actions pendant quelques corrections pour faire d'incroyables dégâts à votre portefeuille. Nous savons que les corrections arrivent tout le temps, que la plupart des corrections ne se transforment pas en marché baissier et également que les marchés se sont remis de chaque correction dans l'histoire. Il semble totalement absurde de paniquer et de passer au comptant.

Comme dans le cas du market timing, certains conseillers financiers essaient de prédire les corrections des cours. Parfois, les cours se corrigent pour une bonne raison, parfois pas ; il est cependant très satisfaisant de regarder les experts boursier se ridiculiser en essayant de prédire une correction. La figure 8.5 illustre à la fois l'obstination du marché et l'échec des professionnels à *prédire* les corrections du marché.

Figure 8.5

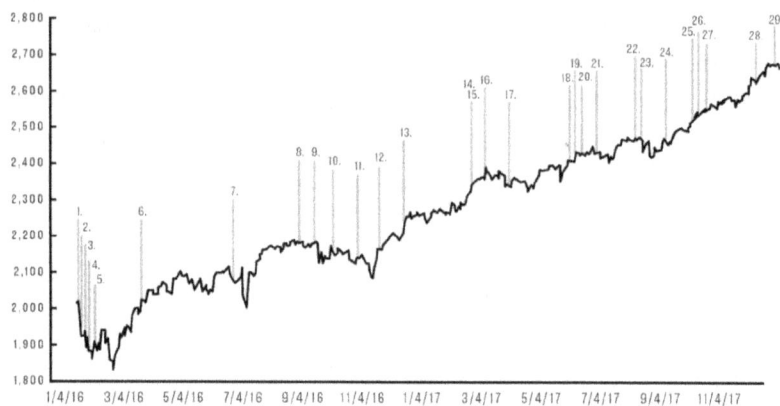

Chacun des nombres/titres suivants correspond à la date de prédiction sur le graphe :

1. « George Soros: It's the 2008 Crisis All Over Again », Matt Clinch, CNBC, 7 janvier 2016 (« George Soros : C'est la crise de 2008 qui recommence »)
2. « Is 2016 the Year When the World Tumbles Back into Economic Crisis ? », Larry Elliott, Guardian, 9 janvier 2016 (« 2016 : l'année où le monde retombe dans la crise économique ? »)
3. « Sell Everything Ahead of Stock Market Crash, Say RBS Economists », Nick Fletcher, Guardian, 12 janvier 2016 (« Vendez tout avant le krach boursier, conseillent les économistes de RBS »)
4. « Here Comes the Biggest Stock Market Crash in a Generation », Chris Matthews, Fortune, 13 janvier 2016 (« Voici venir le plus gros krach boursier de la génération »)
5. « These Are Classic Signs of a Bear Market », Amanda Diaz, CNBC, 20 janvier 2016 (« Voici des signes classiques d'un marché baissier »)

6. « The First Big Crash Is Likely Just Ahead », Harry Dent, *Economy & Markets*, 14 mars 2016 (« Le premier gros krach est sans doute imminent »)
7. « Clear Evidence That a New Global Financial Crisis Has Already Begun », Michael T. Snyder, *Seeking Alpha*, 17 juin 2016 (« Des indications claires qu'une nouvelle crise financière globale est déjà en cours »)
8. « Citigroup: A Trump Victory in November Could Cause a Global Recession », Luke Kawa, *Bloomberg*, 25 août 2016 (« Citigroup : une victoire de Trump en novembre pourrait entraîner une récession globale »)
9. « Stocks Are Inching Closer to the Second Correction of 2016 », Michael A. Gayed, *MarketWatch*, 7 septembre 2016 (15) (« Les cours se rapprochent de leur deuxième correction de 2016 »)
10. « Reasons for a 2016 Stock Market Crash », *Money Morning*, 26 septembre 2016 (« Raisons pour un krach boursier en 2016 »)
11. « Economists: A Trump Win Would Tank the Markets », Ben White, *Politico*, 21 octobre 2016 (« Économistes : une victoire de Trump renverserait la bourse »)
12. « We Are Very Probably Looking at a Global Recession with No End in Sight », Paul Krugman, *New York Times*, 8 novembre 2016 (« Nous sommes probablement face à une récession globale sans fin en vue »)
13. « Economist Harry Dent Predicts 'Once in a Lifetime' Market Crash, Says Dow Could Plunge 17,000 points », Stephanie Landsman, *CNBC.com*, 10 décembre 2016 (« L'économiste Harry Dent prédit un krach boursier 'encore jamais vu', déclare que le Dow pourrait chuter de 17 000 points »)
14. « Now Might Be the Time to Sell Your Stocks », Laurence Kotlikoff, *Seattle Times*, 12 février 2017 (« L'heure pourrait être venue de vendre vos actions »)
15. « 4 Steps to Protect Your Portfolio from the Looming Market Correction », John Persinos, *Street*, 18 février 2017 (« 4 étapes pour protéger votre portefeuille de la correction des cours imminente »)
16. « The US Stock Market Correction Could Trigger Recession », Alessandro Bruno, *Lombardi Letter*, 1er mars 2017 (« La correction des cours américains pourrait déclencher une récession »)

17. « Three Key Indicators Are Saying That a Stock Market Crash in 2017 Is a Real Possibility », Michael Lombardi, *Lombardi Letter*, 28 mars 2017 (« Trois indicateurs clés disent qu'un krach boursier en 2017 est une réelle possibilité »)
18. « Critical Warning from Rogue Economist Harry Dent: 'This Is Just the Beginning of a Nightmare Scenario as Dow Crashes to 6,000' », Laura Clinton, *Economy & Markets*, 30 mai 2017 (« Avertissement critique de l'économiste Harry Dent : 'Ce n'est que le début d'un scénario cauchemardesque tandis que le Dow dégringole à 6 000' »)
19. « Why a Market Crash in 2017 Is More Likely Than You Think », *Money Morning*, 2 juin 2017 (« Pourquoi un krach boursier en 2017 est plus probable que vous ne le pensez »)
20. « The Worst Crash in Our Lifetime Is Coming », Jim Rogers, interview avec Henry Blodget, *Business Insider*, 9 juin 2017 (« Le pire krach de notre vie est imminent »)
21. « It's Going to End 'Extremely Badly,' with Stocks Set to Plummet 40% or More, Warns Marc 'Dr. Doom' Faber », Stephanie Landsman, *CNBC*, 24 juin 2017 (« Ça va 'très mal' finir, avec des cours qui s'effondreront de 40 % ou plus, avertit Marc Faber »)
22. « Three Reasons a Stock-Market Correction Is Coming in Late Summer or Early Fall », Howard Gold, *MarketWatch*, 4 août 2017 (« Trois raisons pour une correction des cours fin d'été ou début d'automne »)
23. « The Stock Market Is Due for a Significant Correction », Mark Zandi, *Fortune*, 10 août 2017 (« Le marché boursier va encourir une grosse correction »)
24. « Brace Yourself for a Market Correction in Two Months », Silvia Amaro, *CNBC*, 5 septembre 2017 (« Préparez-vous à une correction des cours dans deux mois »)
25. « 4 Reasons We Could Have Another October Stock Market Crash », David Yoe Williams, *Street*, 2 octobre 2017 (« 4 raisons pour un autre krach boursier cet octobre »)

26. « Stock Market Crash WARNING: Black Monday Is Coming Again », Lana Clements, *Express*, 7 octobre 2017 (« ATTENTION krach boursier : le lundi noir revient »)
27. « Morgan Stanley: A Stock Market Correction Is Looking 'More Likely' », Joe Ciolli, *Business Insider*, 17 octobre 2017 (« Morgan Stanley : une correction des cours est 'de plus en plus probable' »)
28. « Chance of US stock market correction now at 70 percent: Vanguard Group », Eric Rosenbaum, *CNBC*, 29 novembre 2017 (« Risque de correction des cours américains atteint 70 pourcents : Groupe Vanguard »)
29. « Stock Market Correction Is Imminent », Atlas Investor, *Seeking Alpha*, 19 décembre 2017 (« Correction des cours imminente »)

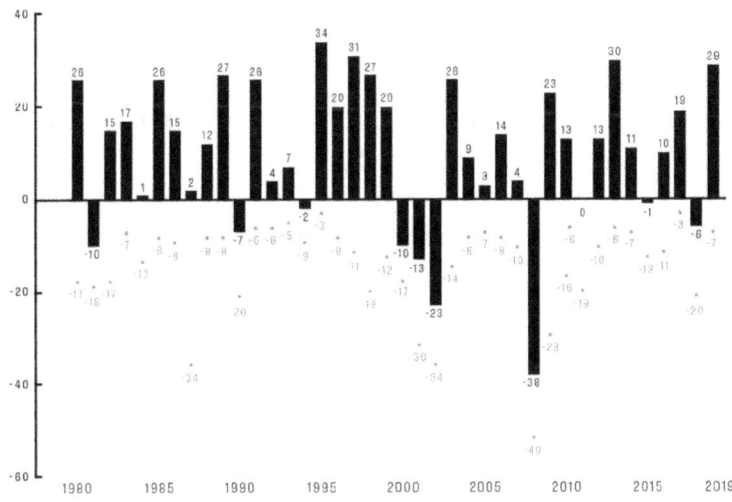

Figure 8.6 S&P 500 DÉCLINS INTRA-ANNUELS VS. RETOURS PAR ANNÉE CALENDAIRE
MALGRÉ UN DÉCLIN MOYEN INTRA-ANNUEL DE 13,9 %, RETOURS ANNUELS POSITIFS 29 ANNÉES SUR 39

La conclusion ? Les corrections se produisent tout le temps, la plupart ne deviennent pas des marchés baissiers et le marché s'est remis de chaque correction dans l'histoire. Alors pas de panique et, surtout, ne liquidez pas.

MARCHÉS BAISSIERS

Si vous avez du mal à imaginer une perte de 20 % à la Bourse, vous ne devriez pas investir dans les actions.

—JOHN BOGLE

Les marchés baissiers n'arrivent pas aussi souvent que les corrections des cours, mais ils se produisent régulièrement. Un marché baissier se définit par une chute des cours de 20 % ou plus, ce qui se produit typiquement tous les trois à cinq ans. En tout et pour tout, il y a eu 35 marchés baissiers depuis 1900, et 15 seulement depuis 1946.[64] Les quatre marchés baissiers les plus récents ont reflété un nombre de crises, y compris une attaque terroriste, un effondrement économique, une crise de la dette européenne, la crise pétrolière obligatoire, qui se produit tous les dix ans environ[65], et une pandémie globale. Le déclin moyen d'un marché baissier est de 33 %, et plus d'un tiers des marchés baissiers chutent de plus de 40 %. En moyenne, un marché baissier dure environ un an, et tous ont duré entre 8 et 24 mois. Les marchés baissiers sont fréquents et, tout aussi fréquemment, remontent !

---

64 Ceux qui regrettent le « bon vieux temps » où le marché était stable ne connaissent pas leur histoire. Ce sont les mêmes personnes qui aimeraient retourner au bon vieux temps sans chauffage, air climatisé, plomberie intérieure, téléphones, Internet et soins de santé avancés !

65 Pour que tout le monde puisse se plaindre que le prix du pétrole est trop bas un moment avant de recommencer à se plaindre qu'il est trop élevé.

C'EST EXACTEMENT PAREIL, MAIS DIFFÉRENT
Les quatre mots les plus dangereux dans l'investissement sont « cette fois, c'est différent ».

—JOHN TEMPLETON

Si nous savons que tous les marchés baissiers finissent par devenir des marchés haussiers, alors pourquoi les gens paniquent-ils et passent-ils au comptant ? La réponse est que même si les marchés baissiers ont tendance à être causés par un évènement qui ébranle les bases du marché de manière immédiate et dramatique, les évènements derrière ces chocs ne sont pas forcément les mêmes.

L'économie de libre marché est favorisée par la capacité qu'ont les fournisseurs de déplacer leurs produits et leurs services librement pour satisfaire à la demande de ceux qui en ont besoin. Quand ces deux forces sont en équilibre, le marché est en équilibre.[66] Ces mêmes forces influencent le cours des actions et de presque tout ce qui est acheté et vendu autour du globe.

Lors d'un marché baissier, ces forces du marché normales sont perturbées de manière significative. Par exemple, après le 11 septembre, les marchés ont chuté bien en deçà des niveaux d'aujourd'hui en raison d'une perturbation de la demande. Avant la fin de l'effondrement, le S&P 500 avait chuté de 44 % et le NASDAQ de 78 %. Durant les jours, semaines et mois qui ont suivi l'attaque terroriste, les usines, entreprises et services sont restés ouverts et ont continué à opérer partout dans le monde. Le problème n'était donc certainement pas un manque d'offre. Le problème était plutôt que tout le monde se terrait chez soi et rechignait à sortir faire ce qui fait tourner l'économie, comme acheter des choses. Les Américains se demandaient si d'autres attaques terroristes allaient suivre, si le gouvernement allait mettre des mesures en place pour les empêcher, combien de temps il leur faudrait pour se sentir en sécurité. Avec

---

66 Ici se termine la plus courte présentation économique du monde.

le temps, la vie a repris son cours, la demande est revenue et les marchés se sont remis, pour atteindre de nouveaux sommets.

Figure 8.7 MARCHÉS BAISSIERS : FRÉQUENCE, DURÉE ET SÉVÉRITÉ

ANNÉE(S)	DURÉE EN JOURS	DE DÉCLIN DU S&P 500
1946-1947	353	-23.2%
1956-1957	564	-19.4%
1961-1962	195	-27.1%
1966	240	-25.2%
1968-1970	543	-35.9%
1973-1974	694	-45.1%
1976-1978	525	-26.6%
1981-1982	472	-24.1%
1987	101	-33.5%
1990	87	-21.2%
1998	45	-19.3%
2000-2001	546	-36.8%
2002	200	-32.0%
2007-2009	515	-57.6%

La crise financière de 2008-2009 était l'inverse. Nous connaissons tous l'histoire : les grandes banques ont été irresponsables avec leur propre argent et celui de leurs investisseurs et, résultat, le système financier s'est vu paralysé par le manque d'offre. Le monde de l'emprunt s'est retrouvé gelé. Personne ne pouvait obtenir ou maintenir un prêt pour quoi que ce soit. Sans apport de fonds, les entreprises ont commencé à faire faillite, ce qui a réduit l'approvisionnement en toutes sortes de choses. Au même moment, les Américains se sentaient moins riches et étaient rongés par une peur compréhensible. Résultat, les Américains ne voulaient rien acheter tant qu'ils ne se sentiraient pas plus en sécurité. Quand le marché a atteint son point le plus bas le 9 mars 2009, il avait chuté de 53 %. Dans ce cas, la crise a fini par être résolue quand le gouvernement fédéral a assisté les banques (veillant au côté de l'offre) et offert aux consommateurs des allègements fiscaux, en réduisant le coût de l'emprunt et en leur offrant de nombreux autres avantages financiers. Cette combinaison, ainsi que d'autres mesures, ont fini par stabiliser le système et encourager les individus à dépenser de l'argent (veillant au côté de la demande). Avec le temps, la vie a repris son cours, les marchés se sont remis et ont atteint de nouveaux sommets.

Début janvier 2020, le monde a entendu parler d'un nouveau coronavirus, bientôt baptisé Covid-19, se présentant sous la forme d'une pneumonie qui était non seulement hautement contagieuse, mais qui avait la capacité d'être assez mortelle. En l'espace de quelques mois, la maladie s'est propagée autour du globe, contaminant près de 23 millions de personnes et entraînant 800 000 décès dans le monde. Autour du monde, les marchés ont chuté de plus de 30 % en moins d'un mois, à mesure que chaque jour apportait de nouvelles infections, morts, fermetures et quarantaines.

Dans ce cas, le marché a réagi à des chocs à la fois à l'offre et à la demande. Même avant l'avènement des quarantaines, les gens ont commencé à rester chez eux et à éviter les grands rassemblements publics — comme aller au cinéma, au centre commercial ou à des évènements sportifs — pour réduire le risque d'infection. Les restrictions de voyage ont fait annuler les vols et les croisières, fermer les hôtels et les parcs d'attraction. L'offre de produits et de services a été interrompue. Au fil des semaines, l'incertitude quant à la durée de ces perturbations et au temps qu'il faudrait pour se remettre a entraîné des baisses additionnelles des marchés.

En même temps, nous avons vu apparaître autre chose. Le gouvernement a commencé à mettre en place des approches radicales et novatrices pour soutenir l'économie. Les individus ont commencé à pratiquer la distanciation physique tout en travaillant pour que les services essentiels puissent continuer à fonctionner. Les médecins et chercheurs ont commencé à développer et améliorer des options de traitement et, peu à peu, les perspectives se sont améliorées. Lentement mais sûrement, un « pont » a commencé à être érigé entre le marché haussier précédent et la prospérité future.

Mais ceux qui connaissent leur histoire des marchés comprennent ce cycle. Nous avons expérimenté la même chose avec d'autres marchés baissiers durant l'histoire. Ceux d'entre nous qui avons connu une ou plusieurs grandes régressions des marchés se rappellent parfaitement la peur et l'incertitude généralisées initiales, qui ont fini par mener à un rétablissement complet et des sommets plus élevés.

Parce que chaque régression majeure entraînant un marché baissier a une cause différente, les investisseurs paniquent en se disant que, « cette fois, c'est différent ». Bien que la cause de chaque marché baissier puisse être différente — que le krach soit lié à l'informatique, une bulle technologique, une attaque terroriste, une guerre, une crise des liquidités ou une épidémie globale –, le résultat est toujours le même : l'économie trouve un moyen d'aller de l'avant.

La prochaine fois que nous vivrons un marché baissier, rappelez-vous tout ce que nous avons enduré ces 80 dernières années : Deuxième Guerre mondiale (années 1940), la guerre du Viêtnam (années 1960-70), l'hyperinflation (années 1970-1980), la crise des marchandises (années 1970-1980), l'effondrement immobilier et bancaire (années 1980), la crise des marchés émergents (années 1980), le krach éclair (1987), la crise économique asiatique (années 1990), l'explosion de la bulle Internet (2000), les attaques du 11 septembre et les guerres subséquentes en Afghanistan et en Irak (2001) et la crise de liquidité (2008).[67] Si l'économie a survécu à tout ceci, elle pourra survivre au prochain marché baissier aussi. Et ce ne sont que les grands exemples. D'innombrables mini-crises surviennent et incitent les pronostiqueurs à prédire un marché

---

67 Notez que les États-Unis et leur économie ont également survécu aux pantalons parachute, aux mi-chaussettes (deux fois), aux casquettes fluo et aux Kardashian. Littéralement, rien ne peut faire dérailler notre avancée.

baissier, comme une baisse de la notation des États-Unis, un débat budgétaire, une élection ou quoi qu'il se passe aux infos du jour. En décembre 2018, les actions américaines ont chuté de 19,8 %, effleurant les limites du marché baissier, à cause de tensions dans les négociations tarifaires avec la Chine et la hausse des taux d'intérêt.

Bien qu'un marché baissier soit inévitable, il n'est pas prévisible. Comme dans le cas des corrections des cours, personne n'est en mesure d'anticiper de manière répétée l'avènement d'un marché baissier.

Notez que pour pouvoir tirer parti des marchés baissiers, il faut savoir quand en sortir, quand y retourner, puis le faire de manière systématique. Bonne chance pour trouver quelqu'un qui l'a fait. Ce quelqu'un n'existe pas. C'est une légende urbaine.[68] Vous voulez croire qu'il existe et, pendant un moment, vous le croyez vraiment. Puis vient un temps où vous en avez appris assez pour savoir qu'il n'existe pas, mais vous ne pouvez pas vous résoudre à le reconnaître. Et puis, enfin, peut-être l'acceptez-vous. Cela n'aide pas que tant de gens prétendent être le type en qui vous voulez tellement croire.

Je vous entends dire, « Mais qu'en est-il de [insérer nom d'économiste/trader/allumé] qui passait à la télé l'autre jour et expliquait comment il avait prédit le krach ? » Le truc avec beaucoup de ces gens, c'est qu'ils prédisent toujours qu'un malheur va arriver, donc ils finissent un jour par avoir raison, tout comme une horloge cassée a raison deux fois par jour. Malheureusement, vous avez plus de chances d'avoir l'heure juste sur une horloge brisée que de recevoir des conseils justes sur le market timing de la part d'un gourou de l'investissement à la télé.

---

68   Il vit à La-La Land avec la petite souris et le lapin de Pâques. La seule différence est que nous finissons par grandir et par nous rendre compte que ces deux derniers ne sont pas réels.

QUAND LES MARCHÉS BAISSIERS REMONTENT, CEUX QUI SONT SUR LA TOUCHE ONT L'AIR BÊTE

L'idée qu'une cloche sonne pour signaler aux investisseurs qu'ils devraient entrer ou sortir de la Bourse n'est tout simplement pas crédible. Je ne connais pas une seule personne qui a réussi à le faire de manière répétée. Je ne connais même pas une seule personne qui connaît une seule personne qui a réussi à le faire de manière répétée.

—JOHN BOGLE

J'espère qu'à ce stade, vous convenez qu'il n'est pas possible d'entrer et de sortir de la Bourse au bon moment de manière systématique. Cependant, vous pourriez penser : « Au moins, je passerai au comptant jusqu'à ce que les choses se calment, puis je retournerai en bourse, et je n'aurai manqué qu'une petite partie du rétablissement des marchés. » J'ai bien peur que cela ne fonctionne pas non plus ! Personne ne reçoit un e-mail un matin lui disant que le marché haussier a commencé. À la place, les marchés ont tendance à avoir quelques faux départs puis à grimper en flèche, pour se rétablir rapidement et fermement (en abandonnant les market timer derrière eux, dans un nuage de poussière). La figure 8.8 illustre ce point clairement.

Figure 8.8 DE MARCHÉ BAISSIER À MARCHÉ HAUSSIER

ANNÉE(S)	12 MOIS SUIVANTS (S&P 500)
13 juin 1979	42.07%
22 octobre 1957	31.02%
26 juin 1962	32.66%
26 mai 1970	43.73%
3 octobre 1974	37.96%
12 août 1982	59.40%
4 décembre 1987	22.40%
21 septembre 2001	-12.50%
23 juillet 2002	17.94%
9 mars 2009	69.49%

LA VOLATILITÉ, ÇA ARRIVE

Notre comportement de ne pas bouger reflète notre opinion que la Bourse sert de centre de délocalisation où l'argent se déplace des investisseurs actifs aux investisseurs patients.

—WARREN BUFFETT

Parfois, une année passe sans correction des cours, sans la menace d'un marché baissier. Parfois, le marché offre un retour solide en fin d'année et, avec le recul, tout a semblé facile. Cependant, c'est rarement le cas. Depuis 1980, le marché a connu un déclin intra-annuel moyen de 13,9 %, mais a quand même fini avec un retour positif 29 années sur les 39 précédentes. C'est une sacrée variation ! Les marchés fluctuent beaucoup, donc vous feriez mieux de vous y habituer. Encore mieux, de l'accepter volontiers ![69]

Comme nous l'avons établi, les marchés baissiers sont également très communs. Si vous avez 55 ans, vous connaîtrez à peu près sept ou plus autres marchés baissiers dans votre vie. Allez-vous paniquer à chaque fois ? Allez-vous essayer d'anticiper les tendances et de sortir de la Bourse à chaque régression ? Non, bien sûr que non, parce que vous avez de la jugeote ! Tout comme le marché se relève toujours de la correction de ses cours, les marchés baissiers se transforment toujours en marchés haussiers. Alors pourquoi les investisseurs paniquent-ils ? Parce que pour la plupart des gens, les décisions d'investissement ne sont pas basées sur la pensée logique, mais sur l'émotion.

---

[69] Vous savez que vous êtes devenu un investisseur avisé quand vous voyez les corrections et les marchés baissiers comme des opportunités descendues du ciel et livrées sur le pas de votre porte.

CONFIANCE DU CONSOMMATEUR
Les sondages de confiance des consommateurs décrétés « inutiles ».
—DEAN CROUSHORE, UNIVERSITÉ DE RICHMOND

Pendant les marchés haussiers, les commentateurs ont tendance à parler de la *confiance des consommateurs*, puisque la plus grande partie de l'économie est déterminée par la consommation. Les consommateurs qui n'ont pas confiance en l'économie ne dépenseront probablement pas d'argent. S'ils ne dépensent pas d'argent, alors les entreprises ne peuvent pas en gagner. Et si les entreprises ne gagnent pas d'argent, les marchés ne pourront pas se remettre. Cet axe de réflexion est logique, sauf pour un fait important : le marché ne regarde pas ce qui se passe aujourd'hui. Le marché s'intéresse toujours à demain. Aux yeux du marché, où l'économie se trouve et comment les consommateurs se sentent *aujourd'hui* est bien moins important que ce que l'avenir nous réserve. Les marchés haussiers ont tendance à émerger au moment même où les investisseurs ont le *moins* confiance en l'avenir. La figure 8.9 résume les performances de la Bourse pendant les 12 mois qui ont suivi une mesure de la confiance des consommateurs à moins de 60 %.

Figure 8.9 QUI A BESOIN DE CONFIANCE ?

CONFIANCE DES CONSOMMATEURS < 60%	12 MOIS SUIVANTS (S&P 500)
1974	+37%
1980	+32%
1990	+30%
208	+60%
2011	+15%

ASSUREZ-VOUS DE POUVOIR VIVRE AVEC VOTRE ALLOCATION

Connais-toi toi-même.

—SOCRATE

J'ai trois enfants et, chaque fois que nous allons dans un parc d'attraction, je les regarde jauger les différentes montagnes russes. Certaines sont trop ennuyeuses pour les plus petits, certaines excitent les plus âgés. Quand mon aîné était plus jeune, il me lançait un regard du genre « peut-être pas cette fois » quand nous examinions les attractions qui se retournent. Décider quel genre d'attraction ils peuvent supporter est toujours un processus.

Par le passé, je les accompagnais toujours sur la montagne russe, quelle qu'elle soit. Plus récemment, j'ai commencé à regretter cette décision, surtout pendant la longue montée à une hauteur ridicule, et la chute nauséeuse qui s'ensuit. Quand bien même, je me rends bien compte qu'essayer de quitter l'attraction en plein tour n'est pas une bonne idée. En fait, les probabilités que je m'en sorte en un seul morceau sont assez élevées pour me pousser à tenir bon jusqu'à la fin.

Les marchés sont pareils.

Le marché des obligations est comme une attraction pour petits enfants à Legoland — presque tout le monde peut le supporter. Le marché boursier est comme une immense montagne russe dans un parc Six Flags ; c'est excitant et ça fourmille de rebondissements. Le marché immobilier est comme le Space Mountain à Disney World : rapide et dans le noir. Le marché des marchandises est comme le Detonator : une attraction qui monte et qui descend de manière imprévisible. Toutes ces attractions ont différents niveaux de vitesse et de volatilité. Certains trouvent la volatilité excitante ; à d'autres, elle donne des haut-le-cœur. Mais dans tous les cas, les tours se terminent en général paisiblement, même pour les passagers qui se demandent dans quoi ils se sont fourrés.

Le meilleur moment pour évaluer votre attraction préférée est quand vous vous trouvez à terre (c.-à-d. quand le marché est relativement stable). Il est bien plus facile de prendre cette décision à ce moment-là que quand le tour recommence, ce qu'il fera inévitablement un jour.

C'est plus facile à dire qu'à faire. Les Américains sont doués pour oublier les choses — un mécanisme de défense utile qui nous permet de tourner la page. Après avoir fait un tour en montagne russe avec mon fils, je me jure de ne plus jamais me laisser tenter. Mais la fois d'après, j'accepte de revivre cette montée d'adrénaline, sans me rappeler tout à fait à quel point je me suis senti mal la dernière fois. À présent, je n'oublie plus, et nous nous assurons toujours d'emmener un copain à lui.

Les investisseurs avisés personnalisent leur montagne russe, allouent différentes portions à différents marchés pour construire un portefeuille qui répond à leurs besoins à court, moyen et long terme. Un portefeuille peut connaître de rebondissements et avoir la volatilité nécessaire pour atteindre les objectifs spécifiques de l'investisseur, mais il devrait être structuré endéans les paramètres que l'investisseur est prêt à supporter. Pour beaucoup, le meilleur portefeuille est celui qui accomplit les objectifs désirés avec la volatilité la plus faible. Si la volatilité dépasse la limite de votre tolérance, vous devriez ajuster votre objectif ou votre plan d'épargne.

SOUS-ESTIMER LE RISQUE DU MARKET TIMING

Je n'essaie jamais de gagner de l'argent sur le marché boursier. J'achète en supposant qu'ils pourraient fermer le marché le lendemain et ne pas le rouvrir pendant cinq ans.

—WARREN BUFFETT

À ce stade, nous avons établi que le market timing est inefficace. Vous vous dites peut-être : « Et alors ! Je peux me permettre de passer à côté de quelques gains pour garder mon argent en sécurité. » C'est toujours l'objection principale lorsque nous préconisons de ne pas toucher à vos investissements durant les baisses du marché. La réponse est simple : le risque de sortir du marché est *bien plus grand* que le risque d'y rester. Imaginez que vous receviez une somme d'argent importante (comme une prime ou un héritage) et que vous hésitiez entre l'investir maintenant et attendre un évènement aléatoire, non mesurable, qui vous fera vous sentir plus confiant quant au fait de confier votre argent à la Bourse. Si vous investissez maintenant, trois résultats sont possibles : le marché grimpera (toujours une bonne chose), restera horizontal (il n'y a rien de mal à recevoir quelques chèques-dividendes) ou chutera (oui, ça arrive, mais ça ne dure pas toujours). Si le marché baisse, rappelez-vous deux choses : (1) vous touchez toujours des revenus de dividendes et (2) le marché finira par remonter. Vous ne perdez rien en laissant votre argent où il est investi, puisque toute baisse du marché est temporaire et immatérielle aux yeux de l'investisseur à long terme. Que se passe-t-il si vous gardez votre argent sur votre compte ? Les trois options restent les mêmes, mais les résultats sont différents :

1. Le marché pourrait grimper (regardez tout cet argent que vous n'avez pas gagné !)
2. Le marché pourrait rester horizontal (remerciez le taux d'intérêt de 0,06 % sur votre compte d'épargne !)
3. Le marché pourrait baisser (si vous aviez déjà peur d'investir, allez-vous interpréter une chute du marché comme un signal d'acheter ? Soyons honnêtes : nous savons tous les deux que la réponse est non !)

Voici ce que la plupart des gens oublient : si vous êtes passé à de l'argent comptant quand le marché remonte, vous pourriez avoir perdu de manière *permanente* l'opportunité de réaliser ces gains. Oui, il pourrait remonter de nouveau dans le futur, mais redescendra-t-il jusqu'à son bas précédent ? Peut-être. Mais peut-être pas. S'il ne retombe pas à ce niveau, les investisseurs qui restent assis sur leur argent pourraient ne jamais récupérer les retours manqués. Demandez à ceux qui ont suivi le troupeau et sont passés au comptant en 2008, pour voir le marché grimper en flèche les années suivantes. Rester sur le banc de touche signifie *toujours* rater les hausses. D'un autre côté, pour l'individu qui investit aujourd'hui, la pire chose qui peut se passer est de vivre une baisse *temporaire*. La différence est grande.

PEUT-ÊTRE SUIS-JE PARFAIT[70]
Seuls les menteurs arrivent à « sortir » avant
les baisses et à « entrer » avant les hausses.

—BERNARD BARUCH

Malgré toutes les preuves du contraire, certains pensent être « Monsieur Parfait ». Ils pensent pouvoir anticiper parfaitement les tendances du marché et que toutes les données que je viens de décrire ne s'appliquent pas dans leur cas. Pour tester ceux qui affirment pouvoir investir parfaitement selon ces conditions, le Schwab Center for Financial Research a évalué les cinq décisions ouvertes à un investisseur qui a 2 000 $ en espèces à investir chaque année pendant 20 ans :

1. Garder l'argent en liquide.
2. L'investir en totalité et immédiatement chaque année.
3. Investir périodiquement par sommes fixes[71] l'argent en bourse en mensualités égales toute l'année.

---

70 Vous ne devriez pas croire tout ce que vous dit votre mère.
71 L'investissement programmé ou achat périodique par sommes fixes est simplement une stratégie d'investir régulièrement de petites sommes d'argent à la Bourse au fil du temps.

4. Investir involontairement tout l'argent *le pire* jour chaque année (en achetant le jour le plus haut de la Bourse de toute l'année).
5. Investir tout l'argent en ayant la chance de tomber sur *le meilleur* jour chaque année (oui, c'est à vous que je parle, Monsieur Parfait, qui attend que le marché soit *au plus bas* chaque année pour investir tout son argent).

Les résultats sont pour le moins surprenants. L'investisseur qui a *parfaitement* anticipé le marché a gagné 87 004 $, alors que celui qui a investi tout immédiatement se rapproche de la deuxième place, avec 81 650 $. Si vous êtes de l'avis que vous ne pourrez sans doute pas investir tout votre argent le meilleur jour de l'année chaque année pendant les 20 prochaines années, investir tout l'argent immédiatement semble être un compromis raisonnable. La différence de 6 000 $ entre un timing parfait et un investissement immédiat est presque négligeable. Et remarquez que ceux qui ont investi le pire jour de chaque année gagnent quand même 22 000 $ de plus que ceux qui n'investissent pas du tout. Encore une fois, investir en bourse est plus avantageux que rester en dehors.

Figure 8.10 MÊME LE MARKET TIMING BAT L'INERTIE
CAPITAL FINAL (1993-2012)

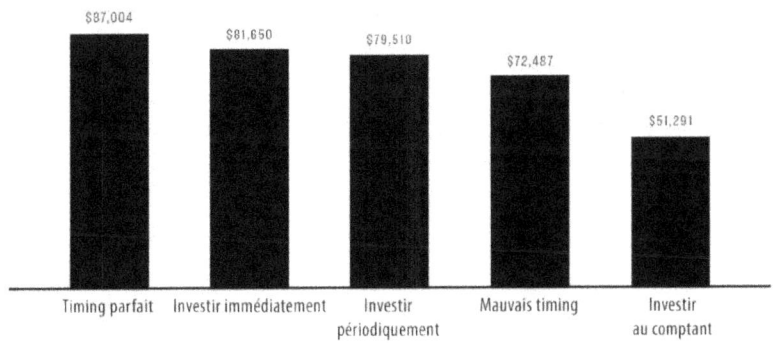

APPRENDRE À VOLER
J'apprends à voler, mais je n'ai pas d'ailes.
—TOM PETTY

Vient un temps où les oisillons doivent quitter le nid et prendre leur envol. De nombreux investisseurs ont déjà essayé, mais se sont retrouvés face contre terre. De retour dans le nid, ils cherchent de nouveau le moment propice pour s'envoler.

Si nous regardons l'histoire, nous ne trouvons aucun exemple du marché boursier ayant volé un seul dollar à qui que ce soit. Quelqu'un qui n'avait aucune notion d'investissement et se contentait d'acheter des parts dans le S&P 500 a engrangé d'immenses bénéfices ces 10, 20 et 30 dernières années. Des tonnes d'argent ont été perdues, cependant, par les investisseurs qui ont fait des erreurs de portefeuille ou qui se sont tournés vers des conseillers qui ont fait des erreurs de timing ou de choix de titres. Et encore plus a été perdu en théorie par ceux qui ont gardé leur argent au lieu de l'investir. Un investisseur qui est entré en bourse, quel que soit le moment, aurait probablement plus d'argent aujourd'hui que s'il l'avait gardé en espèces. Regardons un peu les investisseurs soi-disant les moins chanceux :

Ceux qui ont investi juste avant le krach de 1987 :	S&P 500 à 334
Ceux qui ont investi juste avant la récession du début des années 1990 :	S&P 500 à 363
Ceux qui ont investi la veille du 11 septembre :	S&P 500 à 1 096
Ceux qui ont investi au plus haut de la bourse en 2007 :	S&P 500 à 1 526

Figure 8.11 VOLATILITÉ DU MARCHÉ EN PERSPECTIVE
La volatilité du marché à court terme peut être éprouvante même pour les investisseurs les plus disciplinés. L'histoire apporte une perspective et montre que la volatilité n'est que le prix payé par les investisseurs pour les retours des actions à long terme.

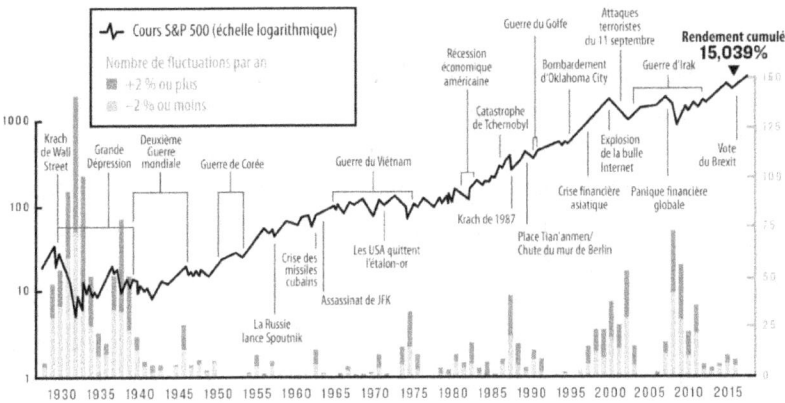

Bien que ces individus aient investi au « mauvais » moment, ils s'en sont quand même sortis bien mieux que l'oisillon resté au nid, qui attendait le « bon » moment pour prendre son envol. À l'heure où j'ai écrit ces lignes, le S&P 500 était à 2 830, mais cela n'inclut pas les dividendes, qui ont atteint 2 % en moyenne et équivalent à plus de 460 points supplémentaires depuis 2007. Même les investisseurs qui ont investi au pire moment sont bien au-delà des « investisseurs » qui gardent leur agent en attendant que les choses « se calment ».

Beaucoup prennent peur en lisant des titres comme « Le marché est à un record absolu ». Eh bien, c'est souvent vrai, *mais ça arrive tout le temps*. Si cela vous semble trop effrayant d'investir à ce moment, il y a de fortes chances que vous ne soyez jamais prêt.

La réponse à cet argument, bien sûr, est qu'il vaut toujours mieux investir après une correction des cours ou un krach ; cependant, personne ne sait quand ceux-ci arriveront et, surtout, quels sommets le marché aura atteint avant qu'ils n'arrivent. Si le Dow passe de 25 000 à 26 000, puis redescend à 25 000, qu'avez-vous accompli en restant assis sur votre argent à part passer à côté de dividendes ? De plus, je n'ai toujours pas rencontré d'investisseur qui soit nerveux à un indice Dow de 25 000, mais soit super confiant en investissant à un Dow de 23 000. Si vous êtes nerveux quand la situation est trop belle, vous ne vous sentirez pas mieux d'avoir investi quand ça n'ira plus très fort. Quelle que soit la crise du jour, soyez assuré que le marché trouvera un moyen de survivre et de continuer, comme toujours. La figure 8.11 illustre bien ce point.

Le marché fait ce que le marché fait. Comprendre que les corrections des cours et que les marchés baissiers sont fréquents et normaux et qu'aucun gestionnaire de placements, économiste ou pronostiqueur ne peut anticiper les tendances du marché est une étape importante vers la compréhension du fonctionnement des marchés. Pour les investisseurs disciplinés, le moment pour investir est toujours aujourd'hui, et ce uniquement parce qu'hier n'est plus possible. Maintenant que vous avez des connaissances pour vous servir d'ailes, vous êtes prêt à prendre votre envol en bourse.

CHAPITRE NEUF
TOUT EST DANS VOTRE TÊTE

par Peter Mallouk

La qualité qui prime chez l'investisseur est le caractère, pas l'intellect.
—WARREN BUFFETT

Les humains ne sont pas vraiment programmés pour être de bons investisseurs ; nous ne sommes tout simplement pas faits comme ça. Nous avons tendance à nous méfier du changement tout en étant impulsifs, et nous prenons souvent des décisions basées sur des émotions ou des « intuitions » plutôt que sur des faits. Nous avons tous des préjugés, innés et acquis, qui peuvent nous mener sur la mauvaise pente. Avant que vous ne vous en rendiez compte, votre itinéraire si bien planifié vous a fait tomber du bord d'une falaise ! Pour rester sur la bonne voie, vous devez être conscient de ces biais et vous protéger contre eux.

La plupart des gens que l'idée d'investir excite plongent dans les recherches, lisent des lettres d'information sur le market timing ou le stock picking, ont recours à des services en ligne et regardent constamment les informations économiques. Ils s'imaginent que plus ils ont d'informations en main, plus ils s'y connaîtront et moins ils risqueront de faire des erreurs. Comme vous le savez déjà, l'investissement ne fonctionne pas vraiment comme ça. Si vous êtes doué d'un certain intellect et que vous comprenez les principes de base de ce livre, vous surpasserez sans doute la plus grande majorité des investisseurs. La clé est de ne pas tout foutre en l'air.

Malheureusement, il existe de nombreuses manières, justement, de foutre les choses en l'air. Jusqu'ici, nous avons analysé les stratégies qui ont plus de chances de faire plus de mal que de bien, comme s'allier à un courtier ou essayer d'anticiper le marché. Mais d'après mon expérience, rien ne cause plus de destruction financière que les erreurs émotionnelles des investisseurs. La clé est de reconnaître ces impulsions comportementales afin de pouvoir vous protéger sciemment de ces erreurs. Allons voir.

PEUR, CUPIDITÉ ET LE TROUPEAU
Soyez craintif quand d'autres sont avides et avide quand les autres sont craintifs.

—WARREN BUFFETT

Dans une interview en 2014, l'ancien président de la Réserve fédérale des États-Unis Alan Greenspan réfléchissait à tout ce qu'il avait appris. Curieusement, plutôt qu'une analyse économique ou historique, il a préféré partager ses observations du comportement humain :

> *Si vous pouvez serrer les dents et parvenir à ignorer les déclins à court terme du marché, ou même les déclins à plus long terme du marché, vous vous en sortirez bien. Je veux dire par là que si vous investissez tout votre argent dans des actions, que vous rentrez chez vous et que vous ne regardez pas votre portefeuille, vous vous en sortirez bien mieux que si vous essayez de faire des opérations boursières. La raison en est cette asymétrie entre la peur et l'euphorie.[72] Les meilleurs opérateurs boursiers et investisseurs sont ceux qui reconnaissent que le biais asymétrique entre la peur et l'euphorie est un concept négociable et qui ne peut échouer pour cette raison précise. Donc il y a des stabilités très importantes ici, mais elles s'accompagnent surtout de statistiques bonnes à jeter, d'analyses de pacotille et de plus de*

---

72 Le prétentieux qui utilise le mot euphorie au lieu de cupidité. Du pareil au même.

lettres financières qu'on ne devrait en autoriser l'écriture. C'est vraiment assez ridicule.

Au fil de sa carrière, Greenspan a appris que presque tout est du bruit et que les meilleurs investisseurs sont ceux qui ne laissent pas la peur les pousser à vendre et embrassent l'opportunité d'acheter quand les autres sont frileux. Greenspan ne soutient en réalité qu'un seul concept négociable : contrôlez votre peur et votre avidité. Contrôlez vos émotions, évitez le troupeau, et les choses se passeront probablement bien. C'est une perspective assez intéressante venant de la personne qui était considérée comme la plus puissante sur terre pendant une grande partie de son mandat.

Figure 9.1 DOW JONES (DJIA)
1 JANVIER 2016 — 31 DÉCEMBRE 2016

La figure 9.1 montre une année typique à la Bourse, ainsi que quelques commentaires colorés pour accompagner chaque fluctuation du marché. Vous semblent-ils familiers ? Ce genre de commentaire reflète la peur et la cupidité qui alimentent bon nombre des pires décisions boursières. La peur et la cupidité sont deux des forces les plus puissantes (et des pires défauts) dans nos vies. Elles affectent la manière dont nous vivons notre vie de tous les jours et peuvent avoir des conséquences désastreuses pour les investisseurs. Bien que les légendes de l'investissement sachent comment contrôler ces émotions, les investisseurs débutants pourraient se laisser piéger, d'autant que les médias économiques et populaires alimentent la frénésie avec l'aide de « gourous » et experts de la Bourse. La peur et la cupidité, combinées à notre instinct grégaire, mènent à la catastrophe assurée.

En tant qu'êtres humains, nous sommes nés avec l'instinct grégaire, le désir de suivre le troupeau et d'être rassurés par le consensus. Quand les marchés chutent et que chaque voix dans notre oreille, de la presse à nos amis, crie « Abandonne le navire », notre instinct de suivre le troupeau (combiné à la force irrésistible de la *peur*) nous pousse à faire de même. Quand les marchés remontent et que les voix dans notre tête nous disent : « Investis tout », notre instinct grégaire (combiné à la force tout aussi irrésistible de la *cupidité*) nous encourage à rejoindre le groupe.

Bien que l'instinct de suivre le troupeau puisse nous avoir bien servi quand nos ancêtres chassaient le mammouth, il est devenu l'ennemi de nos portefeuilles. La peur pousse les investisseurs à quitter les marchés sous-performants, et la cupidité les pousse à investir dans les marchés surper-formants, les entraînant dans la *mauvaise* direction au *mauvais* moment. C'est ce qui arrive pratiquement à tous les marchés haussiers et à tous les marchés baissiers, comme le montre la figure 9.2.

Malgré la hausse continuelle des marchés, les investisseurs font invariablement des dégâts irréparables à leurs portefeuilles en se laissant aller à la peur et la cupidité. Lors de marchés baissiers, les investisseurs deviennent souvent des vendeurs nets (vendant plus d'actions qu'ils n'en achètent) ; s'ils n'avaient rien fait, ils auraient touché des gains plus significatifs. Les investisseurs avisés considèrent plutôt les marchés baissiers comme des opportunités d'acheter plus, ce que l'on appelle souvent un *rééquilibrage opportuniste*. Les reculs significatifs du marché offrent aux investisseurs l'opportunité d'acheter davantage des actifs qu'ils désirent dans leur portefeuille à prix réduit, aussi ils vendent une portion de leurs obligations pendant les régressions pour acheter plus d'actions. C'est une stratégie qui ajoute énormément de valeur à leur portefeuille durant le rétablissement qui suit inévitablement. Cette approche paye toujours ; la seule question est de savoir combien de temps cela prendra. Durant sa carrière bien remplie, Warren Buffet a conservé ses positions d'investissement pendant les périodes de panique boursière et a simultanément et agressivement ajouté des parts à son portefeuille substantiel. Son conseil aux investisseurs avisés « d'être craintifs quand les autres sont avides et avides quand les autres sont craintifs » est sage pour ceux qui veulent éviter les pièges de la peur, de la cupidité et du troupeau.[73]

Figure 9.2 CASH-FLOW DES INVESTISSEURS

	Date	Pondération du rendement	Cash-flow des investisseurs les deux années précédentes (en millions)		Performance de la Bourse (cumulative)	
			Fonds d'actions	Fonds d'obligations	2 années précédentes	2 années suivantes
Marché haussier début années 90	31/01/1993	34 %	-	-	-	-
Pic marché haussier	31/03/2000	62 %	393 225	5 100	41 %	- 23 %
Creux marché baissier	28/02/2003	40 %	71 815	221 475	- 29 %	53 %
Pic marché haussier	31/10/2007	62 %	424 193	173 907	34 %	- 29 %
Creux marché baissier	28/02/2009	37 %	- 49 942	- 83 921	- 51 %	94 %

---

73   Je considère plus avisé de suivre ses conseils en investissement plutôt qu'en alimentation. Warren est connu pour manger un McDo tous les jours au petit-déjeuner, suivi par plusieurs Coca cerise, et ça ne va pas en s'améliorant ensuite.

Le Dr Frank Murtha, cofondateur de la firme d'étude du comportement économique MarketPsych, a dit, « Investir est stressant, et ce stress peut nous pousser à prendre des décisions émotionnelles, généralement basées sur la peur, pendant les périodes boursières difficiles ». Il ajoute que les décisions basées sur la peur entravent l'accomplissement d'objectifs financiers parce qu'elles sont basées sur des besoins émotionnels et non financiers, spécifiquement sur le désir de « reprendre le contrôle ». Retirer l'émotion de vos décisions financières est crucial pour réussir en bourse. En plus de vous éviter de prendre en catastrophe des décisions irréfléchies, cela permet de tirer parti des opportunités offertes par la volatilité du marché. Plutôt qu'être une force destructrice, la volatilité devrait représenter un outil de croissance future.

BIAIS DE CONFIRMATION

*Le biais de confirmation est notre ennemi le plus cher —
il est le résultat d'années passées à choisir sélectivement de faire
attention uniquement à l'information qui confirme ce que
nos esprits limités acceptent déjà comme une vérité.*

—INA CATRINESCU

Après quelques réunions avec des clients à New York, j'ai invité mon équipe locale à dîner. Ils ont vivement recommandé une steak-house locale. Je leur ai expliqué que venant de Kansas City, j'étais ouvert à tout, mais que je m'y connaissais très bien en steaks et en barbecue. À leur tour, ils ont *insisté* sur le fait que New York avait tout simplement les meilleurs steaks du pays. Nous en avons débattu un peu, et puis, sans surprise, nous avons terminé à la steak house. Le serveur est arrivé avec un chariot exhibant superbement tous les morceaux de bœuf. Il a pris son temps pour vanter son étalage, pour finir par l'aloyau.

Le serveur a expliqué que c'était leur meilleur morceau et l'a recommandé plus que tous les autres. Puis il a terminé en ajoutant : « En fait, il est arrivé de Kansas City ce matin ! » Évidemment, j'ai entendu exactement ce que je voulais entendre : que Kansas City avait les meilleurs steaks. Mes collègues ont soutenu que c'était également la preuve que New York avait le meilleur de tout, tout le temps ! Et voici, mes amis, comment le biais de confirmation fonctionne.[74]

Le *biais de confirmation* est la tendance de chacun à chercher et à privilégier les informations qui confirment ses préconceptions et croyances et à éviter, sous-évaluer ou ne pas prendre en compte les informations qui entrent en conflit avec ses croyances. Prenons l'exemple de la politique. Un individu conservateur pourrait choisir de lire le *Wall Street Journal*, le *Weekly Standard ou National Review*, de regarder le Drudge Report en ligne, d'écouter Rush Limbaugh, Sean Hannity ou Glenn Beck à la radio et de regarder FOX News. À l'inverse, une personne libérale pourrait choisir de lire le *New York Times*, de lire les articles du *Huffington Post* et de Salon.com en ligne, d'écouter NPR et de regarder John Oliver, Bill Maher ou MSNBC. Ces deux individus cherchent des sources d'information qui vont confirmer leurs idées, tout en évitant celles qui entrent en conflit avec leurs croyances. À quelle fréquence cherchez-vous des chaînes d'info, sites web ou commentateurs politiques qui épousent des vues opposées aux vôtres ? Si vous êtes comme la majorité des gens, vous passez probablement la majeure partie de votre temps à valider ce que vous croyez déjà vrai.

Tout le monde pense avoir raison sur tout — de la politique fiscale à la manière correcte de dérouler un rouleau de papier WC[75] — et cherche constamment à valider ces croyances. Nos cerveaux ont du mal à assimiler de nouvelles idées, qui ne correspondent pas à ce que nous savons déjà (ou pensons savoir), un phénomène que les psychologues appellent *dissonance cognitive*. À la place, il nous est bien plus facile d'accepter les informations additionnelles qui

---

74 Je dois reconnaître que c'était un fantastique aloyau de Kansas City.
75 Les experts disent que par-dessus est la manière correcte. Pour ceux qui souffrent de TOC comme moi, n'hésitez pas à déposer ce livre et à « corriger » aussitôt tout rouleau de papier toilette qui ne respecte pas cette norme chez vous.

correspondent déjà aux faits tels que nous les percevons. Peut-être n'est-ce pas surprenant, mais les personnes extrêmement intelligentes font tout le contraire : elles cherchent les points de vue opposés, défient leurs propres idées et, à l'occasion, changent même d'avis. Les investisseurs avisés font pareil.

De nombreuses indications étayent le fait que le biais de confirmation joue un rôle majeur dans les décisions de la plupart des investisseurs. Par exemple, un investisseur qui aime un placement particulier va probablement chercher des informations (dans des forums en ligne, par exemple) qui valident son choix de placement. Même un investisseur accompli comme Warren Buffet dit qu'il devient parfois victime du biais de confirmation ; il règle le problème en se tournant activement vers des investisseurs dont les opinions bien ancrées sont opposées aux siennes.

Si un placement en particulier vous intéresse, je vous recommande de le défier avec rigueur. Comment cet investissement pourrait-il aller de travers ? S'il allait perdre en valeur, comment cela se produirait-il ? Quels risques sont associés à ce placement ? En vous forçant à reconnaître les failles potentielles d'une stratégie particulière, vous vous ouvrez à de nouvelles idées et croyances opposées aux vôtres. Et cela fait de vous un meilleur investisseur.

EXCÈS DE CONFIANCE

Le problème avec ce monde est que les personnes intelligentes sont pleines de doutes, tandis que les personnes stupides sont pleines de certitudes.

—CHARLES BUKOWSKI

Récemment, les membres d'une firme qui gère un fonds de placement alternatif sont venus dans nos bureaux pour nous présenter leurs idées d'investissement. Ils ont parlé avec beaucoup d'assurance et utilisé des mots comme *certitude et sans risque*. J'ai été immédiatement inquiet. Un bon conseiller financier sait qu'il existe de nombreuses inconnues, et que pratiquement rien dans le monde de l'investissement n'est « certain » ou « sans risque ». Les représentants de cette firme nous ont convaincus que soit ils ne comprenaient pas vraiment le marché, ce qui expliquait leur excès de confiance, soit ils le comprenaient, mais étaient prêts à en cacher les risques. Quoi qu'il en soit, notre intérêt a vite diminué. L'excès de confiance qu'ils projetaient a suffi pour que mon équipe les remercie pour leur temps et rejette leur offre de considérer leur proposition.

L'effet d'excès de confiance stipule que la confiance *subjective* qu'un individu porte à son jugement est infailliblement supérieure à sa justesse *objective*, surtout quand la confiance est relativement élevée. Pour faire simple, les gens ont tendance à penser qu'ils sont meilleurs et plus intelligents qu'ils ne le sont vraiment. C'est différent de se fier à vos capacités, ce qui est une mesure de confiance plus raisonnable ; c'est plutôt croire que vos capacités vous rendent supérieur à tout le monde.

Dans son livre *The Psychology of Judgment and Decision Making* (« La psychologie du jugement et de la prise de décision ») Scott Plous a écrit « l'excès de confiance a été appelé le plus 'généralisé et potentiellement catastrophique' de tous les biais cognitifs dont l'être humain est victime. Il a été à l'origine de procès, de grèves, de guerres, et de bulles et krachs boursiers ». Ce n'est pas une exagération. D'innombrables études analysent l'immense impact de l'excès de confiance : 93 % des apprentis conducteurs pensent être des conducteurs supérieurs à la moyenne, 94 % des professeurs d'université pensent être des professeurs supérieurs à la moyenne, et bonne chance pour trouver quelqu'un qui ne s'imagine pas être supérieur à la moyenne au lit.[76] Une étude liée à la morale des étudiants a toujours été une de mes préférées : 79 % ont déclaré que leur morale était supérieure à la moyenne, malgré le fait que 27 %

---

76 Qui voudrait affirmer le contraire !

admettaient avoir volé dans un magasin par le passé et que 60 % révélaient avoir triché à un examen durant l'année écoulée![77]

L'effet d'excès de confiance a également été étudié dans le monde de l'investissement, avec des résultats révélateurs. Les professeurs d'économie Brad Barber et Terrance Odean ont comparé la performance en investissement des hommes à celle des femmes. Après avoir étudié les schémas d'opérations boursières de 35 000 ménages sur une période de cinq ans, ils ont découvert que l'excès de confiance qu'avaient les hommes dans leurs capacités résultait en 45 % d'activité spéculative en plus par rapport à leurs homologues féminines. Or, non seulement cet excès de spéculation résultait en une sous-performance des hommes par rapport aux femmes, avec un retour moyen annuel plus faible de 2,65 %, mais les hommes payaient également plus de frais et taxes sur leurs transactions. Pécher par excès de confiance est onéreux.

Qu'en est-il des professionnels ? Après tout, ils ont accès à bien plus d'informations sur les entreprises, à des logiciels d'analyse sophistiqués et à des formations spécialisées. Si vous ne pouvez pas vous fier à vos propres capacités, vous pouvez au moins vous fier aux leurs, non ? Eh bien, la recherche a montré que quand des analystes en placements étaient sûrs à 80 % qu'une action allait grimper, ils n'avaient raison qu'environ 40 % du temps. En 2006, James Montier a demandé à 300 gestionnaires de fonds professionnels d'évaluer leur performance ; 74 % des gestionnaires pensaient que leur performance professionnelle était supérieure à la moyenne. Andrew Zacharakis et Dean Shepherd ont démontré que quand on demandait à des spécialistes du capital risque quelle confiance ils portaient aux chances de succès de leur portefeuille d'entreprise, 96 % d'entre eux étaient excessivement confiants ! Ce qui nous mène à une étude importante sur l'excès de confiance. Dans le journal *Psychology of Intelligence Analysis*, Richards Heuer a étudié

---

[77] La recherche montre que quand quelqu'un dit qu'il est confiant à 99 %, il est en réalité confiant à 80 %. Je n'arrive plus à me le sortir de la tête, parce que tout le monde dit ça tout le temps, et je ne peux plus les prendre au sérieux.

les biais cognitifs des analystes de la CIA. Une découverte clé de son étude était qu'une fois qu'un analyste disposait d'une quantité d'information *minimale* pour apporter un jugement éclairé, les informations additionnelles n'augmentaient pas la *justesse* du jugement, uniquement la *confiance* dans le jugement, jusqu'à atteindre un excès de confiance.

Ceci met en évidence ce qui se trouve à la source du problème de l'excès de confiance : nous autres humains interprétons les *informations* additionnelles comme un surplus *d'intelligence*. Au lieu de nous apporter plus de perspectives, les informations additionnelles servent souvent à renforcer nos croyances et nos convictions. Sur le marché, cela joue souvent en notre défaveur. Plus les investisseurs recherchent et rassemblent des informations, plus ils se sentent contraints de spéculer et, plus ils spéculent, plus ils s'éloignent de leurs objectifs. En fin de compte, l'investisseur trop confiant génère des efforts et du stress inutiles, une perte d'argent et de temps précieux.

Si vous pensez être trop intelligent pour être victime de cet effet,[78] voici une dernière pépite issue de l'étude de Plous : « Les écarts entre justesse et confiance ne sont pas liés à l'intelligence du preneur de décision. » Non seulement cela, mais il y a des indications significatives que plus une personne est intelligente, plus elle tend à pécher par excès de confiance. Peut-être que moins on en sait, mieux on se porte, finalement !

---

[78] Ce serait ironiquement excessivement confiant de votre part !

ANCRAGE

L'ancrage heuristique semble être très répandu dans les processus de décision humains.

—TODD MCELROY ET KEITH DOWD

Dans les années 1970, les psychologues Daniel Kahneman et Amos Tversky ont identifié l'effet « d'ancrage », une étude qui a ouvert grand la porte à un biais cognitif qui influence toutes sortes de choses. *Ancrage* est un terme utilisé par les psychologues pour expliquer comment le cerveau prend des raccourcis mentaux pour atteindre des conclusions. En bref, nous avons tendance à dépendre excessivement de la première information qui entre dans notre cerveau. Cette information est « l'ancre ». Une fois l'ancre ancrée, toutes nos décisions futures tournent autour d'elle, ce qui contamine la pensée rationnelle. Si vous n'êtes pas sûr de la bonne réponse, vous serez probablement victime du biais d'ancrage et devinerez la réponse sur base de l'information la plus récente que vous avez entendue. Par exemple, si on vous demande si la population du Zimbabwe est plus ou moins de 20 millions, vous donnerez une réponse. Si, ensuite, on vous demande quelle est la population du pays, vous donnerez probablement une réponse assez proche de 20 millions.[79]

Les négociateurs novices et expérimentés comprennent l'ancrage. Le premier prix lancé dans une négociation devient souvent l'ancre pour toutes les discussions suivantes. Les spécialistes du marketing ont également exploité l'effet d'ancrage pour influencer les habitudes de consommation des consommateurs. Lors d'une expérience fascinante,[80] Brian Wansink, Robert Kent et Stephen Hoch ont installé un étalage de soupes Campbell, accompagné d'un panneau avec leur prix (79 centimes) et le fait qu'il n'y avait pas de limite au nombre de conserves que les clients pouvaient acheter. Ils ont ensuite installé un autre étalage pour le même prix, mais avec un panneau qui disait

---

79 En 2019, la population du Zimbabwe était de 14,65 millions d'habitants. Vous étiez si proche !
80 On m'a déjà dit que j'étais vite fasciné.

« limite de 12 par personne ». Les clients qui ont acheté de la soupe sans limite ont acheté en moyenne 3,3 boîtes de conserve, alors que les clients qui ont acheté de la soupe avec une « limite » de 12 ont acheté en moyenne 7 boîtes de conserve. Les acheteurs se sont ancrés sur le nombre 12, lui ont donné un sens (par exemple : « Ouah ! L'offre doit être vraiment bonne pour que le magasin ne veuille pas que j'en achète trop ou ils perdront de l'argent »). Il existe quantité d'autres études sur l'effet d'ancrage. Il est réel, frappant et fait de nombreuses victimes depuis des années !

Où est-ce que je veux en venir avec tout ceci ? Sur le marché boursier, l'effet d'ancrage est souvent le prix d'achat de votre action. Si vous achetez une action à 50 $, mais que sa valeur tombe ensuite à 30 $, vous pourriez la garder jusqu'à ce qu'elle remonte à 50 $ (ou en acheter plus parce que vous pensez qu'elle vaut les 50 $ que vous avez payés initialement). Si, à la place, son cours passe de 50 à 70 $, vous pourriez vendre l'action, en pensant qu'elle est surévaluée, parce que le prix est plus élevé que les 50 $ que vous l'avez payée. Dans ces situations, votre prise de décision est obscurcie par votre ancre. De nombreux investisseurs se font avoir par l'ancrage lorsqu'ils achètent une action qui vient de chuter beaucoup (« C'est une affaire, maintenant ! ») ou lorsqu'ils n'achètent pas une action qui a atteint un nouveau sommet (« Elle est bien trop surcotée, maintenant ! »). La réalité, c'est que le cours d'une action est souvent assez proche de ce qu'il devrait être, avec un nombre égal d'acheteurs d'un côté et de vendeurs de l'autre. L'investisseur pense uniquement que c'est une « bonne affaire » ou qu'elle est « surcotée » en raison du sens dans lequel l'ancre s'est déplacée. En ayant conscience de l'effet d'ancrage, vous pouvez éviter de conserver trop longtemps des actions perdantes et de vendre des actions gagnantes trop tôt. Et peut-être que vous pourrez économiser un peu d'argent dans les magasins aussi.

L'ILLUSION DU CONTRÔLE
Figure 9.3

CALVIN ET HOBBES © 1988 Watterson. Réimprimé avec la permission de ANDREWS MCMEEL SYNDICATION. Tous droits réservés

Les gens aiment avoir l'impression qu'ils ont le contrôle ou, du moins, qu'ils sont responsables des conséquences de leurs actions. Si vous êtes nerveux en voiture, vous savez exactement de quoi je parle. Cela ne vous dérange pas d'être dans un véhicule tant que vous avez les mains sur le volant et les pieds sur les pédales. Conduire la voiture vous donne *l'impression* d'avoir le contrôle de la situation.

L'illusion du contrôle est définie comme notre tendance à surestimer notre capacité à contrôler les évènements, même d'assumer la responsabilité des conséquences qu'il nous est pourtant impossible d'influencer. Pensez au trajet que vous empruntez pour aller travailler ou pour rejoindre une autre destination fréquente. Vous pensez sans doute que vous pouvez contrôler le temps qu'il vous faudra pour y arriver en minutant votre départ et en suivant le meilleur itinéraire. Dans la réalité, les limitations de vitesse, le trafic, le minutage des feux, les accidents aléatoires, les oies qui traversent la route et la présence de travaux sont non seulement les facteurs déterminants de la durée de votre trajet, mais sont également en dehors de votre influence. En bref, parfois nous pouvons exercer de l'influence sur une situation, mais ne confondons pas influence et contrôle.

Cet effet est observé dans d'autres domaines de la vie aussi.[81] La psychologue Ellen Langer, qui a nommé cet effet, a mené une expérience sur la loterie. Les participants étaient autorisés à choisir leurs propres numéros ou recevaient des tickets avec des numéros choisis au hasard. Ils avaient ensuite le choix entre échanger leur ticket contre un ticket qui avait plus de chances de gagner. Langer a découvert que ceux qui avaient choisi leurs propres numéros rechignaient davantage à les échanger. Bien que ces loteries soient complètement aléatoires, les participants agissaient comme si le fait qu'ils avaient sélectionné les numéros avait une influence sur le résultat.

De nombreuses personnes se comportent de cette manière avec leurs placements. Les investisseurs ont souvent plus de mal à renoncer aux positions qu'ils ont choisies ou qu'ils connaissent, même si un portefeuille plus diversifié augmenterait leur probabilité d'atteindre leurs objectifs. Les investisseurs avisés savent que leurs actions n'ont pour la plupart aucune influence sur la performance de leur portefeuille ; c'est le marché qui la contrôle.

AVERSION À LA PERTE ET AVERSION À LA DÉPOSSESSION
Et si vous l'essayiez pour voir ?
—ABSOLUMENT TOUS LES VENDEURS DE BIJOUX

Daniel Kahneman et Amos Tversky sont connus pour leurs recherches sur *l'aversion à la perte*, le biais qui fait que les humains attachent plus d'importance à *éviter* une perte qu'à *remporter* un gain.

---

81 Tout un livre pourrait être écrit sur le fait qu'être parent est l'illusion suprême du contrôle.

Autrement dit, nous craignons de perdre plus que nous n'apprécions de gagner. Des recherches approfondies sur ce biais comportemental montrent que nous ressentons deux fois plus de peine à perdre que de plaisir à gagner.

Lors d'une de leurs études, ils ont divisé un échantillon de participants en deux : un groupe avait des stylos avec une étiquette de 3,98 $ et l'autre n'avait pas de stylos. Ensuite, ils ont demandé au groupe sans stylos combien ils paieraient pour acheter un stylo et au groupe avec stylos pour combien ils vendraient leurs stylos. Le groupe sans stylos a évalué les stylos à un coût bien moindre que le groupe avec stylos. Pourquoi ? La réponse est simple : le groupe avec stylos ne voulait pas avoir l'impression d'y perdre en vendant à moins de 3,98 $, et le groupe sans stylos ne voulait pas avoir l'impression d'y perdre en payant plus de 3,98 $.

Êtes-vous allé dans une bijouterie dernièrement ? Les vendeurs vous proposent toujours de prendre les bijoux en main ou de les essayer, pour voir. Ils se servent de l'aversion à la perte pour vous convaincre d'acheter leur produit. Dans cette forme d'aversion à la perte, aussi appelée *aversion à la dépossession* ou *biais du statu quo*, une fois que vous avez un stylo, un bijou ou un autre article en main, vous avez l'impression qu'il est à vous et vous n'avez pas envie de le perdre.[82]

L'aversion à la perte fait sans doute plus de dégâts chez les investisseurs que chez tout autre groupe. C'est pour cette raison que les investisseurs gardent leur argent tout en sachant fort bien qu'ils sont en train de perdre leur pouvoir d'achat. Cela fait des décennies que le rendement moyen du marché monétaire est bien en deçà du taux d'inflation ; pourtant, les investisseurs sont prêts à perdre un peu d'argent chaque jour pour éviter les pertes perçues comme plus importantes des vrais investissements. Mais en suivant un tel plan, le pouvoir d'achat de votre argent pourrait être diminué de moitié en à peine 24 ans !

---

82 « Voyons voir si ce collier vous va. » « Je parie que ce chemisier vous irait à ravir. Essayez-le pour voir. » « Et si vous alliez faire un tour d'essai avec la voiture ? »

C'est à cause de l'aversion à la perte que vous ne voulez pas jeter le jean qui ne vous va plus depuis 1994, le pull que vous n'avez pas porté depuis 2003 et toutes les affaires qui restent entassées, abandonnées, dans votre garage. C'est à cause de l'aversion à la perte que vous vous raccrochez à une action bien après qu'elle a chuté. Vous ne voulez pas reconnaître la perte, ce qui vous forcerait à reconnaître que vous avez fait une erreur. Mieux vaut donc attendre qu'elle récupère (peut-être), pas vrai ? Quand je parle avec des clients qui ont un placement qu'ils refusent de vendre tant qu'il n'est pas remonté, je leur pose une simple question : « Si vous aviez de l'argent comptant au lieu de cette action, en sachant ce que vous essayez d'accomplir, achèteriez-vous la même action aujourd'hui ? » La réponse est presque toujours non et, alors, nous savons que l'investisseur s'y raccroche par crainte de perdre. Comprendre l'impact de l'aversion à la perte sur notre processus de décision peut nous aider à devenir de meilleurs investisseurs.[83]

COMPTABILITÉ MENTALE

Puisque la conscience ne peut traiter que quelques pensées en même temps, elle essaie constamment de grouper des choses pour rendre la complexité de la vie plus gérable. Au lieu de compter chaque dollar que nous dépensons, nous groupons nos dollars en achats particuliers.
Nous dépendons de raccourcis trompeurs parce qu'il nous manque la puissance de calcul pour penser autrement.

—JONAH LEHRER

Richard Thaler est connu pour son travail dans le champ de l'économie comportementale et pour avoir identifié et défini la *comptabilité mentale*, le processus qui nous pousse à diviser nos actifs courants et futurs en portions séparées, non transférables.

---

[83] Et empêcher tout ce fatras de faire de nous des candidats pour le prochain épisode de Hoarders !

Lors d'une étude sur l'impact de la comptabilité mentale, on a demandé aux participants d'imaginer le scénario suivant : vous avez décidé d'aller voir un film et avez payé 10 $ pour un ticket. Alors que vous entrez dans le cinéma, vous découvrez que vous avez perdu le ticket ! Malheureusement, le ticket ne peut pas être récupéré. Payeriez-vous 10 $ de plus pour un autre ticket ? Seuls 46 % des participants ont répondu qu'ils achèteraient un nouveau ticket. Les participants ont ensuite dû imaginer un autre scénario : vous avez décidé d'aller voir un film dont le prix d'entrée est de 10 $ par ticket. Alors que vous entrez dans le cinéma, vous découvrez que vous avez perdu un billet de 10 $. Payeriez-vous toujours 10 $ pour un ticket de cinéma ? Bien que l'impact économique soit exactement le même que dans le premier scénario, 88 % des participants ont répondu oui ; ils achèteraient un ticket !

Dans ces deux scénarios, les participants devaient décider s'ils allaient dépenser 10 $ pour un ticket, alors qu'ils avaient perdu 10 $. La différence dans leur réponse est attribuable à l'effet puissant de la comptabilité mentale. Une fois que les participants avaient acheté un ticket, ils l'avaient assigné à la colonne « divertissement » de leurs comptes mentaux. Ils avaient déjà perdu ce budget pour voir un film, alors ils n'allaient pas le doubler en achetant un autre ticket. Ceux du deuxième groupe avaient perdu 10 $; cependant, ils n'avaient pas encore assigné les 10 $ au divertissement et étaient donc prêts à acheter un ticket malgré leur perte antérieure. L'étude montre que nous ne visualisons pas chaque dollar de la même manière, même si cela aurait plus de bon sens financier si c'était le cas.

La recherche du psychologue Hal Arkes nous montre que la comptabilité mentale est la raison pour laquelle les remboursements d'impôts et les gains de loterie sont souvent dépensés rapidement. La comptabilité mentale place ces fonds dans la colonne « argent gratuit ». La sociologue Viviana Zelizer, en référence à une étude sur le marché de la prostitution à Oslo, note que le principe s'applique aussi à comment les professionnelles du plus vieux métier du monde dépensent leurs revenus. Il s'avère que les prostituées utilisent leurs allocations et assurances maladie pour payer le loyer et d'autres factures, et l'argent qu'elles gagnent en vendant leur corps pour acheter des drogues et de l'alcool. Il semble que la comptabilité mentale soit enracinée dans la condition humaine.

La comptabilité mentale affecte la manière dont nous décidons tous les jours, mais elle ne devrait pas affecter les investisseurs avisés. Les investisseurs qui regardent chaque placement de manière individuelle et séparée créent des comptes mentaux séparés pour chaque part. Si vous tenez des comptes d'investissement séparés, gardez à l'esprit que vous ne devriez pas les juger individuellement, mais plutôt vous demander s'ils contribuent de manière appropriée à votre objectif à long-terme. En regardant le tableau d'ensemble, vous pourrez juger bien plus facilement si vous êtes sur la bonne voie pour atteindre vos objectifs à long terme. Regarder chaque action ou placement un à un peut déclencher la comptabilité mentale et entraîner de mauvaises décisions. Une manière d'étouffer l'impact de la comptabilité mentale dans les investissements est d'agréger autant d'investissements que possible sur un seul compte. Voir le tout vous aidera à prendre des décisions plus judicieuses.

LE BIAIS DE LA RÉCENCE

Les investisseurs projettent dans le futur ce qu'ils ont vu le plus récemment. C'est leur habitude immuable.

—WARREN BUFFETT

Le *biais de récence* est la tendance à projeter les expériences et observations récentes dans le futur. Ceci nous permet de faire des prédictions sur l'avenir basées sur des évènements du passé récent.[84]

---

[84] Le biais de la récence est la raison pour laquelle mon fils de 17 ans ne pourra pas rentrer après minuit à son prochain bal d'école. C'est aussi la raison pour laquelle il veut rentrer après minuit à son prochain bal d'école.

Malgré les nombreuses facultés incroyables du cerveau humain, nous dépendons de schémas identificateurs pour nous aider à simplifier notre processus de prise de décision. Parfois, les schémas que nous observons peuvent être utiles. Si vous voyez un véhicule de patrouille au même endroit plusieurs jours d'affilée, vous allez faire attention à limiter votre vitesse dans cette zone. Cependant, lorsqu'il s'agit d'investir, le biais de récence peut être coûteux et dangereux.

Des études montrent que les courtiers ont tendance à pousser les actions « chaudes » qui ont surperformé sur le marché l'année précédente, même si leurs recommandations n'atteignent pas leurs objectifs l'année suivante. Les investisseurs ont tendance à graviter autour de placements qui ont grimpé pendant de nombreux mois consécutifs, s'attendant à ce que la tendance continue, pour arriver juste à la fin de la soirée, passant à côté de tous les gains et participant à la place à toutes les pertes. Après que la bulle Internet et le 11 septembre ont entraîné des marchés baissiers, de nombreux investisseurs ont anticipé un autre marché baissier et sont passés à côté de la reprise qui a suivi. Après la crise financière de 2008-2009, de nombreux investisseurs ont considéré chaque baisse du marché comme un indicateur d'un krach boursier imminent.

Si seulement le marché fonctionnait vraiment comme ça. Mais à la place, quelle que soit l'année, il y a une bonne chance que le marché finisse dans le positif, peu importe comment il a terminé l'année précédente. De plus, il y a une bonne probabilité qu'il y ait une correction des cours, indépendamment de ce qui s'est passé dans les semaines, mois ou l'année précédents. Un investisseur peut s'attendre à environ deux marchés baissiers quelle que soit la décennie, et ce indépendamment de ce qui s'est passé la décennie précédente. Tout comme tomber sur pile trois fois d'affilée quand vous jouez à pile ou face ne change pas la probabilité de tomber sur face la fois suivante, le passé récent n'est pas un indicateur fiable de la tendance des marchés.

Une façon de contrer les effets du biais de récence est d'imposer un système de gestion de l'argent discipliné. Par exemple, si votre portefeuille comprend 60 % d'actions et 40 % d'obligations, vous pourriez vous autoriser à rééquilibrer aux proportions initiales uniquement quand votre allocation s'éloigne de plus de 5 %. En adoptant une approche systématique pour vos décisions de placements, vous aidez à empêcher les évènements boursiers récents d'influencer vos actions.

Le biais de récence peut avoir des implications positives et négatives dans la vraie vie. S'il n'est pas contrôlé, il entraîne souvent plus de mal que de bien quand il s'agit d'investir.

AVERSION À LA PERTE « MYOPE »
*Si nous sommes assez calmes et prêts,
nous trouverons une compensation dans chaque déception.*
—HENRY DAVID THOREAU

Les personnes qui réussissent le mieux sont celles qui ne laissent pas l'échec faire dérailler leurs objectifs et leurs rêves. Notre instinct naturel est de baisser les bras et de fuir quand une situation devient difficile, plutôt que de réessayer ou de mettre en place une nouvelle stratégie. Nous avons tendance à nous concentrer sur les résultats à court terme plutôt que sur les objectifs à long terme, particulièrement si les choses ne se passent pas comme prévu initialement. Les experts en comportement financier appellent cela *l'aversion à la perte « myope »*.

Nous enseignons à nos enfants à remonter en selle quand ils tombent de vélo pour la dixième fois, mais nous avons besoin que quelqu'un fasse de même pour nous. Même si nous comprenons et acceptons une stratégie d'investissement, il peut être difficile de garder le cap si la stratégie ne fonctionne pas immédiatement, peu importe que nous soyons d'accord sur le fait qu'elle devrait fonctionner sur le long terme. Les investisseurs veulent souvent se défaire d'un actif qui ne génère pas de retour immédiat.

Comprendre vos placements et leur raison d'être dans votre portefeuille est essentiel pour éviter l'aversion à la perte myope. Trop souvent, nous nous arrêtons aux détails de performance du jour d'un placement sans considérer son objectif dans le portefeuille. Des études ont montré que les investisseurs placent souvent des échéances arbitraires pour évaluer l'efficacité d'un actif ou d'une stratégie d'investissement ; ils choisissent par exemple de réévaluer après un an, même si ce n'est pas un point de référence approprié pour ce placement.[85] Un portefeuille intelligent est structuré pour avoir des actifs qui apportent une valeur avec le temps, que ce soit demain ou dans dix ans (ou plus). Si vous n'avez pas prévu de vendre un actif aujourd'hui, son cours actuel est hors de propos.

Les investisseurs fortunés ont souvent une composante capital-investissement dans leur portefeuille, au sujet duquel vous en apprendrez plus au chapitre suivant. Il est attendu que certains de ces investissements commencent par générer des retours négatifs ! Presque chaque type d'investissement a une grande fourchette de négociation (de grandes fluctuations de ses cours), couplé à une performance à court terme imprévisible ; pourtant, ces catégories d'actifs ont une performance à long terme assez prévisible. Pour contrôler l'instinct d'aversion à la perte myope, soyez-en conscient ! Tant que vos besoins n'ont pas changé et que la composition de votre portefeuille s'aligne toujours avec vos objectifs, donnez à vos investissements le temps dont ils ont besoin pour montrer leur valeur.

---

85 Vérifier vos placements toutes les heures n'est pas une manière efficace d'évaluer l'efficacité de votre portefeuille.

BIAIS DE NÉGATIVITÉ

Encore et encore, l'esprit réagit aux mauvaises choses plus vite, plus fort et plus systématiquement qu'aux bonnes choses équivalentes.

—JONATHAN HAIDT

Le *biais de négativité* fait référence à notre nature humaine, qui nous rappelle les expériences négatives plus nettement que les expériences positives, ainsi que les actions conscientes et subconscientes que nous prenons pour éviter les conséquences négatives.

Tout comme l'aversion à la perte, le biais de négativité est une force puissante. Teresa Amabile et Steven Kramer ont découvert que les moindres revers ou contretemps durant une journée de travail affectaient l'humeur des travailleurs deux fois plus que les avancées positives. Selon les chercheurs, nous apprenons également plus vite de renforcements négatifs que de renforcements positifs. En analysant notre langue, les chercheurs ont découvert que 62 % des mots pour les émotions et 74 % des mots pour les traits de personnalité étaient négatifs.[86] Cela ne semble pas être une réaction acquise, puisque la recherche montre que le biais de négativité est présent chez les jeunes enfants. Lorsqu'on leur demande si une expression faciale est bonne ou mauvaise, les enfants perçoivent les visages positifs comme étant bons, mais les visages négatifs et neutres comme étant mauvais. Même les bébés montrent des signes de biais de négativité, selon les chercheurs.

Étant donné la force avec laquelle nous réagissons aux évènements négatifs, il ne devrait pas nous surprendre que nos fils d'actualité en soient remplis. Vous êtes bien plus susceptible d'entendre parler du dernier cambriolage dans le quartier plutôt que du taux de criminalité en baisse. Et pendant une saison politique, la campagne d'un candidat est presque toujours une attaque négative dirigée contre l'adversaire plutôt qu'un manifeste de ses propres vertus.

---

86 La recherche sur le biais de négativité n'est certainement pas le travail le plus inspirant ou exaltant qui soit.

Ce sont des tentatives flagrantes de puiser dans notre biais de négativité et de susciter une réaction émotionnelle plus puissante.

Le biais de négativité est apparent dans le monde de l'investissement. C'est cette perspective orientée vers le pessimisme qui pousse les investisseurs à vouloir vendre pendant les corrections des cours ou marchés baissiers. Passer à de l'argent comptant est une manière pour les investisseurs d'éviter l'expérience négative de voir leur position chuter. Succomber au biais de négativité est particulièrement tentant quand des évènements récents sont toujours frais dans nos esprits, ce que les chercheurs comportementalistes appellent « *vividness* » (ou « *intensité* » de l'expérience). Par exemple, après que les investisseurs ont vécu un marché baissier sévère comme la crise financière de 2008-2009, ou la pandémie du coronavirus, le biais de négativité les fait réagir de manière excessive à la moindre correction, les pousse à liquider dans leur panique qu'une autre crise soit imminente.

Comme pour tout autre biais comportemental, la clé pour atténuer les effets du biais de négativité est de reconnaître son existence, pour pouvoir vous rendre compte quand vous y succombez et vous arrêter avant de vous faire du mal, à votre portefeuille et à vous-même. Le biais de négativité est si fort que nous avons dédié le premier chapitre de ce livre à le surmonter !

BIAIS « HOME RUN »
I want it all, and I want it now.
—FREDDIE MERCURY, QUEEN

Nous avons tous une tendance à vouloir obtenir les meilleurs résultats le plus vite possible plutôt que de nous concentrer sur les changements positifs qui s'accumulent au fil du temps. C'est ce qu'on appelle le *biais « home run »*, dont les régimes à la mode sont un excellent exemple. Nous savons tous que la clé pour perdre du poids de manière durable est de consommer moins de calories et de faire plus d'exercice ; or, des millions de gens essaient de prendre un raccourci grâce à des pilules, détoxication à l'aide de jus et régimes extrêmes.[87] Investir est très semblable : les investisseurs veulent faire un home-run plutôt que de se concentrer sur les retours sur le long terme *durables*.

L'inconvénient pour les investisseurs qui cherchent à faire un home-run tout de suite est pareil que pour les joueurs de baseball : vous allez le plus souvent être éliminé. À la place, les joueurs qui essaient de faire un bon coup de batte à chaque fois auront de meilleurs résultats à long terme (ainsi que plusieurs home run). Votre philosophie de placement devrait prendre la même approche : posséder les actifs les plus appropriés pour vos objectifs et tirer parti des opportunités du marché. Vous ferez vos propres « home run » en chemin, mais surtout, vous éviterez de vous faire éliminer du « jeu » (de perdre votre indépendance financière).[88]

LE JOUEUR
Vous devez savoir quand les tenir, savoir quand les plier, savoir quand partir et savoir quand courir.
—KENNY ROGERS

Certains sont des *spéculateurs*, qui traitent le marché comme leur propre casino en misant sur une poignée d'actions, en faisant des opérations en bourse, en anticipant le marché dans l'espoir de gagner gros ou de surpasser le reste de la Bourse.[89] La plupart des gens préfèrent être des *investisseurs*, suivre une stratégie répétable et disciplinée qui cherche à améliorer les chances

---

87 Comme mon ami qui a perdu pas mal de poids en ne consommant que des carottes. Il n'a mangé que ça pendant une semaine. Il a perdu du poids mais, en plus de ça, il est devenu orange. Sérieux.
88 Je le jure, c'est la dernière analogie sur le sport !
89 La dernière mode des joueurs sont les cryptomonnaies, qui ont enrichi une poignée de gens, pendant que la plupart des autres perdaient.

d'atteindre leurs objectifs à long terme. De nombreux autres tombent dans les deux camps.

Le désir de jouer est inné. L'industrie du jeu est bâtie autour de cette physiologie et psychologie : quand nous gagnons, notre corps libère des endorphines (ce qui nous fait ressentir de l'euphorie), et pousse nos cerveaux à vouloir continuer à jouer. Quand nous perdons, nos cerveaux nous poussent à continuer à jouer pour que les endorphines soient de nouveau libérées et éviter la peine émotionnelle entraînée par une autre perte.[90] Les casinos savent comment exploiter cette faiblesse à leur avantage : ils pompent plus d'oxygène dans l'air pour que nous restions vifs d'esprit et nous tentent avec des boissons gratuites pour réduire nos inhibitions. Ils savent que plus nous jouons, plus ils y gagneront.

Nous avons déjà parlé du fait que la spéculation active joue en votre défaveur, mais cela bénéficie à la « maison » — dans ce cas, les maisons de courtage. La spéculation active génère des frais, qui sont des revenus pour le courtier. Pensez aux publicités pour ces firmes, qui promeuvent des transactions gratuites ou à faible coût, qui vous encouragent à choisir les placements gagnants, vous donnent accès à des outils sophistiqués pour vous offrir des « connaissances » sur le marché. Pensez-vous que ce soit une coïncidence si votre plateforme d'investissement en ligne ressemble à un casino, avec du rouge et du vert, des bandeaux déroulants, des images qui clignotent et des bruits de machines à sous ?

Le joueur en nous n'est pas facilement réprimé. Sur le long terme, investir tous nos actifs d'une manière qui s'aligne avec une stratégie globale vous apporte les meilleures chances de succès. Mais si vous ne pouvez faire taire votre joueur intérieur, envisagez d'ouvrir un compte séparé avec une petite quantité de titres avec lesquels vous pouvez « jouer ». De cette manière, vous

---

90 Les casinos s'en sortent si bien parce que le jeu est alimenté par tellement des biais que nous couvrons dans ce chapitre. Et puis, ils offrent souvent le buffet gratuit.

pourrez apprécier l'excitation du jeu sans compromettre votre indépendance financière.

BIAIS POLITIQUE

Peut-être avez-vous entendu aux infos que nous autres Américains sommes assez divisés en termes de politique. Cette division, encouragée par les médias qui ne nous montrent que ce que nous voulons voir, s'est creusée au fil des ans. En réalité, le gouffre est *si* grand que j'ai vu de nombreux investisseurs faire du mal à leur portefeuille en prenant des décisions d'investissement importantes sur base de leurs opinions politiques. En 2008, quand Obama a été élu président, la presse financière est devenue hystérique, affirmant que le socialisme était en marche et détruirait les marchés. Au lieu de ça, le marché a connu une de ses meilleures périodes durant ses huit ans de présidence. Quand Trump a été élu président en 2016, la presse économique a affirmé que les marchés seraient incapables de gérer son imprévisibilité, que la menace d'une guerre entraînerait un effondrement boursier et que ses polices mettraient un terme au fonctionnement de la Bourse. À la place, les marchés ont connu une de leurs meilleures années et, pour la première fois, chaque mois de l'année suivant son élection a terminé en gain.

Conclusion : le marché se moque de qui est assis dans le bureau ovale. Le marché ne s'inquiète que de ses gains futurs (rentabilité de l'entreprise). Bien qu'une multitude de facteurs influencent les gains futurs, peu d'entre eux sont affectés par qui est élu président des États-Unis. Ces facteurs sont certes importants, mais pas assez pour compenser la multitude d'autres sur lesquels le président n'exerce aucun contrôle, comme les taux d'intérêt. Que vous soyez de droite ou de gauche, vous devriez franchement rester au milieu en tant qu'investisseur. Ne prenez jamais de décisions de portefeuille basées sur le parti politique au pouvoir.

LIBÉREZ VOTRE ESPRIT

Bien que cette digression des bases de la planification et de l'investissement ressemble à une diversion, je pense que nous avons établi que ce n'est tout simplement pas le cas. Aucune planification, aucun investissement, ne peut compenser une erreur comportementale majeure (et évitable !) en chemin. Comme En Vogue l'a dit en 1992, « Libérez votre esprit, et le reste suivra ».

CHAPITRE DIX

CATÉGORIES D'ACTIFS

par Peter Mallouk

En moyenne, 90 % de la variabilité des retours est expliquée par l'allocation des actifs.
—ROGER G. IBBOTSON

À ce stade, nous avons couvert plusieurs aspects importants du paysage de l'investissement. D'abord, vous avez appris comment le marché fonctionne : ses hauts et ses bas (et le fait qu'il faut s'y attendre), sa croissance globale et comment il peut bénéficier aux investisseurs sur le long terme. Ensuite, vous avez découvert les aptitudes mentales nécessaires pour rester discipliné pendant les fluctuations du marché : vous ne pouvez pas vous laisser distraire par les médias, les courtiers ou votre propre peur. Armé de ces nouvelles connaissances, vous êtes maintenant prêt à passer aux placements. Nous allons donc commencer par un tour des principales catégories d'actifs, de comment elles fonctionnent et de leur rôle dans le portefeuille d'un investisseur.

ARGENT LIQUIDE : L'ILLUSION DE LA SÉCURITÉ

Une chose que je vais vous dire, c'est que l'argent liquide est le pire investissement que vous puissiez avoir. Tout le monde dit que « l'argent est roi » et tout ça. L'argent liquide ne fera que perdre en valeur, alors que les bonnes sociétés prendront en valeur au fil du temps.
—WARREN BUFFETT

Si je vous demande quelles sont les catégories d'actifs risquées, vous pourriez me répondre les marchandises (c.-à-d. or, pétrole), l'immobilier, les actions et même certaines obligations. Le liquide se place peut-être en dernier sur votre liste. Cependant, l'argent liquide a de nombreux risques inhérents. D'abord et avant tout, c'est la catégorie d'actifs la moins performante de toute l'histoire.[91] Sur le long terme, le liquide a toujours rapporté moins que toutes les autres grandes catégories d'actifs. Plus longtemps vous conservez une portion significative de votre patrimoine en liquide, plus il est probable que le rendement de votre portefeuille soit mauvais.[92]

Deuxièmement, conserver du liquide pendant de longues périodes garantit pratiquement que vous ne suivrez pas l'inflation et perdrez en pouvoir d'achat. Essentiellement, votre argent perd en valeur chaque année tandis que le prix des marchandises augmente et que votre argent reste statique. Supposons que vous ayez 100 000 $ en banque et gagniez environ 1 % par an pendant dix ans. Peut-être vous sentez-vous bien lorsque vous retirez votre argent ; cependant, les 1 % que vous avez touchés n'ont pas suivi la hausse du prix d'un timbre, d'un costume, d'une barre chocolatée, des soins de santé ou de l'éducation universitaire. Vous pensez peut-être avoir gagné de l'argent, alors qu'en réalité, vous avez perdu un pouvoir d'achat précieux.

De nombreux « investisseurs » gardent leur argent au comptant parce qu'ils anticipent le marché. Ils veulent « être parés ». Ils font ceci bien qu'il n'y ait jamais eu d'étude documentée, réelle, montrant que passer systématiquement du marché au comptant avant de retourner sur le marché fonctionne. Après tout, vous devez savoir exactement quand sortir *et* quand rentrer, puis être en mesure de répéter systématiquement ce procédé. Or, il suffit que vous vous brûliez les ailes une fois pour que la performance de votre portefeuille soit affectée de manière permanente. Mais vous le savez déjà, car nous avons consacré tout un chapitre au market timing !

---

91 Bon début, n'est-ce pas ?
92 Les gestionnaires de portefeuilles professionnels le savent, et ils ont même un terme pour ça : réserve liquide. La réserve liquide entraîne des retours moindres.

Enfin, de nombreux investisseurs gardent leur argent dans l'éventualité d'un Armageddon financier, une situation où la Bourse dégringole jusqu'à zéro ou presque et ne se remet jamais. Dans la réalité, si nous vivions dans un monde où Amazon, Nike, McDonald's et le reste des plus grandes enseignes du monde coulaient pour ne jamais remonter, cela s'accompagnerait probablement d'un défaut de paiement du gouvernement américain sur les bons du Trésor.

Comment le gouvernement pourrait-il rembourser ses dettes d'obligations si toutes les plus grandes entreprises américaines coulaient ? Qui travaillerait et payerait des impôts pour couvrir les remboursements de dettes ? Dans ce cas, la garantie du FDIC (Federal Deposit Insurance Corporation) sur vos comptes en banque ne voudrait plus rien dire et l'argent liquide perdrait toute valeur. Si vous ne croyez pas que les plus grandes sociétés américaines puissent survivre, alors la conclusion naturelle est que l'économie américaine elle-même est condamnée. Dans ce cas, l'argent liquide pourrait être le pire actif à posséder.[93] Malgré cela, les Américains restent actuellement assis sur des milliards de dollars en liquide, plus que durant toute l'histoire.

Garder des réserves à portée de main est une bonne idée à court terme ; accumuler l'argent liquide comme si c'était un investissement à long terme ne l'est pas. Éliminez l'argent liquide en tant qu'actif de votre portefeuille d'investissement.

---

93 Un bunker, de la nourriture en poudre et des kits de survie ressemblent soudain à d'excellents investissements.

OBLIGATIONS

Si nous pouvions tout simplement appeler toutes les obligations des « prêts », le monde les comprendrait bien mieux.

—QUELQU'UN QUI N'APPRÉCIE PAS COMBIEN LA FINANCE S'EST COMPLIQUÉE[94]

Lorsque vous achetez une obligation, vous faites un prêt à une entreprise, à un gouvernement ou à une autre entité. Les obligations sont des prêts d'argent. C'est tout.[95] Lorsque vous prêtez de l'argent au gouvernement fédéral, le prêt s'appelle un *bon au Trésor*. Lorsque vous prêtez de l'argent à une ville, un état ou un comté, le prêt s'appelle une *obligation municipale*. Lorsque vous prêtez de l'argent à une entreprise comme Netflix ou Microsoft, le prêt s'appelle une *obligation d'entreprise*. Lorsque vous prêtez de l'argent à une société qui doit payer un taux d'intérêt plus élevé pour attirer des investisseurs, ce prêt s'appelle une *obligation à rendement élevé*,[96] plus souvent surnommée obligation à haut risque ou *obligation de pacotille*.[97]

Des obligations sont émises lorsque ces entités veulent emprunter de l'argent au public ; acheter une obligation vous place donc dans le rôle du prêteur. Supposons que Target veuille réunir 100 millions de dollars. Il est probable qu'aucun individu ou institution ne voudra prendre le risque de prêter autant d'argent à une société, alors la société va émettre un certain nombre d'obligations pour des montants moins élevés, disons en échelons de 25 000 $, pour obtenir le montant total dont elle a besoin. Cela permet à de nombreux investisseurs de participer à l'offre d'obligations. Comme pour tout autre prêt, un taux d'intérêt est payé à l'investisseur pendant une certaine durée (le *terme*). À la fin du terme (date d'*échéance* de l'obligation), le montant prêté (25 000 $ dans notre exemple) est rendu à l'investisseur.

---

94 Source : bibi.
95 Les obligations paraissent souvent bien plus compliquées qu'elles ne le sont vraiment, en grande partie à cause du secteur financier qui fait ce qu'il peut pour embrouiller tout le plus possible.
96 Terme couramment employé dans le secteur.
97 Terme qui dit ce que c'est vraiment.

Le taux d'intérêt varie selon l'entité qui emprunte l'argent. Les deux principaux facteurs qui dictent le taux d'intérêt que payera une entité sont la solvabilité du prêt et le terme.

D'abord, voyons comment la solvabilité (la qualité de crédit) affecte le taux d'intérêt. Beaucoup pensent que prêter de l'argent au Trésor des États-Unis est l'investissement le plus sûr au monde, raison pour laquelle vous touchez un rendement moins élevé que si vous aviez prêté de l'argent à une entreprise. Le risque qu'une entreprise fasse faillite et ne rembourse pas ses obligataires est plus élevé que le risque que le gouvernement américain ne rembourse pas ses prêts.[98] Pour tenter les investisseurs au risque de prêter de l'argent à une ville, un état, un pays étranger ou une entreprise, ces emprunteurs doivent vous offrir un rendement après impôt plus élevé. À toutes autres choses égales, plus le rendement offert est élevé, plus le risque que vous prenez est élevé. C'est ce qui s'appelle le *risque de crédit*.

Les obligations sont notées par des agences, qui leur assignent un score sous forme de lettre (tout comme vous avez une notation pour votre indice de solvabilité). Fitch et Standard & Poor utilisent des échelles identiques (AAA est la meilleure notation, suivie par AA+, AA, AA-, etc.), et Moody emploie une autre échelle pour refléter la même information (Aaa est la meilleure notation, suivie par Aa1, Aa2, etc.). Toute obligation notée BBB- ou au-dessus sur l'échelle de Fitch/S&P (ou Baa3 et au-dessus sur l'échelle de Moody) est classée comme titre de qualité, et toute obligation notée en dessous est un *titre spéculatif* (de pacotille).[99]

---

98 Certains n'hésiteraient pas à insérer ici un scénario de fin du monde. Dans notre exemple, le gouvernement fédéral est le seul émetteur d'obligations qui peut descendre en courant et imprimer des dollars pour rembourser ses dettes. Du moins, les seuls à pouvoir le faire légalement.

99 Les professionnels des obligations à fort rendement devraient embaucher une meilleure équipe marketing.

À présent, voyons l'effet du terme du prêt sur le taux d'intérêt. Par exemple, si vous vouliez prêter de l'argent au gouvernement fédéral pour une période de 10 ans à compter d'aujourd'hui, le gouvernement vous paierait un taux d'intérêt très bas ; cependant, si vous consentiez à prêter le même montant pour une période de 30 ans, l'intérêt que le gouvernement vous paierait serait plus élevé. Ce principe s'applique également aux obligations municipales et d'entreprises : plus longtemps vous prêterez votre argent, plus le taux d'intérêt payé sera élevé. La raison est simple : plus longtemps vous prêtez l'argent, plus le *risque de perte sur les taux d'intérêt* est élevé.[100] Il est vrai que si vous gardez l'obligation que vous avez achetée jusqu'à son échéance, vous récupérerez tout votre argent, ainsi que tous les intérêts qui vous sont dus ; cependant, il y a deux facteurs à considérer.

Premièrement, si vous prêtez de l'argent au gouvernement fédéral pendant 30 ans à un taux de 2,6 %, il est très possible que durant cette période, les taux augmentent. Supposons que l'économie devienne plus forte et que la banque centrale augmente les taux d'obligations à 10 ans à 4 %. Si, à un moment donné avant le terme, vous voulez vendre votre obligation à 30 ans, vous allez devoir la vendre à un prix réduit. Supposons que vous vouliez la vendre après 20 ans. Pourquoi voudriez-vous conserver votre obligation à 10 ans à un taux de 2,6 % alors que le gouvernement offre des taux d'obligations à 10 ans de 4 % ? Deuxièmement, si vous gardez votre obligation jusqu'à son échéance, vous êtes passé à côté du rendement plus élevé que vous auriez reçu si vous aviez investi dans des obligations plus rentables plus tard.

Une fois que vous comprenez les risques de crédit et de perte sur les taux d'intérêt, il devient plus facile de comprendre le cours des obligations. Il n'est pas rare de penser qu'une obligation vaut mieux qu'une autre parce qu'elle a

---

100 Pour digresser un peu, parfois, les participants au marché paient moins pour des obligations à plus long terme, auquel cas la courbe de rendement est dite « inversée ». C'est souvent le signe (1) d'une récession potentielle imminente, quand les investisseurs sont clairement prêts à lier de l'argent à long terme pour moins de rendement qu'à court terme, ce qui veut dire que l'avenir n'est pas très rose et (2) d'une hystérie collective dans la presse financière.

un meilleur rendement, alors qu'elle est simplement plus risquée, soit parce qu'elle est émise par une entreprise moins bien notée, soit parce que le terme est plus long.

Les obligations sont bien moins risquées que les actions, car les remboursements sont garantis. Les remboursements de titres sont des obligations contractuelles, ce qui veut dire que l'entreprise doit vous rendre votre argent, alors que les dividendes en actions (qui sont des distributions des bénéfices) sont facultatifs, ce qui veut dire que l'entreprise peut cesser de les payer quand ça lui chante. Pour cette raison, si vous conservez une obligation jusqu'à son échéance et que l'émetteur de l'obligation ne fait pas faillite, vous récupérez votre prêt initial en plus des intérêts. Les obligations sont une catégorie d'actifs qui livrent des rendements calendaires positifs environ 85 % du temps. Notez cependant que les obligations sont une catégorie d'actifs très vaste, avec un large éventail de retours attendus. Alors, les obligations ont-elles une place dans votre portefeuille ? Les obligations à court et moyen terme, de haute qualité et diversifiées, satisfont les besoins des investisseurs dans les deux à sept années suivantes. Les obligations sont également des ressources importantes pour les investisseurs qui aiment garder des fonds disponibles pour acheter quand le marché baisse ; un portefeuille d'obligations très liquides vous permet de récupérer facilement de l'argent pour acheter des actions de manière opportuniste. Un portefeuille d'obligations diversifiées peut également correspondre aux besoins des investisseurs plus conservateurs, qui ne supportent pas la volatilité des marchés et ont un portefeuille d'investissement assez large pour que les obligations accumulent à elles seules le rendement nécessaire à leurs besoins.

ACTIONS
Derrière chaque action se trouve une entreprise.

—PETER LYNCH

Lorsque vous achetez une action, vous possédez des parts d'une société réelle. Vous passez également de consommateur à actionnaire, ce qui représente un changement de perspective important. Souvent, la presse économique et financière donne l'impression qu'investir en bourse, c'est comme jouer à la loterie ou aller au casino. Ce n'est pas du tout le cas. Comprenez que lorsque vous acquérez une action d'une entreprise cotée en bourse, *vous possédez en réalité une partie d'une société en exploitation*. Cela peut vous aider à prendre de meilleures décisions quant à ce que vous voulez acheter (et pourquoi). En tant qu'actionnaire, vos parts prendront ou perdront en valeur sur base de la fortune perçue de la société. De nombreuses actions paient également des *dividendes*, des distributions trimestrielles de bénéfices à leurs actionnaires.

Historiquement, les actions ont un rendement moyen d'environ 9 à 10 % par an, bien que de nombreux experts pensent que les actions rapporteront probablement significativement moins dans le futur proche. Quoi qu'il en soit, les actions font partie des investissements dont le retour attendu est le plus élevé. Elles sont également extrêmement volatiles, et il n'est pas rare que leur cours chute de 20 à 50 % ou plus toutes les quelques années. Investir en bourse est déconseillé aux âmes sensibles.

Les actions ont un rendement attendu à long terme plus élevé que les obligations en raison du concept de *prime de risque*, ce qui veut dire que plus vous prenez de risque, plus la récompense pourrait être élevée en retour. Comprenez que si les actions n'avaient pas un taux de retour attendu plus élevé que les obligations, personne n'en achèterait. Vous vous imaginez appeler votre conseiller et dire : « J'aimerais toucher un retour d'obligation, mais à la place, achetez-moi quelque chose qui peut fluctuer en valeur jusqu'à 50 %. » Cela vous paraît vraiment préférable ?

Alors, les actions ont-elles une place dans un portefeuille d'investissement ? À long terme, rien ne reflète aussi bien l'expansion économique que la Bourse. Si vous croyez que l'économie et les entreprises s'en sortiront mieux dans dix ans qu'aujourd'hui, vous devriez allouer certains de vos placements aux actions boursières. Toutefois, à court terme, les actions sont extrêmement imprévisibles.

Dans les faits, elles ont tendance à chuter environ une année sur quatre. Il arrive fréquemment que le cours des actions dégringole, parfois pour des raisons légitimes, parfois sans raison. Par conséquent, tout argent dont vous avez besoin pour atteindre des objectifs à court terme *ne devrait pas* être investi en bourse. Ces placements sont idéaux pour vous aider à atteindre vos objectifs à long terme, comme la retraite.

IMMOBILIER
*N'attendez pas pour acheter de l'immobilier ;
achetez de l'immobilier et attendez.*
—WILL ROGERS

Les investisseurs peuvent également se tourner vers des titres immobiliers cotés en bourse. Leur achat se fait généralement à travers des sociétés d'investissement immobilier cotées (SIIC) ou fiducies de placement immobilier (FPI) cotées en bourse. Les SIIC possèdent des biens immobiliers commerciaux (bâtiments industriels, immeubles d'habitation et centres commerciaux, par exemple, par opposition à votre domicile) et d'autres propriétés qui génèrent des revenus.

Les investisseurs apprécient les SIIC, car elles ne se comportent pas exactement comme des actions, même s'il est important de noter qu'elles sont généralement en phase avec le marché et lui correspondent à certains moments, particulièrement en temps de crise. Parce que les SIIC se comportent différemment des actions, elles peuvent aider à diversifier votre portefeuille. Elles peuvent également apporter une très bonne diversification au sein du marché immobilier lui-même. Supposons que vous ayez 100 000 $ à investir dans l'immobilier ; une option est d'acheter une petite propriété à louer dans une petite ville, une autre est d'acheter des parts dans une SIIC et de posséder une petite portion de milliers de propriétés commerciales appartenant à différents segments du marché (appartements, industriel, entrepôts et ainsi de suite) dans tout le pays.

Les SIIC génèrent souvent davantage de revenus de dividendes que les actions, souvent le double ou plus, car les revenus de location nets sont redistribués aux investisseurs. Et qui n'apprécie pas de recevoir un loyer sans les ennuis d'être propriétaire ? Les loyers ont également tendance à augmenter avec l'inflation, donc les SIIC peuvent vous protéger en partie de l'inflation. Enfin, les SIIC sont liquides, ce qui veut dire qu'elles peuvent être échangées comme des actions. Globalement, les SIIC peuvent être un investissement judicieux dans un portefeuille bien diversifié.[101]

MARCHANDISES

Une marchandise est une matière première ou un produit agricole qui peut être vendu ou acheté, tel que de l'énergie comme le pétrole ; des denrées comme le café, le maïs ou le blé ; ou des métaux précieux comme l'or, l'argent et le cuivre. Les marchandises ne génèrent pas de revenus en soi, sont extrêmement

---

101 Avertissement : les FPI privées non cotées sont devenues extrêmement populaires parmi les courtiers parce qu'elles reversent d'énormes commissions. Le problème, c'est qu'elles ne sont PAS liquides et n'ont pas le même niveau de transparence. Évitez-les.

volatiles et souvent plus taxées que d'autres investissements.[102] Prenons par exemple l'un des investissements en marchandises les plus populaires : l'or.

Ce qui motive la plupart des acheteurs d'or, c'est leur croyance que les rangs des inquiets grossiront. Ces dix dernières années, cette croyance s'est trouvée validée. En plus, les prix en hausse ont engendré un surcroît d'enthousiasme, attirant des acheteurs qui voient là une confirmation de leur hypothèse d'investissement. À mesure que les investisseurs prennent le train en marche, ils créent leur propre vérité, du moins pour un certain temps.

—WARREN BUFFETT[103]

De nombreux investisseurs craignent l'effondrement de l'économie globale et pensent que l'or sera la seule véritable monnaie (bien que, dernièrement, les cryptomonnaies lui volent un peu la vedette). D'autres voient l'or comme une valeur sûre si une inflation sévère venait diminuer la valeur de l'argent.

Contrairement aux entreprises, à l'immobilier et à l'énergie, la valeur intrinsèque de l'or est pratiquement nulle. Les entreprises et l'immobilier ont le potentiel de générer des revenus, et les groupes énergétiques ont le potentiel de générer des revenus en plus de fournir l'une des ressources les plus essentielles à l'économie globale. De son côté, l'or ne génère aucun revenu et n'est pas une ressource cruciale. Historiquement, l'or a été moins performant que les actions, l'immobilier, l'énergie et les obligations, et a à peine suivi le rythme de l'inflation. Chaque fois que l'or s'en est très bien sorti et a vu son cours grimper, il a fini par dégringoler. Enfin, en plus d'être loin d'égaler les performances des actions et même des obligations, l'or reste l'une des catégories d'actifs les plus volatiles sur le long terme. L'or n'a de place que dans

---

102 Jusqu'ici, pas génial.
103 Également une citation de Buffett, plus divertissante : « l'or est extrait d'un trou en Afrique ou ailleurs. Ensuite, on le fond, on creuse un autre trou, on l'enterre à nouveau et on paie des gens pour le garder. Il n'a aucune utilité. Quelqu'un qui nous regarderait de la planète Mars resterait perplexe. »

le portefeuille des peureux et des spéculateurs. Si vous possédez de l'or dans votre portefeuille, attendez-vous à ce qu'il ne génère aucun revenu, à payer plus d'impôts sur vos retours, à une attraction plus volatile que le marché boursier et à un retour sur le long terme inférieur à celui des obligations. Je passe.

Figure 10.1 COURS ANNUEL MOYEN DE L'OR AJUSTÉ À L'INFLATION (1914-2018) EN DOLLARS DE MARS 2018

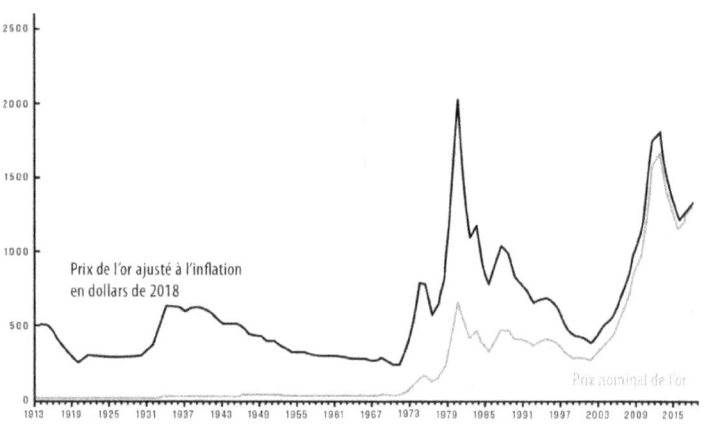

INVESTISSEMENTS ALTERNATIFS

Demandez à 100 personnes de définir ce qu'est un « investissement alternatif » et vous recevrez 100 réponses différentes. Ici, nous allons les analyser sous deux angles qui permettent de visualiser la vaste majorité du marché. *Investissement alternatif* signifie souvent « une manière alternative d'investir dans les marchés publics » ou, plus souvent, « des placements qui permettent de gagner des retours sans investir dans les marchés publics ». Les fonds spéculatifs sont l'investissement le plus fréquent dans la première catégorie (spoiler : ce n'est pas mon truc).

Les alternatives les plus courantes aux marchés publics sont des versions privées d'actions, d'obligations et de biens immobiliers. Il existe également un marché privé pour les entreprises qui ne sont pas cotées en bourse. La plupart de ces entreprises appartiennent à des entrepreneurs individuels, mais d'autres appartiennent à l'une des centaines de sociétés d'investissements privés ou fonds de capital-investissement qui acquièrent des entreprises florissantes, qui pourraient bénéficier de leur soutien et de leur capital pour prendre en valeur. Il existe également des fonds immobiliers privés. Vous a-t-on jamais invité à investir dans un développement local, un centre commercial ou un immeuble d'habitation ? C'est de l'immobilier privé.

De nombreux investissements alternatifs ont peu de chances de succès, bien que d'autres puissent grandement aider les investisseurs qualifiés et initiés. Je vais démystifier toutes ces options et plus dans la section suivante.

La plupart de ces investissements alternatifs exigent des investisseurs certains prérequis réglementaires minimums pour pouvoir participer aux offrandes ; certains produits ne sont accessibles qu'aux *investisseurs qualifiés/accrédités* dont la valeur nette dépasse le million de dollars, ou aux *acheteurs/acquéreurs admissibles* dont la valeur nette dépasse les 5 millions de dollars.[104]

FONDS SPÉCULATIFS : LA PIRE FAÇON D'ACHETER DES ACTIONS
Je veux payer plus de frais, plus d'impôts, céder la garde de mon
investissement, ne pas savoir ce qu'il advient de mon
argent et toucher des retours moins performants.
—PERSONNE, JAMAIS

Il existe toutes sortes de fonds spéculatifs, mais les plus courants sont ceux qui investissent dans les actions. En 2008, Warren Buffett a fait un pari à dix ans avec Ted Seides, un associé de la firme de fonds spéculatifs Protégé Partners.

---

104 Ceci est une simplification intentionnelle des règles, mais la morale de l'histoire est que ces types d'investissements ne sont pas accessibles à la plupart des gens.

Warren et Ted ont parié un million de dollars,[105] à être reversés à l'association de bienfaisance de leur choix. Warren affirmait que les fonds spéculatifs ne pouvaient ni battre le marché ni justifier leurs frais, Ted affirmait quant à lui qu'ils le pouvaient certainement, tout en prenant moins de risques. Warren était si confiant qu'il a même laissé Ted choisir les fonds spéculatifs, plutôt que de simplement comparer la performance globale de la Bourse à la performance globale du marché spéculatif. Autrement dit, c'était un pari entre la performance des titres du S&P 500, un panier d'actions cotées en bourse, et cinq des meilleurs fonds spéculatifs, sélectionnés par Seides. Nous verrons les résultats dans une minute.

Je crois fermement en la diversification des catégories d'actifs, y compris les actions, obligations, biens immobiliers et investissements alternatifs ; cependant, des fonds spéculatifs qui investissent en bourse n'ont pas leur place dans un portefeuille. Et ce pour de nombreuses raisons, mais la principale est très simple : *investir dans des fonds spéculatifs, c'est accroître la probabilité de retours moins performants*. Je sais que cela va à l'encontre de la plupart de ce que vous avez entendu au sujet de ce véhicule d'investissement, aussi je vais exposer les faits.

Les fonds spéculatifs sont des fonds d'investissements privés, accessibles aux investisseurs admissibles qui participent à un large éventail d'activités. Certains fonds spéculatifs sont « poussés par les évènements », ce qui veut dire qu'ils tirent profit d'évènements majeurs tels que guerres, pénuries de pétrole, tendances économiques, etc. pour gagner un avantage sur les marchés. Certains sont des fonds courts ou longs, ce qui signifie qu'ils parient sur le fait que certaines actions chuteront et que d'autres grimperont. Certains utilisent des produits dérivés et des stock-options, et beaucoup utilisent des *leviers* ; autrement dit, ils empruntent de l'argent supplémentaire pour l'investir. Ceci ne fait qu'effleurer les différents fonctionnements des fonds

---

105 Un sacré pari, étant donné que je me tends dès que je mise 25 $ au blackjack.

spéculatifs. L'objectif principal de la plupart de ces fonds est de générer un retour sur le marché boursier, voire même un meilleur retour, à une volatilité moindre. En période de sous-performance, comme ces dix dernières années, les gestionnaires de fonds spéculatifs affirmeront que leur rôle est de réduire la volatilité en échange d'un retour moindre. D'après mon vécu, le « retour moindre » est souvent une nouvelle[106] pour les (surtout) associations à but non lucratif et dotations qui investissent dans ces fonds.

À Creative Planning, nous n'investissons jamais dans des fonds spéculatifs, car je sais quels facteurs déterminent les performances futures, et les fonds spéculatifs sont défavorisés *dans chaque catégorie majeure* : taxes, frais, gestion des risques, transparence et liquidité.

Premièrement, pour les individus fortunés, le premier indicateur de performance future, après l'allocation des actifs, sont les taxes. Vous devriez toujours réduire activement votre assujettissement aux impôts. Les fonds spéculatifs font le contraire.[107] En spéculant activement, presque tous les gestionnaires de fonds spéculatifs génèrent bien plus de conséquences fiscales qu'en investissant dans un fonds qui se contente de suivre l'indice boursier. Premier coup.

Deuxièmement, les barèmes d'honoraires de la plupart des fonds spéculatifs sont extrêmement élevés, typiquement des frais de gestion annuels de 1,5 à 2 % que le portefeuille soit en baisse ou en hausse, plus 20 % des bénéfices au-delà

---

106 Après les faits.
107 Oui, je sais, la plupart des institutions ne paient pas d'impôts. Mais vous n'êtes probablement pas une institution.

d'un certain retour (s'il y a des bénéfices).[108] Étant donné que les frais sont un indicateur majeur de performance future, appelons cela le deuxième coup.[109]

Troisièmement, tant que nous discutons des honoraires des gestionnaires de fonds spéculatifs, il est intéressant de noter que le gestionnaire est vivement incité à prendre d'énormes risques avec votre argent. Si le gestionnaire perçoit 2 % quoi qu'il arrive, plus un pourcentage élevé des bénéfices, pourquoi ne pas prendre des risques ? Il n'est pas rare qu'un fonds spéculatif grimpe de 30 %, transforme le gestionnaire en multimillionnaire ou en milliardaire, avant de couler un an plus tard, sans aucune conséquence négative pour le gestionnaire, à part un soupçon de honte qu'il surmontera probablement sans mal.[110] Troisième coup.

Quatrièmement, les fonds spéculatifs ne publient généralement pas leurs avoirs ou leurs stratégies ; par conséquent, les investisseurs n'ont souvent aucune idée de ce qu'ils possèdent ou des risques auxquels ils s'exposent. Dans le cas de la plupart des fonds spéculatifs, vous attendez simplement de recevoir votre déclaration pour voir ce qui s'est passé. Je suis pour la transparence ; à tout moment, vous devriez savoir ce que vous possédez et comment vos investissements se portent.[111]

Enfin, les fonds spéculatifs manquent de liquidité. Ceux qui investissent dans des fonds spéculatifs doivent généralement attendre l'ouverture de « créneaux » de rachat à certains moments de l'année, afin de pouvoir retirer leurs

---

108 Et c'est un grand si. Le taux d'échec des fonds spéculatifs est très élevé. Nous y reviendrons plus tard.
109 Si vous êtes un investisseur institutionnel, prenez note, car ces inconvénients s'appliquent en réalité à votre organisation et sont probablement la raison pour laquelle vos réunions de comité d'investissement débutent par votre consultant essayant de vous convaincre que des retours moindres sont une bonne chose.
110 Voguer au large de la côte d'Amalfi à bord d'un yacht à 100 millions de dollars a cet effet sur les gens, d'après ce que j'entends.
111 Les fonds spéculatifs en tant qu'investissement sont déjà éliminés ; inutile de continuer à compter les coups.

fonds. Ceci contraste vivement avec les fonds indiciels, qui sont hautement liquides et vous permettent de sortir d'une position à tout moment. Renoncer à la liquidité a un sens pour certains investissements, comme l'immobilier privé, mais où est l'intérêt de choisir un investissement fondamentalement liquide, comme des actions cotées en bourse, et de les lier à un véhicule d'investissement non liquide ?

Pourquoi diable quiconque investirait dans un fonds spéculatif en sachant qu'il va payer plus d'impôts et 100 à 500 % de frais en plus, qu'il aura moins de contrôle sur le risque et qu'il perdra en transparence et la capacité de se défaire de l'investissement lorsqu'il le souhaite ?

La réponse est simple : les investisseurs croient que les fonds spéculatifs seront plus performants.[112]

Il n'y a qu'un seul problème : ils ne sont pas aussi performants que les investisseurs le pensent !

Les fonds spéculatifs ne sont ni rares ni spéciaux. Vous pourriez être surpris d'apprendre qu'il existe plus de 10 000 fonds spéculatifs, plus du double du nombre d'actions américaines ! Le Crédit Suisse Hedge Fund Index suit la performance des fonds spéculatifs, et ses données comparatives en disent long : depuis le lancement de l'indice en 1994, une période qui couvre à la fois des marchés haussiers et baissiers, le S&P 500 a surpassé les plus grandes stratégies de fonds spéculatifs d'environ 2,5 % sur base annualisée. De plus, la plupart des fonds spéculatifs sont si peu performants qu'ils ne survivent pas longtemps. Une étude récente a analysé 6 169 fonds spéculatifs uniques (éliminant ceux qui ne sont pas en dollars et les fonds de fonds[113]) entre 1995

---

112 Et qu'ils permettent de se vanter à des soirées cocktail, puisque de nombreux fonds offrent l'exclusivité artificielle d'entrer dans des boîtes de nuit select.
113 Un fonds de fonds n'est qu'une couche superposée de frais. Ce sont des fonds spéculatifs que vous payez pour investir dans d'autres fonds spéculatifs.

et 2009. Des 6 169 fonds qui existaient en 1995, seuls 37 % (2 252) existaient toujours à la fin de l'étude en 2009.

Vous pensez peut-être « Qu'en est-il des meilleurs fonds spéculatifs ? Y a-t-il quelques licornes dont la performance a été extraordinaire pendant de longues périodes de temps ? » Oui, étant donné les milliers de gestionnaires de fonds spéculatifs, statistiquement, il est attendu que l'un ou l'autre performe bien. Mais voici un fait effrayant : les meilleurs fonds spéculatifs sont souvent ceux qui connaissent les chutes les plus spectaculaires. En 1998, Long-Term Capital Management, un fonds géré par des lauréats du prix Nobel et considéré comme l'un des meilleurs fonds spéculatifs de son époque, s'est effondré du jour au lendemain et a failli entraîner les marchés à sa suite. Warren Buffett, qui a souvent répété qu'il considérait les fonds spéculatifs comme des investissements ridicules, a dit du fiasco du Long-Term Capital Management : « Leur QI moyen est probablement aussi élevé que celui de n'importe quelles seize personnes qui travaillent dans une entreprise de ce pays… un intellect incroyable dans ce groupe. Maintenant, combinez cela avec le fait que ces seize personnes avaient une expérience approfondie dans leur domaine… Ces seize cerveaux avaient probablement 350 à 400 ans d'expérience cumulée dans leur domaine d'expertise. Puis ajoutez à cela le troisième facteur : la plupart d'entre eux avaient placé presque toute leur substantielle valeur nette dans leurs affaires… Et ils ont fait faillite… ça, ça me fascine. »[114]

La dernière vedette des fonds spéculatifs en date, John Paulson, a prédit la crise des subprimes et s'est servi de son fonds spéculatif pour parier dessus. Ses investisseurs ont engrangé d'énormes retours, et il a gagné des milliards de dollars, tout ça en un an. Malheureusement pour ses investisseurs, le fonds a chuté de 52 % en 2011 quand le marché était en hausse et, depuis lors, a perdu plus de 29 milliards de dollars de capital. Mais Paulson n'est pas le seul ; depuis 2015, il y a eu plus de faillites que de lancements de fonds spéculatifs.

---

[114] Warren Buffett peut trouver ça fascinant, mais je suis presque sûr que ceux qui ont investi dans ce fonds utiliseraient un autre mot pour le décrire.

Les défenseurs des fonds spéculatifs[115] diront que même si l'objectif des fonds spéculatifs était auparavant de dépasser la performance du marché, leur objectif à présent est simplement de réduire la volatilité du portefeuille et de modérer l'attraction. Cependant, une étude entre 2002 et 2013 a analysé la performance des fonds spéculatifs qui essayaient en grande partie de réduire la volatilité et ont comparé les résultats à un simple portefeuille indiciel constitué de 60 % d'actions et de 40 % d'obligations. En plus de battre les fonds spéculatifs, le portefeuille indiciel *était moins volatil*.

À présent, revenons-en au pari entre Warren Buffett et Ted Seides. À la fin de leur pari à 10 ans, le S&P 500 avait terminé en hausse de 99 %, grimpant en moyenne de 7,1 % par an. Les fonds spéculatifs avaient fini avec un gain de 24 %, à tout juste 2,2 % par an.

Oui, les fonds spéculatifs enrichissent certaines personnes. Mais il est peu probable que ce soit vous.[116]

CAPITAL-INVESTISSEMENT

Les *fonds de capital-investissement* investissent du capital, généralement pendant des années, dans des entreprises privées en échange d'une participation au capital non négociable sur les marchés publics (capital fermé).[117]

Il existe trois catégories principales de capital-investissement : le capital-risque, que beaucoup considèrent comme une catégorie d'actifs à part ; le capital-développement et l'achat à effet de levier ou capital-transmission. Les fonds de *capital-risque* investissent dans les sociétés innovantes en phase de démarrage : des sociétés qui ne font pas de bénéfices, qui n'ont parfois pas

---

115 Qui sont généralement ceux qui les gèrent ou les vendent.
116 Mais les gestionnaires de fonds spéculatifs continueront à rire en allant à la banque ou en montant à bord de leur yacht. Ils doivent nous prendre pour des imbéciles. Et nous leur avons donné des tas de raisons de le penser.
117 Les fonds d'investissement privés peuvent également investir dans des entités publiques, mais la participation au capital n'est pas négociable sur le marché public.

de revenus et parfois même pas de produit. Il n'est pas rare que les fonds de capital-risque investissent dans une idée. C'est un jeu à enjeux élevés qui ne convient pas à la majorité des investisseurs, mais que nous examinerons plus en détail dans cette section.

Quand les gens pensent capital-investissement, ce à quoi ils pensent vraiment est à la sous-catégorie d'actifs appelée capital-développement. Les fonds de *capital-développement* investissent dans des sociétés qui montrent déjà des promesses sous la forme d'un produit éprouvé, qui rapporte non seulement des revenus, mais généralement aussi des bénéfices. Enfin, *les fonds de rachat* achètent en général une part majoritaire dans une entreprise, en utilisant presque toujours un levier.[118]

Examinons ces sous-catégories plus en détail.

CAPITAL-RISQUE
Nous avons rencontré l'ennemi, et l'ennemi c'est nous.
—POGO[119]

San Francisco, 2017. Je suis assis dans un café du centre-ville, attendant de rencontrer un multimilliardaire très en vue. C'est un génie de l'informatique qui arrive avec une heure de retard, pas rasé et vêtu d'un sweat à capuche. À ce stade, je ne sais pas si c'est la vraie vie ou un épisode de *Silicon Valley*. Il est également plus cool et plus intelligent que je ne l'imaginais, et a des connaissances approfondies sur de nombreux sujets. Il passe commande auprès du serveur et, après une brève description de ses vacances familiales à bord d'un yacht, il se lance dans le sujet. Il me dit qu'il possède plusieurs

---

118 Ce que les riches appellent « endettement ».
119 Pogo n'est pas un philosophe ou un gestionnaire financier. C'est le personnage principal d'une BD des années 1940 restée populaire jusqu'aux années 1980. Pour les lecteurs de moins de 30 ans, une BD est une séquence de dessins dans des cases, généralement imprimée dans un journal. Pour les lecteurs de moins de 20 ans, un journal est une publication imprimée composée de pages pliées et contenant des nouvelles, articles, éditoriaux, pubs et, parfois, des BD.

milliards de dollars en actions de sa société et qu'il adore investir dans des start-ups ; il a déjà investi dans plus d'une centaine d'entre elles. Son conseiller financier familial personnel m'avait contacté et avait arrangé cette rencontre afin de l'encourager à diversifier son portefeuille. Je lui ai expliqué pourquoi il s'en sortirait mieux avec un portefeuille plus diversifié et le fait qu'il devrait envisager d'allouer ses fonds différemment. Il m'a répondu qu'il « s'attendait pleinement » à ce que la grande majorité de ses investissements de capital-risque échouent, que les rares qui réussissaient devraient couvrir les pertes des autres (l'un de ces investissements, Uber, est un bon exemple d'investissement réussi) et que s'ils échouaient tous, il s'en moquait parce qu'il possédait des milliards de dollars.

Et vous savez quoi ? *Il avait raison.* Si vous avez plus d'argent que vous n'en aurez jamais besoin, alors faites-en ce que vous voulez : donnez-le, investissez dans l'avenir ou dans des start-ups, ou remplissez une piscine de dollars et plongez dedans comme Balthazar Picsou. Si ce n'est pas le cas, le capital-risque n'est sans doute pas fait pour vous.

Les investissements de capital-risque sont très sexy. Parmi les plus grandes enseignes des États-Unis, beaucoup sont nées de fonds de capital-risque, y compris Google, Facebook, Twitter, Dropbox, Uber et pratiquement tous les autres investissements licornes dont vous avez entendu parler. Cependant, de nombreux investisseurs et même des institutions ont l'idée fausse que les fonds de capital-risque génèrent des retours disproportionnés.

La Kauffman Foundation,[120] avec son fonds de 2 milliards de dollars, est l'un des plus grands fonds de dotation dans le pays. En 2012, elle a publié un article révolutionnaire sur son expérience de 100 fonds de capital-risque sur 20 ans, judicieusement appelé : « *Nous avons rencontré l'ennemi... et l'ennemi c'est nous.* » J'adore le sous-titre aussi : « Leçons de vingt ans d'investissements

---

[120] Petite dédicace à Kansas City !

de la Kauffman Foundation dans des fonds de capital-risque, et le triomphe de l'espoir sur l'expérience ». Ils ont découvert que la plupart des fonds de capital-risque n'atteignaient pas la performance de l'indice public des petites sociétés (seuls 4 sur 30 fonds de capital-risque surpassaient l'indice) et que le fonds de capital-risque moyen « ne remboursait pas le capital investi après frais ». C'est particulièrement troublant, puisque bien que les sociétés dans lesquelles les fonds de capital-risque investissent soient petites, elles sont bien plus petites que les petites sociétés englobées dans l'indice public. Le risque lié aux fonds de capital-risque donne vraiment à réfléchir. En plus de ne pas atteindre la performance de l'indice, ils sont plus risqués, ont des frais plus élevés (2 % plus 20 % des bénéfices est la norme), sont moins liquides (les investissements peuvent être bloqués pendant dix ans ou plus) et moins transparents (que savons-nous vraiment de ce qui se passe dans une start-up privée, après tout ?).

La conclusion du rapport était claire : les investisseurs s'en sortiraient mieux en investissant dans un fonds indiciel de petites sociétés que dans des fonds de capital-risque. Les chercheurs ont écrit : « Les investisseurs succombent encore et toujours à la théorie des évènements aléatoires ou cygnes noirs, un biais cognitif financier bien étudié. » Autrement dit, ceux qui investissent dans des fonds de capital-risque le font sur base d'une histoire fascinante, mais fausse, de retours élevés.

En supposant que vous vouliez toujours investir dans le capital-risque et soyez certain que le fonds réussira là où ceux de la Kauffman Foundation ont échoué, notez que contrairement à la fondation, qui est à but non lucratif, vous devrez payer des impôts sur les gains. Donc même si vous arrivez à toucher un retour sur investissement, les dieux des taxes vous remettront à votre place. Pour la plupart de ceux qui souhaitent investir dans une catégorie d'actifs qui a une probabilité élevée de surpasser les actions de grandes entreprises à dix ans ou plus, la solution est d'investir dans l'indice des petites sociétés, et non dans le capital-risque.

CAPITAL-DÉVELOPPEMENT ET ACHATS À EFFET DE LEVIER

L'investissement privé est de l'investissement rétrospectif. Le capital-risque est de l'investissement prospectif.

—GEORGES VAN HOEGAERDEN

Les *fonds de capital-développement* font ce que leur nom indique : ils combinent le capital de nombreux investisseurs pour investir dans des petites sociétés lucratives et utilisent l'expertise des gestionnaires de fonds pour les transformer en entreprises plus grandes et encore plus profitables. Les investisseurs du fonds pourront engranger des bénéfices quand l'entreprise sera vendue à l'avenir pour une somme plus importante ou qu'elle ouvrira son capital. En plus de déployer le capital de leurs investisseurs, les fonds de capital-développement utilisent souvent le levier, surtout dans le cas d'un capital-transmission. En empruntant de l'argent pour financer des sociétés, les gestionnaires de fonds peuvent maximiser l'utilisation de leur capital et obtenir de meilleurs rendements si la société fait fortune. Cette catégorie d'actifs est en croissance rapide, et il y a à présent bien plus de fonds de capital-investissement, près de 8 000, que d'entreprises cotées en bourse.

Figure 10.2 NOMBRE D'ENTREPRISES AMÉRICAINES COTÉES EN BOURSE (1991-2008)

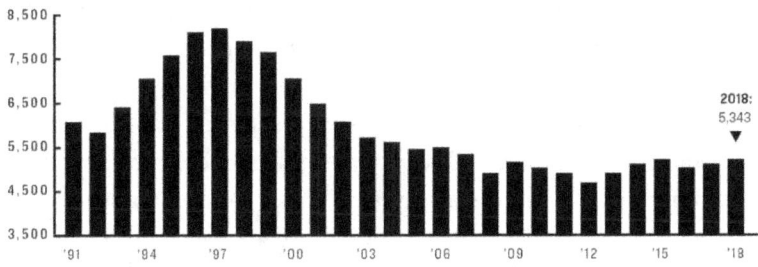

L'argent est investi dans des fonds privés depuis les années 1980. Étant donné la prolifération des fonds de capital-investissement ces 20 dernières années, la performance sur plusieurs décennies est claire : le capital-développement a systématiquement surpassé les marchés publics.

Figure 10.3 RETOURS SUR INVESTISSEMENTS PUBLICS VS. PRIVÉS

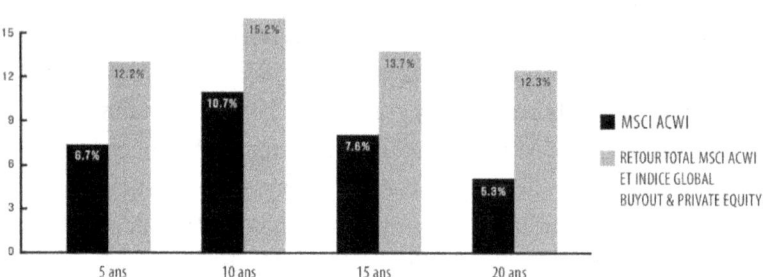

Sur la même période de temps, des institutions telles que des universités et associations caritatives ont commencé à passer en revue les performances historiques de leurs investissements alternatifs, surtout les fonds spéculatifs et les fonds de capital-investissement. Les résultats en disent long : les fonds d'investissements privés ont considérablement surpassé le marché boursier, qui a à son tour considérablement surpassé les fonds spéculatifs. Armées de ces données, les institutions réduisent ou éliminent leur allocation aux fonds spéculatifs et noient les fonds de capital-investissement sous leur argent.

Pour faire fructifier tout cet argent, les firmes de capital-investissement cherchent à investir leur capital et leur expertise dans des entreprises privées qui peuvent engranger des bénéfices. Bien que certaines firmes de capital-investissement se contentent d'investir de l'argent et de suivre leurs investissements, beaucoup jouent un rôle plus actif, en conseillant ces entreprises afin de les aider à se développer. Les firmes de capital-investissement collaborent généralement avec, et sélectionnent même parfois, les cadres clés des entreprises dans lesquelles elles investissent. Cet arrangement économique aligne les intérêts de chacun : la firme de capital-investissement touche une partie des bénéfices au-delà d'un certain retour, les cadres sont incités à se développer et les investisseurs bloquent typiquement leur argent pendant des périodes de 7 à 12 ans en échange d'une croissance anticipée.

La surperformance des fonds de capital-investissement s'aligne sur mon vécu. À Creative Planning, nous avons une équipe spécialisée qui travaille avec un petit groupe de clients ultrariches possédant entre 10 et 500 millions de dollars ou plus à investir. Comment ont-ils accumulé une telle fortune ? Beaucoup ont bâti des entreprises qui se sont développées rapidement ou qui avaient le potentiel de se développer rapidement et en ont vendu une partie ou la totalité à un fonds de capital-investissement.

Souvent, des entrepreneurs accomplis imaginent un concept novateur, embauchent des professionnels et commencent à bâtir leur entreprise, mais n'ont pas forcément le capital ou les compétences pour la faire évoluer. Par *faire évoluer*, je veux dire la développer d'une manière qui augmente radicalement les revenus et (en fin de compte) les bénéfices. Les firmes de capital-investissement sont très douées pour faire évoluer les entreprises et peuvent leur apporter des ressources précieuses. À Creative Planning, il n'est pas rare que nos clients vendent une part considérable de leur entreprise à un fonds de capital-investissement une année et le reste de leurs fonds propres trois à dix ans plus tard pour le double du montant perçu la première fois, en raison de l'efficacité des gestionnaires de fonds à faire évoluer la société. Les firmes de capital-investissement sont également douées pour maximiser le prix de vente d'une entreprise : elles ont l'expérience de vendre à toutes sortes d'acheteurs, y compris des partenariats stratégiques (vendre à une autre société qui peut immédiatement faire évoluer l'entreprise — pensez Facebook qui achète Instagram), des sponsors (comme un autre fonds de capital-investissement) ou via une introduction en bourse (voir Google ou Lyft).

Les meilleures firmes de capital-investissement apportent leur expertise pour faire évoluer les entreprises, financent ce développement, investissent dans des talents et de l'expérience et imposent de la discipline. Néanmoins, en tant qu'investissement, cette catégorie d'actifs a ses mauvais côtés. Les investisseurs doivent bloquer leur argent pendant de nombreuses années, car les titres ne sont pas cotés en bourse. Si vous avez besoin de récupérer de l'argent à court terme, vous ne devriez pas investir dans le capital-investissement. Votre déclaration d'impôts sera certainement différée en attendant un autre formulaire (le « Schedule K-1 »). Et, bien sûr, il n'y a aucune garantie que les performances attendues soient atteintes ou qu'elles continuent. Pareillement, il n'y a aucune garantie que les actions surpasseront les obligations. Cela étant dit, les indications suggèrent que le capital-investissement devrait continuer à offrir une plus-value importante aux investisseurs fortunés, patients, sur le long terme.

CRÉDIT PRIVÉ

Un banquier est un homme qui vous prêtera son tee-shirt à manches courtes et, en échange, vous demandera de lui rendre un tee-shirt à manches longues.

—JAROD KINTZ

Si vous n'êtes pas une banque, vous pouvez gagner de l'argent dans le secteur du prêt privé en investissant dans un fonds de crédit privé. Il existe toutes sortes de fonds de crédit privé, y compris des fonds qui offrent :

- Des prêts aux consommateurs
- Des prêts sécurisés par de l'immobilier
- Des prêts aux entreprises
- Des prêts pour financer un peu près tout ce que vous voulez, en passant des films aux pilotes de F1

Ici, nous nous concentrons sur les fonds de crédit pour le marché intermédiaire. Si l'on peut comparer le capital-investissement à une version privée du marché boursier, le prêt au marché intermédiaire est la version privée du marché d'obligations. Les entreprises qui gagnent entre 25 et plusieurs centaines de millions de dollars sont trop grandes pour les prêts aux petites entreprises et trop petites pour les prêts des grandes banques. En tant qu'entreprises privées, elles ne peuvent accéder au marché des obligations publiques pour récolter des fonds. Pour obtenir du capital pour se développer, ces sociétés ont deux choix : elles peuvent soit vendre une partie de leur société à un fonds de capital-investissement, soit emprunter de l'argent à un fonds de crédit pour le marché intermédiaire.

Les fonds de crédit pour le marché intermédiaire sont gérés comme des fonds de capital-investissement dans le sens où des investisseurs professionnels rassemblent des fonds et évaluent les entreprises, mais, au lieu de participer activement dans la société, ils se contentent de prêter de l'argent. Le prêt peut être *sécurisé* ou pas, c'est-à-dire qu'il peut se faire en échange d'une garantie, comme un bâtiment ou un bien matériel, ou qu'il peut être converti en titres de participation. Parce que les banques n'interviennent pas dans ce secteur, ces fonds sont en mesure de facturer des intérêts plus élevés. Comme dans le cas des fonds de capital-investissement, les investisseurs doivent satisfaire à certains prérequis pour investir, être prêts à bloquer leur argent pendant une longue période et gérer des formulaires de déclaration de revenus et d'extensions fiscales supplémentaires. Bien qu'il n'y ait aucune garantie qu'un fonds de crédit privé surpasse les performances d'obligations cotées en bourse, surtout étant donné le peu de données historiques dans ce secteur, en se basant sur leur profil de risque, il semblerait que les prêts au marché intermédiaire aient de bonnes probabilités d'apporter de meilleurs retours ajustés au risque sur le long terme. Ces fonds varient énormément en termes d'expériences de gestion et de profils de risque, aussi même les investisseurs avisés devraient investir prudemment.

IMMOBILIER PRIVÉ

N'est pas un homme accompli celui qui ne possède pas de lopin de terre.
—PROVERBE HÉBRAÏQUE

L'immobilier privé couvre un spectre élargi. Si vous avez investi dans l'immobilier en dehors d'une SIIC, alors vous possédez de l'immobilier privé. Cela signifie que si vous louez certaines de vos terres arables, vous possédez un investissement alternatif. Pareil si vous avez une maison de ville que vous louez ou une part dans un immeuble d'habitation. Il existe toutes sortes de biens immobiliers privés. À commencer par votre résidence privée (la mauvaise nouvelle, c'est que c'est bien de posséder sa maison, mais que ce n'est pas vraiment un investissement ; nous y reviendrons plus tard). Vous avez peut-être une résidence secondaire ou une maison de vacances (qui n'est toujours pas vraiment un investissement, même si c'est votre raison de l'avoir achetée). Ou alors vous possédez une propriété qui vous rapporte des revenus ou en a la possibilité (celle-là, vous pouvez l'appeler un investissement). Vous pouvez également investir dans un fonds d'immobilier privé, où vous donnez votre argent à un professionnel qui l'utilise pour investir dans un ou plusieurs biens immobiliers.

Décomposons toutes ces options.

VOTRE DOMICILE

L'été 2000, ma femme et moi avons acheté notre première maison, et nous étions si excités ! C'était le bien le plus important dans lequel nous avions jamais « investi ». Lorsque nous avons mis à jour notre plan financier, nous avons classé la maison dans notre avoir net comme le fait tout le monde : dans la catégorie des actifs. L'emprunt immobilier est passé dans les passifs. Or, dans la réalité, autant la maison que le prêt sont des « dettes » de cash-flow. Nous payons des intérêts tous les mois sur le prêt. En ce qui concerne la maison, nous déboursons chaque année un précompte immobilier, des frais d'entretien et une assurance. Même quand le prêt sera remboursé, toutes ces dépenses foncières resteront et augmenteront probablement au fil du temps.

Pour la majorité d'entre nous, une maison représente notre bien le plus important. Et pour beaucoup, « l'épargne » forcée résultant du remboursement des mensualités de l'emprunt augmente la valeur résiduelle de votre maison au fil du temps. Cette valeur peut être débloquée si nous passons à une maison plus petite et que les bénéfices servent à financer la retraite. Dans ce sens, posséder une maison est avantageux, car cela nous force à épargner, d'une certaine façon. Mais ne vous méprenez pas : une maison n'est pas un bon investissement. Investir le même montant dans un bon vieux portefeuille diversifié engrangera probablement des retours 100 % meilleurs sur le même temps que vous rembourserez votre prêt. Cependant, vous devez bien vivre quelque part et, pour beaucoup, posséder une maison vaut mieux que louer, ne pas avoir d'épargne forcée et ne pas augmenter la valeur résiduelle de son bien.

En fin de compte, le choix d'acheter une maison devrait être une décision émotionnelle. S'il ne s'agissait que d'argent, nous choisirions tous de vivre entre quatre murs et d'investir la différence. Mais il ne s'agit pas que d'argent ; une maison est l'endroit où nous passons la plupart de notre temps et accumulons des souvenirs. Choisissez une maison qui vous plaît et que vous pouvez vous permettre, et allouez le reste de votre argent à de meilleurs investissements.

VOTRE RÉSIDENCE SECONDAIRE

Voici une des questions les plus fréquentes posées par les clients de Creative Planning à leur gestionnaire de fortune : « Une résidence secondaire est-elle un bon investissement ? » J'apprécie personnellement ces conversations, car ce sujet touche au cœur de la véritable gestion de la fortune. Dans la plupart des scénarios, les questions sont de nature financière, comme savoir comment maximiser sa fortune, mais également émotionnelle, comme ce qui touche à la raison d'être de cette fortune. La réponse financière franche à la question

« Devrais-je acheter une résidence secondaire ? » est presque toujours « non ». Il est rare qu'une résidence secondaire (ou principale, d'ailleurs) soit un bon investissement. Et ce pour des raisons de valeur du bien et de cash-flow.

D'abord, discutons de la prise ou de la perte en valeur de votre résidence secondaire. Si vous achetez une propriété, par exemple un appartement en Floride ou un chalet dans le Colorado, vous aurez de la chance de la revendre avec un profit d'ici dix ou vingt ans. Mais si vous prenez en compte le cash-flow négatif, la situation est bien pire que vous ne le pensez.

Mes beaux-parents ont un appartement en Floride, près du Golfe du Mexique et, chaque année, j'y emmène ma petite famille en vacances. C'est devenu une tradition, et nos trois enfants s'en réjouissent tous les ans. À mesure que la famille s'est agrandie, l'appartement est devenu de plus en plus étroit. Au faîte de la crise financière, un autre appartement a été mis en vente dans l'immeuble. Après délibération, ma femme et moi avons décidé de l'acheter. Dix ans plus tard à peine, d'autres appartements similaires se vendaient pour le double du prix que nous avions payé. On s'en est mis plein les poches, n'est-ce pas ? En réalité, non. Sur cette même période de temps, nous avons déboursé autant de frais sur l'appartement que sur n'importe quelle maison, ce qui totalisait plus que l'appréciation de la valeur marchande. Nous avons acheté au creux du marché, le prix actuel atteint des records, mais après avoir payé tous les frais continus, nous n'avons toujours pas fait de gain. Si nous avions investi le même argent dans un indice boursier, nous aurions plus de doublé nos gains sur la même période de temps !

Par définition, les bons investissements génèrent des cash-flows positifs. Par exemple, si vous avez des actions, vous recevez probablement des dividendes. Si vous avez des obligations, vous recevez des paiements de coupons. Si vous avez investi dans l'immobilier, comme dans une SIIC ou un bien en location, vous recevez des distributions ou des loyers. C'est avantageux parce que même si la valeur du bien fluctue, *vous touchez de l'argent*. Si vous possédez une résidence secondaire, *vous dépensez de l'argent*. En général, nous y gagnerions tous à passer nos vacances au Ritz dans n'importe quel endroit du monde au lieu d'acheter une résidence secondaire.

Mais ceci ne représente que l'aspect financier de l'histoire. Dans la plupart des cas, nous économisons et investissons de l'argent pour une raison spécifique, et non pour l'accumuler juste pour l'accumuler. *La seule valeur de l'argent est dans ce qu'il peut faire pour nous.* L'argent peut nous permettre de soutenir notre famille, de veiller sur nos proches. Il peut nous permettre de faire des dons, d'avoir un impact dans notre communauté, de considérer le sens plutôt que le succès. Il nous permet également d'acheter une voiture juste parce que nous la trouvons cool ou une résidence secondaire où nous pourrons passer de bons moments en famille. Alors quand bien même une résidence secondaire ne devrait jamais être considérée comme un bon investissement financier, elle peut certainement être un investissement émotionnel digne.

C'est comme cela que je considère mon appartement familial en Floride. Je sacrifie volontairement tout espoir de gain économique en échange de bons moments familiaux. C'est aussi simple que ça. Si vous envisagez d'acheter une résidence secondaire pour des raisons émotionnelles et pouvez l'acquérir tout en restant sur la bonne voie pour atteindre vos objectifs financiers, alors faites-vous plaisir !

BIEN IMMOBILIER PRIVÉ

Investir dans l'immobilier dans le cadre d'un portefeuille bien diversifié peut certainement ajouter de la plus-value, mais, à mon sens, l'immobilier est surfait en tant que catégorie d'actifs. L'opinion publique est que l'immobilier est une manière plus sûre ou meilleure de gagner de l'argent que les actions. Tout comme votre ami qui n'arrête pas de vanter son voyage lucratif à Las Vegas, nous avons tendance à n'entendre parler que des « gagnants », ceux qui ont engrangé des millions dans l'immobilier, pas ceux qui ont fait faillite. Chaque investissement comporte une part de risque, et le fait que le risque de posséder de l'immobilier est différent de celui de posséder des titres boursiers n'en fait pas un investissement fondamentalement sans risque.

Ce qui alimente en partie cette opinion publique est l'utilisation du levier. Comme vous vous le rappelez peut-être, le levier est le recours à l'endettement pour générer du capital à investir. Dans le cas de l'immobilier, la plupart des investissements ne sont pas faits 100 % en liquide. À la place, les investisseurs hypothèquent la valeur de la propriété pour l'acheter. Supposons que vous vouliez acheter un duplex à 100 000 $. Plus que probablement, vous investirez 20 000 $ de votre propre argent et emprunterez les 80 000 $ restants à la banque. Un an plus tard, la valeur de la propriété atteint 120 000 $ et vous décidez de la vendre. Après avoir remboursé le prêt de 80 000 $, vous empochez 40 000 $. Alors bien que la valeur de la propriété n'ait augmenté que de 20 %, vous avez touché 100 % de bénéfices. C'est le pouvoir du levier : il gonfle les retours sur investissement.

Le problème, c'est que l'inverse est vrai aussi. Si, à la place, la valeur de la propriété tombe à 80 000 $ et que vous êtes forcé de la vendre, il ne vous restera rien après avoir remboursé le prêt. Au lieu de ne perdre que 20 % de votre investissement, vous avez perdu 100 %. C'est pour cette raison qu'il y a un nombre phénoménal de faillites dans l'immobilier ; les investisseurs peuvent devenir surendettés et perdre plus que la valeur de la propriété si celle-ci chute considérablement. Et quand les choses vont mal, elles peuvent empirer rapidement. C'est ce que l'on a vu durant la crise financière de 2008, quand les familles étaient englouties par leur hypothèque ; la valeur de l'immobilier a chuté si bas dans de nombreux endroits que la vente de leur maison ne suffisait pas à couvrir ce qu'ils devaient pour la rembourser.

Vous pouvez, évidemment, utiliser le levier pour n'importe quel investissement. Si j'avais 100 000 $ sur un compte d'investissement, je pourrais emprunter 50 000 $ et acheter plus d'actions. La plupart des gens considèrent cela comme *extrêmement risqué*, mais n'hésitent pas à emprunter de l'argent pour acheter un bien immobilier alors que, fondamentalement, c'est la même chose. Certains pensent que la tendance à la hausse de l'immobilier est immunisée contre les règles qui gouvernent d'autres catégories d'actifs, particulièrement si vous vivez dans une région où les prix grimpent de manière continue. Cependant, cette vision myope ignore les parties de la ville qui étaient autrefois désirables, mais dont la valeur a chuté en raison d'infrastructures délabrées, du déménagement d'un centre de production économique ou d'un changement de goût des consommateurs.

Pour les investisseurs pour qui une allocation dans l'immobilier privé a un sens, il y a cependant des avantages. Le premier est que vous pouvez choisir le type de propriétés dans lesquelles vous voulez investir, que ce soient des immeubles de bureau ou des propriétés résidentielles à louer. Investir dans des projets de développement dans certaines régions économiquement défavorisées, appelées *zones d'opportunité* ou de reconstruction, peut s'accompagner de certaines exonérations fiscales. Dans de nombreux cas, ces investissements sont offerts par des fonds immobiliers privés, où l'argent de nombreux investisseurs est rassemblé pour financer certains projets, comme des lotissements commerciaux, hôpitaux et immeubles d'appartements. L'objectif du gestionnaire du fonds est de développer ces propriétés, de les louer à un locataire, puis de les vendre à quelqu'un d'autre au bout de sept ans. Ces investissements sont sujets aux mêmes limitations que d'autres investissements privés : ils peuvent ajouter des frais et de la complexité à votre déclaration d'impôt, et votre capital-investissement pourrait être inaccessible pendant plusieurs années. En général, ces fonds ont des créneaux de retrait spécifiques, mais pour la plupart, l'argent est bloqué jusqu'à la vente de la propriété.

LE SECTEUR IMMOBILIER

À présent, une remarque rapide pour ceux d'entre vous qui font partie du secteur immobilier et lèvent les yeux au ciel. Rien de ce que nous avons couvert jusqu'ici au sujet de l'immobilier ne devrait être confondu avec le fait de travailler dans le secteur immobilier lui-même. Prenons les constructeurs, par exemple ; ils n'achètent pas des propriétés pour générer des revenus et ne les possèdent pas en tant qu'allocation d'un portefeuille d'investissement diversifié. Non, c'est simplement leur travail. Ils avancent le capital, créent un bien de valeur et le vendent. Les retours engrangés dans le secteur de l'immobilier peuvent dépasser les 30 % ; c'est nécessaire, ou personne n'accepterait les risques que prennent les promoteurs immobiliers. Tout comme il y a une différence entre posséder des titres d'une entreprise cotée en bourse et posséder une petite entreprise, il y a une différence entre investir dans l'immobilier et travailler dans l'immobilier. C'est investir dans le sens où lancer une nouvelle société est investir (c.-à-d., risqué) et cela ne devrait pas être confondu avec des catégories d'actifs traditionnelles.

Je pense que la meilleure manière de considérer l'immobilier privé est celle-ci : si vous aviez le choix entre acheter des actions de n'importe quelle grande entreprise dans le monde et acheter le bâtiment depuis lequel elle opère, que choisiriez-vous ? Les investisseurs avisés choisiraient toujours les actions.

CRYPTOMONNAIES

Je peux dire avec quasi-certitude que les cryptomonnaies, ça va mal finir.
—WARREN BUFFETT

Les *cryptomonnaies* sont des devises électroniques qui ont recours à la cryptographie pour sécuriser les transactions, empêcher la création non autorisée d'unités additionnelles et vérifier le transfert de la devise d'une personne à une autre. « Investir » dans les cryptomonnaies fait fureur. Bien qu'il y ait littéralement des milliers de cryptomonnaies dans le monde, Bitcoin fait la part belle des médias et d'Internet ces derniers temps, aussi nous nous concentrerons sur celle-ci. Commençons par quelques informations générales.

Tout comme le dollar, le yen et l'euro sont des exemples de devises traditionnelles, Bitcoin est un type de cryptomonnaie inventé par Satoshi Nakamoto. Accrochez-vous bien : personne ne sait qui est ce Satoshi Nakamoto, si c'est une personne ou un groupe de personnes. Satoshi n'apprécie pas les gouvernements et ne leur fait pas confiance, et a déclaré que sa mission était de les évincer et de créer un système monétaire décentralisé que les gouvernements ne pourraient pas facilement attaquer. Il a créé Bitcoin en tant que première devise numérique décentralisée. Elle est effectivement décentralisée, parce que Satoshi a également inventé la technologie blockchain (ou chaîne de blocs, le châssis qui sert de « registre ») pour assurer que la légitimité de chaque Bitcoin puisse être vérifiée et qu'il soit impossible à répliquer.

Une *blockchain* permet à quelqu'un d'avoir confiance dans une transaction avec une autre partie sur Internet. Avant l'avènement des chaînes de blocs, un intermédiaire était nécessaire pour accomplir la même transaction. Un exemple familier serait celui d'une transaction immobilière. Supposons que vous décidiez de vendre votre maison. Plus que probablement, l'inconnu qui l'achètera dépendra du gouvernement local pour fournir un registre ou une base de données centralisés des actes et titres de propriété afin d'assurer que vous êtes bien le propriétaire légitime. Cela permet à l'acheteur et à son créancier (le cas échéant) d'acheter la maison en toute confiance. Dans cet exemple, la base de données centralisée est essentielle pour faciliter cette transaction.

La raison d'être des chaînes de blocs est d'éliminer le besoin d'une base de données centralisée. Grâce à la technologie blockchain, plusieurs personnes ont chacune une copie du registre pour enregistrer les transactions. En réutilisant notre exemple de vente immobilière avec la technologie blockchain, quand vous vendez votre maison à Mary Sue, toutes les parties conviennent que la vente a eu lieu et mettent leur registre à jour. Quand Mary Sue sera prête à vendre à son tour, l'acheteur suivant pourra instantanément confirmer son titre parce qu'il apparaîtra dans la chaîne de blocs. Ceci accomplit deux choses. D'abord, il n'y a plus besoin d'un intermédiaire, dans ce cas-ci le gouvernement local. Ensuite, la transaction peut avoir lieu de manière instantanée. Il n'y a plus besoin d'impliquer un avocat, de demander l'accès à des dossiers ou de valider leur authenticité. C'est une technologie très réelle qui change déjà la manière dont de nombreuses industries et sociétés opèrent.

IBM a investi massivement dans les chaînes de blocs. Son ex-PDG, Ginni Rometty, a écrit aux actionnaires : « La blockchain utilise des registres partagés et des contrats intelligents pour permettre des transferts sécurisés de n'importe quel bien — que ce soit un bien physique comme un conteneur maritime ou un actif financier comme une obligation ou encore un bien numérique comme de la musique — à travers n'importe quel réseau commercial. La blockchain fera pour les transactions sécurisées ce que l'Internet a fait pour l'information. » IBM collabore avec Walmart pour utiliser la technologie blockchain dans le suivi des inventaires. Walmart a déclaré que les tests avec blockchain avaient permis de réduire le temps nécessaire pour suivre le mouvement des fruits de sept jours à deux secondes. La technologie en est toujours à ses débuts, mais elle est là pour rester.

Grâce à cette technologie, nous pourrions bientôt vivre dans un monde où il n'est pas rare que des archives financières soient enregistrées dans le registre historique d'un réseau blockchain, permettant à de nouvelles transactions d'être validées instantanément. Pareillement, bien qu'aujourd'hui nous comptions, comme d'autres pays, sur le gouvernement fédéral pour soutenir le dollar et contrôler la devise via la banque centrale, les banques locales servent d'intermédiaire aux transactions financières. Avec l'invention du blockchain, Satoshi a créé une plateforme qui élimine le rôle des gouvernements et des banques dans les transactions de cryptomonnaies.

Plus de mille cryptomonnaies utilisent à présent la technologie blockchain. Étant donné que le coût de lancement d'une cryptomonnaie est nul, il pourrait y en avoir mille de plus demain. En dehors de Bitcoin, d'autres cryptomonnaies populaires sont Ethereum, Litecoin, EOS, Ripple et Tron.[121] La technologie blockchain est une excellente idée et changera la manière dont sont gérés de nombreux dossiers, contrats et transactions. Bien que les cryptomonnaies soient probablement là pour rester, il est probable que plus de 99 % d'entre elles deviennent rapidement sans valeur.

Ce qui nous ramène à Bitcoin, qui valait 0 $ en 2009 et plus de 20 000 $ en 2017, puis est redescendu à environ 5 000 $ tandis que j'écris ces lignes en 2020. Certains disent que le Bitcoin ne vaut rien parce qu'il n'a pas de valeur intrinsèque. Contrairement à l'immobilier qui peut générer des revenus, aux obligations qui offrent un rendement et aux actions qui paient des dividendes, Bitcoin ne produit rien. Cela dit, un certain nombre d'investissements ne produisent rien. Les investisseurs et les collectionneurs achètent des tableaux, qui ne génèrent aucun revenu mais peuvent gagner en valeur simplement parce que quelqu'un est prêt à y mettre le prix. Toutefois, Bitcoin me fait penser aux appartements de Las Vegas en 2008 ou aux actions Internet en 1999 : les gens les achetaient à des prix élevés sans aucun lien avec la réalité, sur base de l'hypothèse que quelqu'un d'autre y mettrait le prix plus tard, parce que cela s'était déjà produit pendant les mois et années précédents. Il est hautement improbable que Bitcoin devienne une solution de devise viable à long terme. Cependant, elle figurera sans doute dans les livres économiques d'ici dix ou vingt ans, comme une anecdote intrigante sur comment les bulles d'investissement se forment et explosent, menant de nombreuses personnes à la ruine financière.

Tant que nous y sommes, avant de refermer ce chapitre, démystifions certains autres faits. Premièrement, certains disent que Bitcoin ne sera pas piraté parce qu'il utilise la technologie blockchain. En fait, cette technologie peut être piratée ; plus d'un milliard de dollars de cryptomonnaie ont déjà été volés aux investisseurs. Deuxièmement, Bitcoin n'a pas besoin d'être piraté pour

---

[121] À ne pas confondre avec le film de Disney de 1982, Tron. Personne n'a dit que les fans de cryptomonnaies étaient originaux.

que ceux qui l'utilisent perdent de l'argent (les fluctuations du marché s'en chargeront). Troisièmement, certains disent que les gouvernements laisseront les cryptomonnaies en paix. Cette pensée est probablement biaisée, puisque tous les gouvernements aiment les règlements, le contrôle et les impôts.[122]

Pourtant, dire qu'il est improbable que Bitcoin dure ne veut pas dire que c'est impossible, et c'est une lueur d'espoir qui encourage les spéculateurs. Bitcoin attire de nombreux investisseurs en raison de l'élimination de l'interférence d'un tiers (le gouvernement ne peut pas le manipuler pour en créer plus, par exemple) et en raison du caractère anonyme. Ces mêmes avantages s'appliquent aux plus de mille autres cryptomonnaies. Mais la réalité, c'est que la plupart de ceux qui les achètent ne comptent pas les utiliser. Ils les achètent uniquement pour spéculer.

En fin de compte, c'est ce qui pousse l'intérêt pour le Bitcoin. La *spéculation* se définit par « faire des suppositions sur quelque chose d'inconnu ; une activité durant laquelle quelqu'un achète et vend des choses en espérant faire des gains importants, mais en courant le risque de pertes importantes ». Contrairement à l'investissement, qui est défini par « dépenser de l'argent dans l'attente de retours ou de résultats matériels en investissant dans des stratégies financières, parts ou propriétés ». Acheter un immeuble d'appartements qui sont occupés à 90 % est de l'investissement ; acheter des terres sur la Lune parce que vous pensez qu'elle sera habitée un jour est de la spéculation. Le cours du Bitcoin a déjà dégringolé de plus de 80 % à trois reprises, mais est chaque fois remonté à de nouveaux sommets. L'an dernier, « acheter des Bitcoin avec une carte de crédit » était une recherche populaire sur Google. Les gens se ruent sur l'arche vers la terre promise.

Comme dans le cas d'autres bulles, le bateau acceptera probablement le plus de passagers possibles avant de couler. La même chose s'est produite avec la bulle

---

[122] Et ne renonceront certainement pas à leur mécanisme de contrôle ultime : l'argent.

Internet. Vous vous rappelez Lycos, Excite et AOL ? Avez-vous déjà surfé sur Ask.com ? Ils ont tous fini par être abattus par la concurrence, jusqu'à ce qu'un roi émerge, Google. La même chose pourrait se produire ici, et tout argent placé dans des cryptomonnaies devrait être considéré comme à haut risque.

ET ÇA CONTINUE ENCORE ET ENCORE

Tout un bouquin pourrait être écrit sur les différents types de placements alternatifs. Bien que nous ayons couvert les principales catégories d'actifs, il en existe encore bien d'autres. Pour vous donner une idée de leur variété, en voici quelques exemples :

- *Réassurance.* Quand vous achetez une assurance, comme une assurance habitation, la compagnie qui vous l'a vendue peut transférer le risque à une autre compagnie d'assurance. Ceci lui permet de réduire le risque et de vendre plus de polices. C'est un peu une assurance pour compagnie d'assurance. Certains fonds investissent dans ces pools de réassurance.
- *Fonds de royalties.* Dans les années 1990, David Bowie et son équipe financière ont vendu les droits d'auteur de certains titres de son catalogue musical. Ces investissements étaient surnommés « obligations Bowie » et ont créé une manière pour les artistes de débloquer immédiatement la valeur de leur musique. Depuis lors, les fonds de royalties musicaux (et d'autres formes de divertissement) ont proliféré et acheté les droits des catalogues d'artistes comme Mary J. Blige, Eminem, Iron Maiden et Elton John.
- *Règlements d'assurance.* La plupart de ceux qui souscrivent à des assurances-vie permanentes finissent par les céder à la compagnie d'assurance pour une fraction du capital versé en cas de décès. Les fonds de règlements d'assurance achètent les assurances à leurs propriétaires pour bien plus, ce qui donne à la personne assurée une chance d'obtenir une valeur équitable sur son assurance. Quand l'assurance finit par être versée, les bénéfices sont distribués aux investisseurs du fonds.

Et nous pourrions continuer encore : les fonds qui investissent dans le financement de procès en échange d'une partie du règlement potentiel ; des fonds qui investissent uniquement dans l'art, les voitures ou les violons ; des fonds qui parient sur les résultats de baseball…

Les investissements alternatifs ne conviennent pas à tout le monde. Même si vous satisfaites aux prérequis de valeur nette légaux pour investir dans ceux-ci, ils ne sont pas faits pour tout le monde. Si vous êtes un investisseur doté d'un plan sur le long terme, accompagné par une bonne équipe qui passera en revue chaque investissement de manière approfondie, a accès à des investissements haut placés avec des minimums moindres et des prix raisonnables, et êtes prêt à gérer la complexité accrue de vos finances, certaines alternatives peuvent améliorer le retour attendu à long terme d'un portefeuille diversifié.

Pour presque tous les autres, cependant, un simple portefeuille d'actions, d'obligations et d'immobilier est probablement tout ce qu'il vous faut pour atteindre vos objectifs financiers.

PARTIE IV

L'ASCENSION

CHAPITRE ONZE
DÉVELOPPER ET GÉRER UN PORTEFEUILLE INTELLIGENT

par Peter Mallouk

Rappelez-vous, les diamants sont juste des morceaux de charbon qui ont fait leur boulot.
—B. C. FORBES

Assembler un portefeuille intelligent est moitié art, moitié science, et certainement jamais parfait, mais vous devriez suivre un plan adapté à votre situation particulière. Choisir dans quoi investir et quand investir peut sembler écrasant, mais lorsque vous aurez appris quelques stratégies utiles, la tâche devrait devenir plus facile.

D'abord, le terme *allocation des actifs* signifie simplement quelle portion des dollars dans votre portefeuille est réservée à chaque catégorie d'actifs, tels que les actions, les obligations et l'immobilier. Dans quelle catégorie d'actifs devriez-vous investir ? À première vue, en analysant les retours passés, vous pourriez être tenté de faire tapis et d'investir tout en bourse, car comme vous le voyez dans la figure 11.1, historiquement, investir à 100 % dans des actions a généré les retours les plus élevés. Mais rien n'est jamais aussi simple que ça. Plus vous investissez dans les actions, plus vous introduisez de la volatilité dans votre portefeuille, ce qui pourrait générer un stress inutile. Un portefeuille constitué à 100 % d'actions a un éventail de retours annuels allant du meilleur (54,2 %) au pire (-43,1 %). C'est à vous soulever le cœur. Mais si vous l'équilibrez avec 40 % d'obligations, l'attraction devient bien plus tolérable, avec un éventail de retours allant de 36,7 % pour la meilleure année à -26,6 % pour la pire.

Figure 11.1 PERFORMANCES DE COMBINAISONS D'ACTIONS ET D'OBLIGATIONS AMÉRICAINES 1926-2018

ALLOCATION D'ACTIFS	RETOUR MOYEN ANNUEL
100 % d'obligations	5,3 %
10 % d'actions 90 % d'obligations	5,9 %
20 % d'actions 80 % d'obligations	6,6 %
30 % d'actions 70 % d'obligations	7,1 %
40 % d'actions 60 % d'obligations	7,7 %
50 % d'actions 50 % d'obligations	8,2 %
60 % d'actions 40 % d'obligations	8,6 %
70 % d'actions 30 % d'obligations	9,1 %
80 % d'actions 20 % d'obligations	9,4 %
90 % d'actions 10 % d'obligations	9,8 %
100 % d'actions	10,1 %

La plupart des conseillers et livres financiers suggèrent de vous baser sur votre âge pour déterminer votre allocation d'actifs. Si vous avez 60 ans, votre portefeuille devrait être composé de 60 % d'obligations et de 40 % d'actions. Si vous avez 70 ans, il devrait être composé de 70 % d'obligations et de 30 % d'actions. Mais cette généralisation est, justement, bien trop généralisée.

D'autres conseillers et livres vous disent que votre allocation devrait être basée sur votre tolérance au risque. Si vous n'êtes pas à l'aise à l'idée que votre portefeuille baisse de 10 %, vous ne devriez pas investir dans des actions ou alors n'en avoir qu'une très faible allocation. De tels conseils, cependant, sont malheureux et trompeurs, et risquent de vous empêcher d'atteindre vos objectifs. Par exemple, une investisseuse qui a une faible tolérance au risque, mais n'a pas épargné grand-chose pour sa retraite devra sans doute mettre en place un portefeuille plus risqué pour pouvoir prendre sa retraite dorée. Sinon, lorsqu'elle sera prête pour la retraite, elle n'aura pas assez d'économies.

Figure 11.2 LA COMBINAISON D'ACTIFS DÉFINIT LE SPECTRE DES RETOURS

MEILLEURS RETOURS, PIRES RETOURS ET RETOURS MOYENS POUR DIVERSES ALLOCATIONS ACTIONS/OBLIGATIONS, 1926-2018

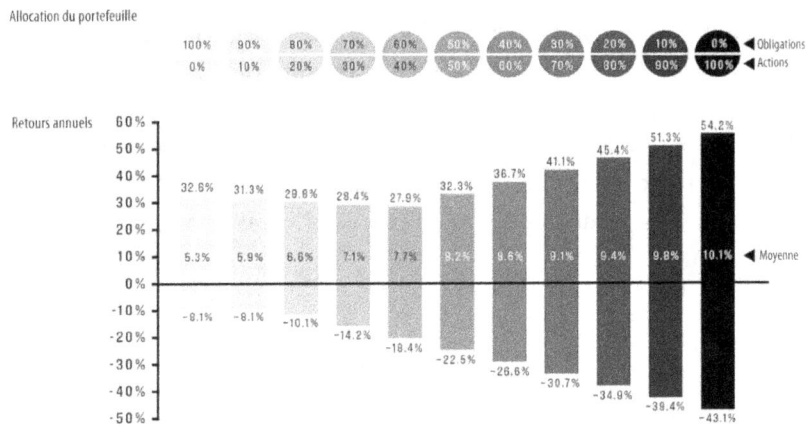

Les investisseurs devraient toujours déterminer leurs allocations sur base de leurs besoins. Par conséquent, il vous faut un plan personnalisé qui s'aligne avec ce que vous cherchez à accomplir. Si vous avez besoin de gagner un retour spécifique pendant les 15 prochaines années pour atteindre un objectif spécifique, vous devriez investir dans la combinaison de catégories d'actifs la plus susceptible d'atteindre ce retour. Et vous savez quels seront vos besoins, car vous avez établi un plan financier ! Utilisez cette feuille de route. Votre plan financier révèle où vous vous trouvez aujourd'hui et quels objectifs vous souhaitez atteindre. Il montre également combien vous êtes en mesure d'épargner et toute source de revenus externe. En amalgamant le tout, vous pouvez déterminer le taux de retour nécessaire à l'accomplissement de vos objectifs. Un investisseur qui a besoin de toucher un retour moyen annuel de 6 à 7 % ces 15 prochaines années devrait posséder environ 70 % d'actions et 30 % d'obligations (et pourquoi pas d'autres investissements alternatifs, couverts dans le chapitre précédent). Qu'importe si cet investisseur commence à investir à 50 ou 60 ans ; c'est le besoin, pas l'âge, qui détermine l'allocation.[123]

Des études montrent qu'entre 88 et 91 % des écarts de votre portefeuille sont déterminés par votre allocation d'actifs. Sachant ceci, vous devriez examiner la volatilité (à quel point le portefeuille grimpera ou chutera) qui accompagne l'allocation et déterminer si vous pouvez la supporter. Si ce n'est pas le cas, ajustez l'objectif (dépenser moins) ou le plan (épargner plus), afin qu'une allocation plus conservatrice puisse assurer votre succès. L'idée est que votre allocation personnelle devrait *toujours* tendre vers vos objectifs, et que votre tolérance au risque devrait servir de contrôle. Votre âge n'a rien à voir dans ce processus.

VISION D'ENSEMBLE

L'industrie financière passe beaucoup de temps à discuter de quelles catégories d'actifs sont « bonnes » ou « mauvaises », alors qu'en réalité, ce sont les objectifs de l'investisseur, et non les différents marchés, qui devraient motiver votre exposition[124] à n'importe quelle catégorie d'actifs. Pour certains investisseurs, diversifier les investissements dans de nombreuses catégories d'actifs pour accomplir plusieurs objectifs est sensé. Comme on dit, ne mettez pas tous vos œufs dans le même panier.

Souvent, les gestionnaires d'argent qui connaissent les meilleurs résultats, quelle que soit l'année, ont tous investi dans la même catégorie d'actifs, et les gestionnaires d'argent qui connaissent les pires résultats ont également tous

---

123 L'âge devrait, cependant, être un facteur lorsque vous choisissez la longueur de vos shorts, de parler en argot et, d'après mes enfants, de danser en jouant à Fortnite.
124 Un autre terme sophistiqué qui veut juste dire le montant que vous allouez à chaque catégorie d'actifs.

investi dans la même catégorie d'actifs (mais cette catégorie est différente de celle des meilleurs gestionnaires). Peut-être pensez-vous que c'est parce qu'ils sont tous des génies ou des idiots, mais prenons comme exemple les marchés émergents. En 2017, les fonds de marchés émergents constituaient les fonds communs de placement les plus performants et, l'année suivante, étaient les fonds communs de placement les moins performants. Le gestionnaire n'a pas d'influence sur les retours — c'est la catégorie d'actifs elle-même qui motive la plupart des retours. En fait, seuls 9 à 12 % des retours, quel que soit le fonds, sont attribuables au gestionnaire. Donc si vous possédez un fonds qui a grimpé de 8 % quelle que soit l'année, en moyenne, seul 0,72 à 0,96 % de ce retour est attribuable au génie du gestionnaire du fonds. Voilà pourquoi la première décision majeure lors du développement d'un portefeuille est l'allocation des actifs.

L'argent liquide est un investissement épouvantable, comme nous en avons déjà discuté. Il n'y a vraiment aucun intérêt à inclure de l'argent liquide dans un portefeuille. Imaginez une investisseuse qui a un portefeuille d'un million de dollars dont 10 % est investi dans des espèces. Elle peut s'attendre à ce que ses 100 000 $ ne lui rapportent pratiquement rien, en plus de perdre à l'inflation durant les dernières décennies de sa vie. Et comparez cela aux obligations, qui n'ont jamais connu de retour négatif sur cinq ans — *jamais*. Si cette investisseuse investissait à la place dans des obligations, qui rapportent en moyenne quelques points de plus par an, elle gagnerait sans doute plusieurs dizaines de milliers de dollars pendant le reste de sa vie. Le risque que le marché des obligations chute est le même qu'avec l'argent : si tout le marché des obligations dégringolait à zéro, une série d'évènements se serait produite qui ferait perdre toute valeur à votre argent liquide. Ces scénarios singuliers, perpétués par des émissions de téléréalité comme *Doomsday Preppers*, font passer le ridicule pour la norme. L'argent n'a d'intérêt que pour les dépenses domestiques, aller au restaurant, acheter une voiture et avoir des réserves en cas de chômage ou de dépenses courantes inattendues. Il n'a pas sa place dans un portefeuille d'investissement.

Les obligations perdent-elles parfois en valeur ? Bien sûr. Les obligations ont un retour calendaire négatif environ un an sur cinq. Mais tant que l'entité à laquelle vous avez prêté de l'argent existe, vous récupérerez votre argent avec intérêt. À contrario, un actionnaire ne sait jamais vraiment ce qui se passera, puisque les actions peuvent fluctuer dans toutes les directions. À Creative Planning, *nous ne recommandons pas l'achat ni ne possédons d'obligations dans l'attente qu'elles soient plus performantes que les actions sur le long terme.*

Donc si nous nous attendons à ce que les obligations soient moins performantes que les actions, pourquoi les achetons-nous ? Parce que les obligations sont une assurance. *Vous échangez un retour attendu pour une probabilité radicalement accrue que vos besoins soient satisfaits à court et à long terme.* Bien que les actions soient probablement performantes sur une période de dix ans, il y a de nombreux précédents de périodes de misère prolongée (voir le 11 septembre, la crise de 2008-2009 ou la pandémie du coronavirus pour vous rafraîchir la mémoire). Vous ne voulez pas être à la merci des girations souvent aléatoires de la Bourse et être forcé de vendre des actions lorsqu'elles baissent pour atteindre vos besoins de revenus. À la place, déterminez le pourcentage d'exposition approprié aux obligations en soustrayant les revenus projetés du portefeuille à la quantité d'argent que vous voulez que votre portefeuille rapporte durant un marché baissier prolongé.

LA BOULE DE CRISTAL

Les actions sont sujettes à des prédictions sans fin, alors qu'en réalité cette catégorie d'actifs est à la fois la plus imprévisible et la plus prévisible (oui, les deux) d'entre toutes. Premièrement, clarifions ce que nous en pensons à Creative Planning. Personne, absolument personne, ne peut prédire les fluctuations à court terme du cours des actions, et quiconque vous dit le contraire est probablement un menteur ou un imbécile. Oui, ce sont des gros mots, mais avec tout ce bruit, il est important de comprendre l'impact de ce point de vue sur votre avenir financier et combien vous choisissez d'allouer à cette catégorie d'actifs critique. À long terme, il est attendu que les actions aient une meilleure performance que toute autre catégorie d'actifs majeure cotée en bourse. La clé pour bénéficier des actions est de conserver son investissement quoi qu'il arrive, malgré les corrections, krachs et fluctuations journalières constantes, qui poussent les âmes sensibles à quitter le navire au pire moment. Idéalement, vous devez faire tout le contraire et considérer ces temps troublés comme des opportunités d'achat !

La clé pour surmonter la volatilité des actions est de toucher suffisamment de revenus pendant les cinq prochaines années pour ne pas devoir vous inquiéter des fluctuations du marché. Si vous n'êtes pas à la merci de la Bourse pendant quelques années — et sachant qu'à long terme, le marché n'a fait que grimper –, le tour en montagne russe devient plus facile. Un investisseur qui a plus de 10 ou 20 ans devant lui avant d'avoir besoin des revenus générés par cette allocation de son portefeuille peut investir dans des sous-catégories du marché qui sont plus volatiles, mais ont également un long historique bien documenté de récompenser les investisseurs patients. Ceci inclut les actions mid cap, small cap et micro cap[125] et les actions de marchés émergents. La volatilité plus élevée récompense les investisseurs par un retour plus élevé.

Les investissements alternatifs peuvent apporter aux investisseurs qui ont le temps et une valeur nette élevée une chance de surperformer sur le long terme. Dans un portefeuille de 5 à 10 millions de dollars ou plus, il est courant d'allouer entre 10 et 30 % du portefeuille ou plus à des placements alternatifs, y compris des sous-catégories d'actifs comme des fonds spéculatifs, des crédits privés ou de l'immobilier privé. Beaucoup de mes clients possèdent une fortune qu'ils ne dépenseront jamais ou des portions de leur portefeuille auxquelles ils ne toucheront jamais, pour le bénéfice de la génération suivante.

---

125 La capitalisation (« cap » pour faire court) boursière d'une entreprise est calculée en multipliant le cours de l'action par le nombre en circulation. Aux États-Unis, la capitalisation boursière des actions big cap est définie à 10 milliards de dollars ou plus, celle des actions mid cap entre 2 et 10 milliards de dollars, et celle des actions small cap sous les 2 milliards de dollars. Même les actions small cap sont assez grandes !!

Dans ces situations, un investisseur de 75 ans pourrait avoir une allocation significative dans les petites actions, les actions de marchés émergents et les investissements alternatifs.

Bien que cette stratégie marche bien sur papier et sur le long terme, elle ne convient pas aux âmes sensibles. Ces sous-catégories d'actifs peuvent fluctuer rapidement et avoir une faible performance sur de longues périodes de temps. *Une bonne manière de savoir si ces sous-catégories d'actifs vous conviennent est de voir votre réaction à une baisse du marché.* Si l'opportunité de vendre quelques obligations et d'acheter plus d'actions small cap et de marchés émergents à petit prix vous excite, ces sous-catégories d'actifs pourraient vous convenir. Si vous paniquez à chaque baisse, vous ne garderez pas votre position suffisamment longtemps pour qu'elle paie, et cela fera du mal inutile à votre portefeuille. En périodes troublées, il est utile de vous connaître vous-même.

LA TOUCHE FINALE
Vous devriez avoir une allocation d'actifs stratégique qui présuppose que vous ne savez pas ce que l'avenir réserve.
—RAY DALIO

Maintenant que vous avez déterminé votre allocation d'actions et d'obligations, et votre niveau de tolérance à d'autres investissements plus volatils, il est temps de jeter un œil à votre allocation cible. Votre allocation cible est votre recette idéale, la combinaison rêvée d'investissements définie par votre plan *et* votre capacité émotionnelle à gérer les fluctuations du marché.

PRENEZ UNE APPROCHE GLOBALE

Considérez le fait suivant : la Suède représente environ 1 % de l'économie mondiale. Un investisseur avisé aux États-Unis ou au Japon investirait alors environ 1 % de ses actifs dans les stocks suédois. Est-il sensé que les investisseurs suédois investissent 48 fois plus ? Non. Ceci reflète la tendance bien connue des investisseurs à acheter des actions de leur propre pays, ce que les économistes appellent un biais national ou domestique.

—RICHARD H. THALER ET CASS R. SUNSTEIN

Nous avons tendance à préférer des placements qui nous sont proches plutôt que de chercher des options en dehors de notre zone de confort personnelle, ce qui s'appelle le *biais national*. Il est probable que vous viviez ceci tous les jours, lorsque vous fréquentez les magasins, stations essence ou cafés les plus pratiques et les plus proches du bureau / de la maison. Le week-end, il y plus de chances que vous sortiez dîner près de chez vous que dans un restaurant que vous adorez un peu plus loin. La majorité des investisseurs américains préfèrent les actions de grandes entreprises américaines lorsqu'ils choisissent un portefeuille d'actions, simplement parce que nous en connaissons les noms.

Indépendamment de l'industrie, presque toutes les entreprises nationales ont un homologue global dont le potentiel de performance est égal, voire supérieur. En fait, d'après une prévision récente de Standard Chartered, d'ici 2030, la Chine et l'Inde devraient devenir les deux plus grandes économies du monde, et ce par une marge significative. Par conséquent, votre portefeuille devrait contenir des parts internationales. Même si vous êtes plus à l'aise avec un portefeuille de noms connus de tous, vous encourez plus de risques en concentrant vos actifs dans une seule partie du globe. Nous vivons dans une économie globale, et les entreprises du monde entier peuvent gagner et gagnent de l'argent. Les titres internationaux, cependant, se comportent généralement légèrement différemment que les titres américains. Les marchés américains et internationaux se surpassent généralement « en alternance » pour de courtes et parfois de plus longues périodes de temps. Considérez ce qui est arrivé au marché américain pendant la « décennie perdue » de 2000-2009, quand le S&P 500 a généré un retour de juste sous 0 %, même après avoir pris en compte les dividendes. Les investisseurs qui avaient investi strictement dans les actions big cap américaines ont souffert, alors que les investisseurs qui s'étaient diversifiés globalement ont touché des retours plus élevés sur les marchés internationaux et émergents. Se diversifier globalement permet de réduire la volatilité de votre portefeuille tout en améliorant la performance à long terme, puisque de nombreuses économies internationales, surtout celles de marchés émergents, ont un taux de croissance projetée bien supérieur à celui des États-Unis.

Comme le montre la figure 11.3, le biais national est un phénomène global. Les investisseurs parfaitement impartiaux, autrement dit des citoyens globaux, possèderaient des titres dans la même proportion que leur capitalisation sur le marché global. Par exemple, en 2010, le marché américain représentait 43 % du marché global total, aussi des investisseurs parfaitement impartiaux auraient alloué 43 % de leur portefeuille aux actions américaines. Cependant, le portefeuille de l'investisseur moyen aux États-Unis est alourdi par des actions américaines. Pareil dans d'autres pays : l'investisseur moyen au Royaume-Uni, par exemple, favorise les actions anglaises de 42 %, et les Suédois ont près de la moitié de leur argent investi dans des actions suédoises ! Ce plan signifie investir tout ce pour quoi vous avez travaillé sur base de la géographie plutôt que la logique.

La capitalisation du marché global n'est pas la seule manière de déterminer quelle proportion de votre portefeuille devrait être allouée aux investissements internationaux, ce qui dépend largement de vos objectifs d'investissement et de votre tolérance au risque. Cependant, ne tombez pas dans le piège d'écarter la valeur de l'investissement global uniquement parce que vous ne connaissez pas le nom des sociétés. Inutile de voyager ou d'ouvrir un compte à l'étranger pour créer un portefeuille global. En achetant simplement un fonds indiciel, un investisseur peut instantanément ajouter une exposition internationale à son portefeuille. Par exemple, si votre plan implique une allocation de 60 % aux actions, vous pouvez facilement assigner un tiers de cette allocation à des actions étrangères en achetant un FNB international.

Figure 11.3 AMPLEUR RELATIVE DU BIAIS NATIONAL

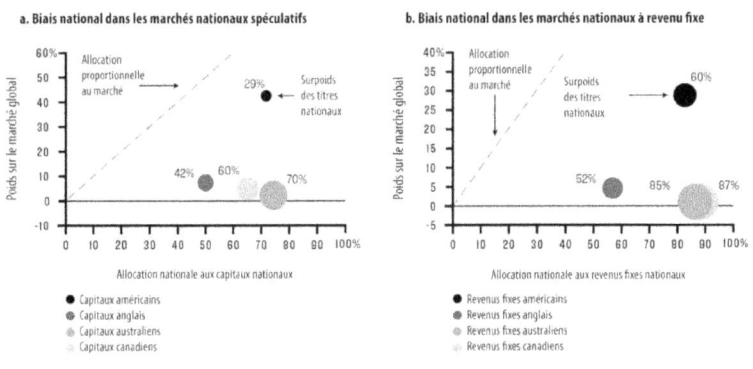

DIVERSIFIEZ-VOUS !
Rien n'est permanent, sauf le changement.
—HÉRACLITE

Pour un philosophe grec, Héraclite aurait fait un très bon conseiller en placements. Il comprenait le fait que la vie est dans un état de mouvement constant, et ce principe s'applique plus que tout au marché boursier.

Figure 11.4 SOCIÉTÉS CONSTITUANT LE DOW JONES INDUSTRIAL AVERAGE (DJIA)

1979		
3M	Eastman Kodak	Johns-Manville
Allied Chemical	Esmark	Owens- Illinois
Aluminum Company of America (Alcoa)	Exxon	Proctor & Gamble
American Can Company	General Electric	Sears
AT&T	General Foods	Texaco
American Tobacco Company (B shares)	General Motors	Union Carbide
Betlhelem Steel Corporation	Goodyear	US Steel
Chevron	Inco Ltd.	United Technologies
Chrysler	International Harvester Company	Westinghouse
Dupont	International Paper	Woolworth's
2019		
3M	Exxon Mobil	Nike
American Express	Goldman Sachs	Pfizer
Apple	The Home Depot	Proctor & Gamble
Boeing	IBM	Travelers
Caterpilar	Intel	UnitedHealth
Chevron	Johnson & Johnson	United Technologies
Cisco	JP Morgan Chase	Verizon
Coca-Cola	McDonald's	Visa
Disney	Merck	Walmart
Dow-DuPont	Microsoft	Walgreens

Lorsque vous investissez dans une société spécifique, tout peut arriver. La société peut avoir des résultats exceptionnels ou être affectée par un évènement négatif ou encore faire faillite, comme Enron, Sears et Toys "R" Us. Ce risque est souvent très sous-estimé, puisque chaque société a un cycle de vie avant d'être détruite par le capitalisme et remplacée par mieux. Le fondateur d'Amazon Jeff Bezos est très conscient du fait qu'aucune société ne dure toujours. Il a dit à ses employés, « Je prédis qu'un jour, Amazon fera faillite. Si vous regardez les grandes entreprises, leur durée de vie est plutôt de trente et des ans que de cent ans et plus ».

Voyez la différence entre le Dow 30 aujourd'hui et celui d'il y a quarante ans ! Comme l'illustre la figure 11.4, bien qu'une poignée de piliers aient survécu aux années, beaucoup d'entreprises autrefois célèbres ont déposé le bilan, été englobées par d'autres entreprises ou ont décliné de leur statut depuis 1979. En 2018, la dernière société a quitté l'indice inaugural de 1896, General Electric ayant été remplacé par Walgreens. De nombreuses sociétés figurant sur la liste de 2019, comme Apple, Microsoft et Intel, en étaient à leurs balbutiements en 1979, alors que d'autres, comme Cisco et Verizon, sont à présent les fournisseurs dominants de technologies qui n'existaient même pas il y a quarante ans.

Comparez ceci à l'industrie de la restauration. Vous vous demandez si certains restaurants seront toujours ouverts dans quelques mois, vous pensez que d'autres survivront pendant des décennies, mais peu de restaurants seront toujours en opération dans plusieurs générations. Quoi qu'il arrive à n'importe quel restaurant, cependant, il y aura toujours des restaurants. C'est pareil pour les actions. En investissant dans un grand nombre d'actions, vous ne pariez pas sur une seule société, mais vous vous diversifiez pour englober de nombreuses entreprises. Si vous possédez un fonds indiciel S&P 500, vous pouvez vous attendre à ce que quelques sociétés qui le constituent fassent faillite ou déclinent radicalement chaque année, mais ce qui arrive à n'importe quelle société ne vous éliminera pas et ne freinera pas l'accomplissement de vos objectifs financiers. Sur le long terme, les gains de sociétés qui prennent leur envol compenseront de loin les pertes.

Un autre risque que les investisseurs prennent quand ils investissent en bourse est le *risque sectoriel*. Tout comme vous ne parieriez pas tout votre argent sur un seul restaurant, il existe toujours un risque qu'un secteur entier souffre beaucoup ou soit éliminé. De nombreuses crises financières commencent par un effondrement sectoriel, comme nous l'avons vécu lors de crises récentes, de la bulle technologique à la crise de l'immobilier ou bancaire et, plus récemment, la crise énergétique. Si vous possédez 100 actions dans le même secteur et que ce secteur s'effondre, vous pourriez vous demander pourquoi la diversification ne vous a pas aidé. Vous devez vous diversifier en entreprises et en secteurs, en possédant de nombreuses actions appartenant à de nombreux secteurs.

BOULEVERSEMENT OU DÉCLIN

Lorsque vous considérez la vitesse du changement technologique dans le monde d'aujourd'hui — la vitesse à laquelle nous sommes passés des disques longue durée aux MP3, des vidéothèques au streaming en ligne –, il est probable que nous voyions naître et mourir des secteurs plus vite que jamais. Les bouleversements s'accélèrent dans tous les secteurs ; demandez à Kodak, K-Mart, Blockbuster, Yellow Cab et BlackBerry. La figure 11.5, qui montre la durée de vie moyenne d'une société de l'indice S&P 500, offre une illustration puissante de l'accélération du changement : *la durée moyenne pendant laquelle une entreprise figure sur l'indice a chuté près de quatre fois ces cinquante dernières années*. Cela signifie qu'en tant qu'investisseur, soit vous bénéficierez de la croissance de nouvelles technologies en vous diversifiant, soit vous souffrirez du déclin de la vieille garde. L'avantage d'investir dans un indice est que vous n'avez pas à vous inquiéter de quelles sociétés parmi celles qui le constituent seront bouleversées, car de nouveaux-venus viendront les remplacer et, *voilà !* vous devenez automatiquement actionnaire.

Figure 11.5 DURÉE DE VIE MOYENNE D'UNE SOCIÉTÉ DE L'INDICE S&P
ANNÉES, MOYENNE MOBILE SUR 7 ANS

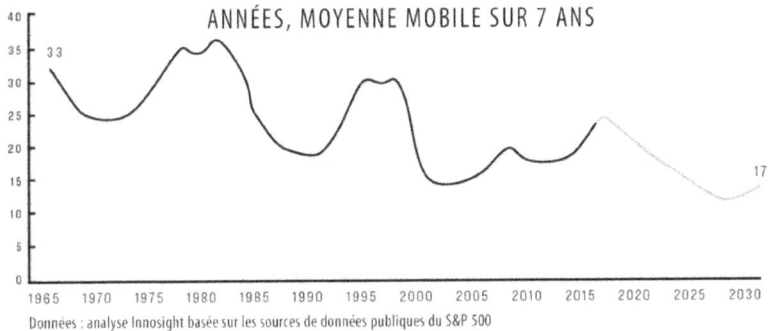

Données : analyse Innosight basée sur les sources de données publiques du S&P 500

Le dernier risque majeur pour l'investisseur est le *risque de marché* ou *risque systémique*, reflétant le fait que tout un marché peut simplement monter en flèche ou s'effondrer. Nous ne pouvons jamais éliminer le risque de marché, raison pour laquelle la diversification est essentielle. Par exemple, vous pourriez investir tout votre argent dans un duplex et le louer, et vous attendre à toucher 10 % de retour. Bien sûr, c'est un risque considérable si vous n'avez qu'un seul duplex ; si quelque chose vient bouleverser cet investissement, la situation peut dégringoler rapidement. Disons à la place que vous trouvez quatre duplex, qui peuvent vous rapporter 10 % de retour, mais vous ne pouvez pas vous permettre de tous les acheter. Alors vous vous associez à trois autres personnes pour former une société, vous créez un pool de fonds et vous achetez les quatre duplex. Maintenant, vous avez investi le même montant dans quatre duplex et votre retour attendu est le même, mais le risque de bouleversement est réduit. Si un problème survient avec un duplex, ce n'est pas la fin du monde. Bien qu'acheter plusieurs duplex réduit le risque associé à la possession d'un seul duplex, vous n'avez pas réduit le risque de posséder des duplex en général. Qu'arrivera-t-il si tous les locataires travaillent pour la même société, qui dépose le bilan, et qu'ils déménagent ? Vous pouvez réduire le risque de marché en investissant dans une variété de marchés (ou, dans ce cas, d'emplacements géographiques). Se diversifier, c'est posséder une combinaison d'actifs dont la performance n'est pas corrélée. Posséder des duplex dans différentes villes du pays réduit votre risque.

Pour faire simple, vous voulez posséder des actifs qui réagissent différemment à différentes conditions économiques. Ce mouvement indépendant — les rendements positifs ou négatifs de vos actifs à tout moment donné — aide à réduire le risque de votre portefeuille. Quand le cours des actions chute, par exemple, les obligations de haute qualité ont tendance à prendre de la valeur. Bien que la plupart des marchés boursiers soient corrélés, ils ne se comportent pas exactement de la même manière, raison pour laquelle les investisseurs avisés incluent un mélange d'actifs internationaux dans leurs portefeuilles, ainsi que différentes tailles de sociétés — actions small cap, mid cap et big cap — aux États-Unis et à l'étranger.

Les facteurs économiques changeants peuvent faire fluctuer la valeur des catégories d'actifs l'une par rapport à l'autre, alors mettez vos œufs dans différents paniers pour réduire le risque du portefeuille et augmenter la probabilité d'atteindre vos objectifs à long terme. Se diversifier dans d'autres catégories d'actifs, comme l'immobilier, peut réduire davantage le risque lié au marché.

NE TOMBEZ PAS AMOUREUX DE VOS INVESTISSEMENTS

La diversification, ça vous paraît logique ? Eh bien, je ne peux vous dire combien de clients j'ai connu, tout au long de ma carrière, qui ont vu leur valeur nette chuter parce qu'ils avaient refusé de se diversifier pour s'éviter les risques d'entreprise et de marché. Beaucoup de nos clients ultrafortunés sont devenus riches en travaillant pour des entreprises cotées en bourse qui leur ont accordé des parts dans les actions de la société, et dont la valeur a ensuite explosé. Ces clients rechignent souvent à se diversifier, en partie parce que les actions d'une seule entreprise sont la raison de leur fortune. De plus, ils ont travaillé pour la société et la connaissent bien, ils en ont de bons souvenirs et éprouvent de la loyauté pour la marque. Mais rappelez-vous ce que Jeff Bezos a déclaré : toutes les sociétés finissent par s'éteindre ; c'est juste une question de temps. Tout comme dans le cas du biais national, j'ai appris que de nombreux investisseurs ont tendance à choisir les actions de sociétés qu'ils connaissent, ce qui entraîne souvent un risque sectoriel. De nombreuses grandes sociétés canadiennes sont spécialisées dans les marchandises et les finances, donc de nombreux investisseurs canadiens ont des portefeuilles exagérément alourdis en actions de ces secteurs et sont vulnérables aux fluctuations des cours de ces secteurs. Les nouveaux clients de Creative Planning nous arrivent souvent avec des investissements dans des secteurs en vue : un Texan aura probablement investi dans un certain nombre de holdings énergétiques, un habitant du Nord-est dans les finances, un Californien du nord dans la technologie et un habitant du nord du Midwest dans l'industrie. La figure 11.6 illustre notre tendance à nous surexposer à des secteurs qui nous sont familiers.

Dans les faits, vous travaillez probablement pour ces sociétés et connaissez bien ces secteurs, mais cela signifie également que vous y êtes déjà surexposé. Si vous êtes dans une position où votre plan de retraite dépend du succès de ce secteur et que la valeur de votre maison peut être affectée par les fluctuations de ce secteur, analysez soigneusement votre portefeuille pour vous assurer de ne pas risquer de perdre encore plus en cas de bouleversement.

Figure 11.6 ALLOCATIONS DES INVESTISSEURS PAR RÉGION
VRAISEMBLANCE DE POSSÉDER DES ACTIONS DANS UN SECTEUR PARTICULIER VS. MOYENNE NATIONALE

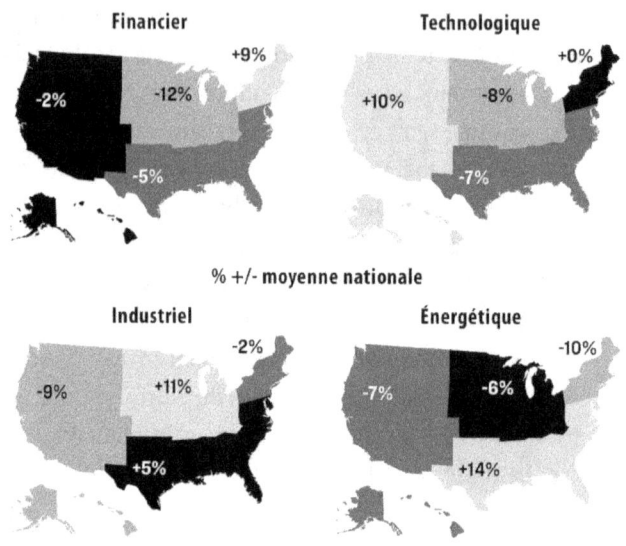

LES IMPÔTS ONT LEUR IMPORTANCE

Ne liquidez pas vos titres existants.
Sachez ce que vous possédez et pourquoi vous le possédez.
—PETER LYNCH

Lorsque vous avez déterminé l'allocation idéale pour votre portefeuille, ajouté des parts internationales et diversifié vos placements pour éviter les risques d'entreprise et de secteur, n'oubliez pas de prendre en compte les parts existantes de votre portefeuille et les conséquences fiscales en cas de changement.

Tout investissement dans des comptes à impôt différé comme des plans 401(k), 403(b), IRA et autres peut être vendu immédiatement et repositionné sans conséquence fiscale. Tout argent que vous ajoutez au portefeuille peut être placé dans de nouveaux investissements aussi.

Cependant, résistez à la tentation de vendre les titres de votre compte imposable. Si liquider vos parts existantes créera des gains imposables conséquents, comprenez que vous allez vous creuser un trou et qu'il vous faudra vraisemblablement plusieurs années de retours élevés sur les marchés pour retrouver la position dans laquelle vous étiez avant de vendre. De la même manière, méfiez-vous des conseillers financiers qui vous disent de tout vendre, au mépris des conséquences fiscales. Ils nuiront plus que certainement à votre position financière juste pour se faciliter la gestion de votre portefeuille. C'est également un signe typique de quelqu'un qui veut faire entrer votre argent dans un portefeuille pré-emballé sans égard pour les conséquences fiscales, ce qui devrait vous donner suffisamment à réfléchir pour envisager de changer de conseiller. Même si les impôts ne devraient jamais mener le bal, à Creative Planning, nous envisageons toujours les conséquences fiscales lorsque nous développons un portefeuille. Après tout, ce n'est pas ce que nos clients gagnent qui compte, mais ce qu'ils peuvent garder après avoir payé les taxes et les frais.

RENTES ET HOTEL CALIFORNIA

You can check out anytime but you can never leave (« Tu peux régler la note quand tu veux, mais tu ne pourras jamais partir »). Non, il ne s'agit pas de « Hotel California », mais de l'univers merveilleux des rentes. De nombreuses rentes s'accompagnent de dépenses très élevées et d'options d'investissements limitées, et sont également sujettes à des *charges pour rachat anticipé* (la rançon que vous payez si vous ne désirez plus être leur otage) si vous décidez de résilier le contrat avant une certaine échéance.

Si ces charges sont substantielles, mieux vaut attendre de liquider jusqu'à ce que les charges de rachat expirent ou soient suffisamment basses pour être compensées par les gains apportés par une autre opportunité d'investissement. Une exception notable est si vous êtes gravement malade. Dans ce cas, racheter une rente avec un « capital décès » n'aurait pas de sens, car elle vous verserait un capital comme le ferait une assurance-vie. En bref, bien que d'autres investissements puissent être meilleurs, une fois que vous avez déjà acheté une rente, il y a de nombreux facteurs à prendre en considération avant de racheter le contrat.

TROP D'UNE SEULE ACTION

Il m'est déjà arrivé de conseiller aux clients de maintenir une position majoritaire dans une seule action qu'il n'y avait aucune logique à conserver, uniquement d'une perspective de portefeuille cible et dans certains scénarios. Par exemple, de nouveaux clients avaient investi 3 millions de dollars de leur valeur nette de 3,5 millions de dollars dans une seule action. Le couple s'est tourné vers Creative Planning parce que le mari était mourant et qu'il voulait s'allier à un conseiller qui aiderait sa femme lorsqu'il ne serait plus. J'ai conseillé au couple de conserver les titres au nom du mari jusqu'à sa mort. À sa mort, l'action a reçu une majoration, ce qui signifie que sa femme a pu vendre tous ses titres immédiatement sans payer d'impôts, ce qui nous a donné l'opportunité de repositionner le portefeuille vers une combinaison plus appropriée à ses besoins, et ce de manière rentable. Si le couple s'était allié à un conseiller qui avait tout vendu, ils auraient sans doute perdu des centaines de milliers de dollars. À la place, elle s'en est bien mieux sortie et a pu conserver son indépendance financière.

Parfois, avoir un bon plan d'investissement peut néanmoins faire plus de mal que de bien en raison de conséquences fiscales ou immobilières inattendues. Ce qu'il faut retenir : avant d'effectuer le moindre changement, soyez conscient des implications de repositionner votre portefeuille. Avec un peu de personnalisation, votre portefeuille peut générer un résultat après impôts bien meilleur que repositionner tout votre portefeuille immédiatement.

L'EMPLACEMENT DES ACTIFS A SON IMPORTANCE

À ce stade, j'espère que vous avez bien compris que les impôts ont de l'importance. Beaucoup d'importance. Les conseillers n'en parlent pas, car si vous saviez la facture fiscale qu'ils génèrent avec toutes leurs opérations en Bourse, vous les vireriez (pareil pour les fonds communs de placement, fonds spéculatifs, etc.). La plupart des investisseurs ne font pas attention aux taxes, parce qu'elles ne sont pas facturées au compte d'investissement. Supposons qu'un gestionnaire de placements spécule activement sur votre compte d'un million de dollars. En fin d'année, vous recevez un rapport disant que vous avez gagné un retour de 7 %, soit 70 000 $. Vous êtes tout excité. Quelques mois plus tard, vous recevez un document 1099 à joindre à votre déclaration d'impôts. Si vous êtes comme la plupart des gens, vous le fourrez dans un dossier et, lorsque vous avez récupéré tous les papiers nécessaires, vous donnez le tout à votre comptable sans y regarder de plus près. Maintenant, supposons que ce document 1099 dit que vous devez 30 000 $ d'impôts. Cette somme sera combinée au reste des impôts dus, et si votre comptable vous demande d'écrire un chèque à l'IRS, c'est ce que vous ferez. Les 30 000 $ ne seront probablement pas payés à partir du compte d'investissement ; même si c'est le cas, le rapport du gestionnaire montrera toujours un taux de retour de 7 %, alors qu'il n'est que de 4 % après impôts. La figure 11.7 montre l'impact des impôts sur les retours nets, et le pouvoir de la capitalisation quand un dollar double 20 fois. Elle révèle également l'impact des impôts si les gains sont chaque fois taxés à 33 %.

Figure 11.7 IMPACT DES IMPÔTS SUR LA CROISSANCE D'UN INVESTISSEMENT

ANNÉE	EXEMPTÉ D'IMPÔTS	33 % D'IMPÔTS SUR LES REVENUS
	$1.00	$1.00
1	$2.00	$1.67
2	$4.00	$2.79
3	$8.00	$4.66
4	$16.00	$7.78
5	$32.00	$12.99
6	$64.00	$21.69
7	$128.00	$36.23
8	$256.00	$60.50
9	$512.00	$101.03
10	$1,024.00	$168.72
11	$2,048.00	$281.76
12	$4,096.00	$470.54
13	$8,192.00	$785.80
14	$16,384.00	$1,312.29
15	$32,768.00	$2,191.53
16	$65,536.00	$3,659.85
17	$131,072.00	$6,111.95
18	$262,144.00	$10,206.96
19	$524,288.00	$17,045.63
20	$1,048,576.00	$28,466.20

Si vous possédez des comptes imposables et à impôt différé, l'emplacement des actifs peut atténuer les dégâts potentiels. Qu'est-ce donc que *l'emplacement des actifs* ? C'est l'art de déterminer quel compte devrait détenir chacun de vos investissements spécifiques.

Lorsque vous développez votre portefeuille, résistez à la tentation de vouloir faire se ressembler tous vos comptes. Placez plutôt les investissements qui encourent les impôts les plus élevés, comme les obligations imposables et l'immobilier, sur vos comptes à impôts différés (IRA ou 401(k)). Placez les investissements qui n'encourent pas d'impôts élevés, comme les actions de grandes entreprises, sur votre compte imposable. En plaçant vos actifs dans les emplacements les plus fiscalement avantageux, vous diminuerez considérablement votre facture fiscale et améliorerez votre retour après impôts.

RÉÉQUILIBRER, RÉCUPÉRATION SUR LES IMPÔTS ET SUIVI

Beaucoup de conseillers parlent de réallocation, mais ce que vous ne les entendrez probablement jamais dire, c'est que *rééquilibrer* votre portefeuille peut nuire à vos retours sur le long terme. Qu'est-ce que rééquilibrer ? Supposons que votre portefeuille contienne 60 % d'actions et 40 % d'obligations. Si les actions prennent plus en valeur que les obligations, vous aurez ainsi un pourcentage plus élevé d'actions dans votre portefeuille qu'au début. Bien que ce soit en théorie génial dans une perspective de retour potentiel, vous avez maintenant un portefeuille plus risqué que vous ne le souhaitiez. Il est temps de rééquilibrer pour revenir au ratio désiré de 60/40 en vendant quelques actions et en achetant des obligations. Si vous ne rééquilibrez jamais, vous vous réveillerez dans 20 ans avec un portefeuille composé de 85 % d'actions et de 15 % d'obligations. Il se pourrait qu'il soit sensé pour vous d'avoir une allocation plus agressive dans 20 ans qu'aujourd'hui, mais c'est peu probable. En rééquilibrant, votre portefeuille reste pointé vers la cible, ce qui augmente vos chances d'atteindre votre but.

Certains investisseurs rééquilibrent de manière périodique, tous les trimestres ou tous les ans. Je pense personnellement que c'est exagéré, car cela entraîne des frais inutiles qui peuvent limiter l'efficacité de votre stratégie de portefeuille. Si rééquilibrer entraîne des impôts ou des frais de transaction multiples, envisagez d'attendre que votre allocation soit complètement déréglée. Mais si le marché baisse, n'attendez-pas ! Sautez sur l'opportunité de rééquilibrer, en augmentant intentionnellement votre exposition à la catégorie d'actifs plus faible, généralement les actions, quand elles baissent. Si elles continuent à baisser, rééquilibrez à nouveau. C'est ce qui s'appelle le *rééquilibrage opportuniste*, qui génère un bien meilleur retour sur le long terme que le rééquilibrage périodique. Si c'est trop à gérer émotionnellement, confirmez que vos objectifs n'ont pas changé, rééquilibrez une à quatre fois par an, et continuez à vivre votre vie.

RÉCUPÉRATION SUR LES IMPÔTS

Si vous placez un investissement, disons un fonds indiciel S&P 500, sur un compte imposable et que le marché baisse soudain, comme à la fin de 2018, vous avez plusieurs options. La première, vous pouvez vendre en catastrophe, balancer votre ordinateur par la fenêtre, piétiner le sol et pleurer. Mais nous avons bien avancé, et vous avez plus de jugeote que cela. La deuxième, ne faites rien. La bonne nouvelle, c'est que votre fonds indiciel se remettra probablement, comme il l'a toujours fait, et atteindra de nouveaux sommets. Pas de mal, juste une opportunité manquée. Ou la troisième, vous pouvez vendre le fonds pendant qu'il est bas et le remplacer par un investissement similaire, mais pas identique, comme un fonds indiciel S&P 100. Quand le marché remontera, le fonds de remplacement se remettra de la même manière que l'investissement précédent, mais vous vous en sortiez bien mieux parce que la perte de la vente précédente sera bloquée sur votre déclaration d'impôts et y restera, jusqu'à ce qu'elle puisse être utilisée pour contrebalancer des gains futurs, ce qui rend votre portefeuille bien plus rentable ! Maintenant, vous gérez vraiment bien votre argent.[126]

Pour finir, surveillez vos positions. Certains investissements ne fructifieront pas indépendamment de l'excellence de votre plan. Parfois, des options d'investissement à moindre coût s'ouvrent, vous donnant l'occasion d'économiser de l'argent. De nouveaux investissements pourraient mieux servir vos objectifs. Surtout, vos besoins et vos objectifs changeront avec le temps, alors passez en revue votre plan financier et ajustez votre portefeuille au besoin pour rester sur la voie de vos objectifs financiers. Ou assurez-vous d'avoir un conseiller capable de faire le gros du travail et passez le plan en revue avec lui/elle une fois par an. Les temps changent, vous allez changer,

---

126 Faisons une pause pour un check imaginaire !

vos objectifs changeront, et votre portefeuille devrait toujours vous aider à accomplir votre vision.

NOUS Y VOILÀ !

Récapitulons les étapes pour nous assurer que vous êtes sur la bonne voie vers la liberté financière :

1. Dressez un plan financier exposant vos objectifs.
2. Déterminez la meilleure allocation d'actifs pour obtenir le retour nécessaire afin d'accomplir vos objectifs.
3. Prenez une approche globale pour votre portefeuille.
4. Diversifiez votre portefeuille pour éviter les risques d'entreprise et de secteur.
5. Prenez en compte vos parts existantes qui ont des gains imposables considérables.
6. Déterminez quels investissements placer sur des comptes imposables et non imposables.
7. Rééquilibrez, récupérez sur les impôts et surveillez votre portefeuille.
8. Passez en revue votre plan financier chaque année et ajustez votre portefeuille si nécessaire.

Si nous avons bien fait notre travail, vous ne devriez jamais être à la merci d'une catégorie d'actifs, et chaque catégorie d'actifs devrait avoir une marge de manœuvre pour respirer et croître — faire ce qu'elle est censée faire. Vous devriez avoir une allocation en place qui vous donne la liberté de récupérer sur les impôts, de rééquilibrer lors de baisses importantes et, surtout, d'augmenter la probabilité d'atteindre vos objectifs. En fin de compte, la fortune que vous avez accumulée est un moyen pour atteindre un but : la liberté et la tranquillité d'esprit. Ces ingrédients vous donneront les meilleures chances d'accomplir votre vision en incorporant des catégories et sous-catégories d'actifs qui devraient toujours être liées aussi étroitement que possible à vos objectifs.

PARTIE V

LE SOMMET

CHAPITRE DOUZE
LA DÉCISION LA PLUS IMPORTANTE DE VOTRE VIE

par Tony Robbins

La plupart des gens savent intuitivement que l'argent ne fait pas le bonheur, mais ils veulent une chance d'apprendre cette leçon par eux-mêmes !

Bo Shao, l'un des entrepreneurs en technologie chinois les plus prospères, a une histoire incroyable. En 2019, j'ai demandé à Bo de partager son parcours à mon évènement Platinum Partners à Whistler, au Canada. Nous nous attendions à entendre parler des nombreux succès de Bo, mais il a détourné son message pour courageusement partager son cœur. Il nous a parlé de l'histoire *derrière* son vécu, et j'ai été profondément touché par sa transparence et sa candeur. Je suis sûr que vous le serez aussi.

Bo a grandi dans la pauvreté à Shangaï, en Chine. Poussé par son père très traditionnel, Bo a appris que la performance et la réussite étaient essentielles au succès (alors que l'émotion ne devait pas être un facteur). Son père se servait d'un jeu de cartes pour lui enseigner à calculer rapidement dans sa tête. À la fin du lycée, Bo avait déjà gagné plus d'une dizaine de compétitions de maths dans ce qui était considéré comme l'épicentre des enfants doués en mathématiques.

En 1990, Bo a reçu une bourse d'études complète pour Harvard — la première bourse d'études complète offerte à un citoyen chinois depuis 1949. Il a réussi ses études haut la main et, en même temps que son premier poste au Boston Consulting Group, il a repris les études et obtenu sa maîtrise en administration des entreprises à Harvard. À l'époque, le boom technologique n'en était qu'à ses débuts. Bo a décidé de retourner en Chine pour lancer sa première société, EachNet, la version chinoise auto-qualifiée de « contrefaçon » d'eBay. Son investissement a payé. En 2003, il a vendu sa société à eBay pour 225 millions de dollars. Il avait 29 ans.

Bo a pris une brève « retraite », mais l'ennui l'a vite rattrapé, aussi il a décidé de remettre le pied sur la pédale. Il est devenu le cofondateur d'une des sociétés de capital-risque les plus prospères en Chine, qui a une longue liste de placements gagnants. Il a fait le tour du monde avec sa famille, vécu dans le sud de la France, acheté une magnifique maison dans le quartier le plus cher de Californie et « acheté une Ferrari en cash ». De l'avis général, il vivait bien sa vie de magnat.

Mais malgré tout ce qu'il avait accompli, bien qu'il possède plus d'argent que lui-même ou ses enfants ne pourraient jamais dépenser, Bo était malheureux. Il était devenu victime de l'illusion que l'argent et l'accomplissement étaient épanouissants en soi. Il n'avait pas de communauté, pas d'amis à qui il pouvait faire confiance, une relation déconnectée avec ses jeunes enfants et un compte en banque à neuf chiffres. Il y avait un vide de sens dans sa vie. Au lieu de savourer tout ce qu'il avait accompli, il souffrait d'une angoisse immense à l'idée de perdre sa fortune. « Je me sentais plus à l'abri quand je gagnais 50 000 $ par an après mes études ! » s'est-il exclamé.

Si nous sommes honnêtes envers nous-même, je pense que nous pouvons tous nous identifier à Bo. Évidemment, nous n'avons pas tous vendu une société pour un montant à neuf chiffres, mais je suis sûr que vous pouvez vous rappeler un moment dans votre vie où la pensée d'accomplir un objectif noble vous a obsédé. Peut-être était-ce la vente d'une société, un nouveau poste au travail ou une toute nouvelle BMW. Et quand vous avez accompli votre objectif, vous vous êtes senti bien pour un temps. Mais rapidement, comme toujours, la joie a commencé à s'estomper. L'accomplissement a perdu de son éclat. Et alors vous êtes passé au poteau de but suivant et avez trouvé votre prochain objectif. Je peux vous dire avec certitude que j'ai vu ce film jouer mille fois déjà. C'est simplement un aspect de la condition humaine — une partie de notre système d'exploitation qui semble clignoter « erreur » chaque fois que nous obtenons ce que nous désirons et commençons à sentir cet épanouissement nous glisser entre les doigts comme du sable.

J'ai eu le privilège de travailler avec des entrepreneurs, acteurs, athlètes et politiciens extrêmement accomplis. Après avoir réussi toute leur vie, ils sont nombreux à atteindre le sommet pour se rendre compte que l'air y est rare. Ils sont nombreux à se poser la même question : « C'est tout ? » Je dois vous révéler la vérité : c'est pareil avec la liberté financière. Vous pouvez mettre en place tous les outils et stratégies de ce livre, finir là où vous le désiriez et, toujours, vous sentir vide — à moins que vous ne maîtrisiez ce que j'appelle **l'art de l'épanouissement.**

LE SUCCÈS SANS ÉPANOUISSEMENT EST L'ÉCHEC SUPRÊME

Je pense que nous pouvons tous convenir que lorsque nous disons vouloir atteindre la liberté financière, ce n'est pas pour avoir des piles de papiers illustrant des présidents morts. Ce que nous désirons en définitive, c'est éprouver les émotions que nous associons à l'argent : liberté, sécurité, confort, joie, satisfaction et tranquillité d'esprit. C'est être en mesure de faire ce que nous voulons, quand nous le voulons, et de partager ces moments avec nos proches. C'est travailler et avoir un impact parce que nous le voulons, pas parce que nous le devons. Voilà ce qu'est la liberté financière.

Mais la fortune, la fortune durable, représente bien plus que de l'argent. Nous devons être riches émotionnellement, physiquement et spirituellement. Pensez à un moment de votre vie où vous avez éprouvé une joie inimaginable, où vous vous êtes senti vraiment épanoui. Peut-être était-ce le jour où votre enfant est né ou quand votre conjoint vous a dit « je le veux ». Peut-être était-ce durant un voyage avec des amis. Peut-être était-ce en admirant un coucher de soleil particulièrement beau et en vous sentant profondément lié à votre créateur. Ce sont des moments de réelle liberté. Nous savons intuitivement que ces moments d'épanouissement profond n'ont souvent rien à voir avec l'argent et se produisent bien trop rarement. Mais ce n'est pas forcé ! Vous n'êtes pas obligé de vous contenter des rares moments d'épanouissement disséminés sur l'année. Vous n'êtes pas obligé d'attendre que votre situation change pour vous sentir connecté. Comme vous l'avez appris dans ce livre, les outils permettant d'atteindre la liberté financière ne sont pas si complexes. Vous devez connaître les règles du jeu, comprendre comment les marchés fonctionnent, éviter de prendre de mauvaises décisions sous le coup de l'émotion, exploiter le pouvoir de la capitalisation et, idéalement, travailler avec un conseiller qui a vos intérêts à cœur et vous coachera en chemin.

Lorsqu'il existe des lois immuables pour atteindre un résultat (par ex., retrouver sa forme physique ou maîtriser votre vie financière), c'est ce que j'appelle la **science de l'accomplissement.** Bo était passé maître dans la science de l'accomplissement. Il connaissait les ingrédients du succès et, comme un expert, il savait comment les distiller. Mais malgré tous ses succès commerciaux, Bo n'avait pu se créer une qualité de vie exceptionnelle. Pourquoi ? Parce qu'une **qualité de vie exceptionnelle ne peut être créée que lorsqu'on maîtrise l'art de l'épanouissement !** Permettez-moi de me répéter : vous devez maîtriser l'art de l'épanouissement, car *le succès sans épanouissement est l'échec suprême* !

Voici la bonne nouvelle : vous n'avez pas à choisir entre le succès et l'épanouissement. Il est possible d'avoir les deux, mais il faut s'engager au travail mental requis. C'est mon souhait qu'après avoir lu ce chapitre, vous choisissiez de trouver la liberté financière et la tranquillité d'esprit que vous méritez, ainsi que l'abondance, l'amour et la connexion d'un cœur dénué de souffrance.

LA DOULEUR EST INÉVITABLE ; LA SOUFFRANCE EST FACULTATIVE
Car il est comme les pensées de son âme.
—PROVERBES 23:7

Il y a quelques années, j'ai décidé de me mettre au golf. Je fais 2 mètres et je pèse près de 120 kilos, alors me regarder jouer au golf, c'est comme regarder un gorille faire un swing avec un cure-dent. Comme presque tout dans ma vie, je pensais qu'il valait mieux taper fort et vite. Quand j'ai cassé la tête de mon club à mon premier essai au drive, je me suis tourné vers le moniteur et lui ai dit : « à ce rythme-là, j'en aurai besoin de trois ou quatre de plus ! » Il m'a gentiment expliqué que contrairement aux battes de baseball en bois, casser systématiquement des clubs en métal n'était pas un aspect normal du jeu.

Si vous n'avez jamais joué au golf, sachez que c'est un sport extrêmement frustrant. Taper fort et vite n'est *pas* toujours mieux. C'est un sport de subtilités. Un degré peut faire la différence entre un bon coup et lancer la balle hors limites ou dans un lac. C'est un sport qui ne peut jamais vraiment être maîtrisé et qui requiert la patience de Job. Au bout de quelques leçons, j'ai bien compris que ce n'était pas mon truc. Je n'ai pas le temps de m'immerger pour devenir à moitié bon au golf, et jouer au golf en dilettante ne faisait que me frustrer. J'avais mieux à faire de mon temps !

Puis, lors d'un voyage au Mexique, un bon ami à moi, Bert, m'a demandé si je voulais jouer quelques trous. Je lui ai alors raconté mon histoire — le fait que le golf n'était pas mon truc (lent, frustrant, etc.) — et il s'est empressé de me couper la parole. « *Tony, je sais que tu n'as pas beaucoup de temps, alors allons juste jouer quatre ou cinq trous.* » Je ne savais pas qu'il était possible de ne jouer que quelques trous, mais je voulais vraiment aller à la plage et me détendre pendant ce court break de mon programme chargé. « *Tony, et si on jouait les quatre ou cinq trous juste en face de l'océan ? C'est magnifique.* » J'ai été plus tenté, avant de me rappeler combien j'étais nul. « *Tony, on ne comptera même pas les points.* » On ne comptera pas les points ? Mais alors, quel intérêt ?!

J'ai accepté à contrecœur, et Bert et moi sommes montés dans le caddie. Nous nous sommes arrêtés au premier trou face à l'océan, et la vue était à couper le souffle. Les vagues déferlaient sur les rochers à quelques mètres du green. J'ai joué autant de balles que nécessaire et j'ai même fait quelques bons coups. J'ai fait un long putt qui m'a paru incroyable. Quelque chose était en train de changer en moi. Une heure plus tard, nous avions joué les quatre trous face à l'océan et nous nous étions éclatés. Nous avions ri, avions pris plaisir dans la compagnie l'un de l'autre, admiré l'incroyable beauté de la nature et respiré l'air salé de l'océan.

À partir de ce jour-là, j'ai pris une décision. J'ai décidé de ne plus souffrir. J'ai décidé que quand je jouerais au golf, j'apprécierais chaque trou. J'apprécierais les gens avec qui j'étais, la nature et la beauté qui m'entouraient, ainsi que mes rares bons coups. La légende du golf Ben Hogan avait raison lorsqu'il a dit : « *Le golf est un sport qui se joue sur un terrain de 15 centimètres — la distance entre vos deux oreilles !* » Le golf est à présent une de mes activités préférées, et je ne compte toujours pas les points.

Je vous raconte cette histoire parce que le golf a été un maître inattendu dans ma quête de vivre dans ce que j'appelle « l'état de beauté ». Le golf n'a pas changé ; c'est moi qui ai changé. Ce jour-là, j'ai choisi de vivre dans un état d'esprit qui créait une qualité de vie exceptionnelle pour moi-même. Pourquoi ne pas vivre ainsi chaque jour ?

L'ÉTAT DE BEAUTÉ

Je visite l'Inde presque tous les ans. Lors de mon dernier voyage, j'ai discuté avec un ami qui avait dédié sa vie à la croissance spirituelle, la sienne et celle des autres. Il m'a confié qu'il pensait que toute personne ne pouvait être que dans un de deux états d'esprit à tout moment. Soit vous êtes dans un état négatif, de faible énergie qu'il appelle **l'état de souffrance** (tristesse, colère, dépression, frustration, peur), soit vous êtes dans un état positif, d'énergie élevée, qu'il appelle **l'état de beauté** (joie, amour, gratitude, créativité, générosité, compassion).

Cette conversation a marqué le début d'un changement profond dans ma vie. J'ai toujours pensé que la seule chose que nous pouvons véritablement contrôler dans notre vie est notre état intérieur. C'est ce que j'enseigne depuis des dizaines d'années. Nous ne pouvons pas contrôler le marché boursier, la météo ou si nos enfants ou notre conjoint se comporteront comme nous le désirons. Ce que nous pouvons contrôler, c'est le sens que nous donnons à ces évènements. Et le sens que nous leur donnons est ce que nous allons ressentir — notre expérience émotionnelle est en fait notre réalité. Comment nous nous sentons quotidiennement est à 100 % sous notre contrôle. Quand j'ai quitté l'Inde, je me suis demandé si c'était ce que je faisais dans ma vie. Est-ce que je choisissais de vivre dans cet état de beauté à tout moment ? Était-ce possible ?

FONCER, TOUJOURS FONCER

Cela ne vous surprendra sans doute pas que je me décrive moi-même comme un fonceur. Je suis impliqué ou actionnaire dans plus de 50 sociétés dans le monde et je visite plus de 100 villes chaque année. Ma vie et mon horaire ont autant de pièces mobiles qu'un Boeing 747. Étant donné mes centaines d'employés dans différents secteurs et mon programme de voyage plus chargé que celui du président des États-Unis, quelles sont à votre avis les chances que tout se passe toujours comme prévu ? Réponse : zéro.

En toute franchise, il n'était pas rare que je me sente perturbé, dépassé, fâché ou frustré quand les choses n'allaient pas comme je l'entendais. Cependant, si vous m'aviez demandé si je souffrais, j'en aurais ri. « Je ne souffre pas ! Je trouve un moyen et j'avance ! » Dans les faits, j'expérimentais régulièrement ces émotions, je choisissais de vivre dans l'état de souffrance. Je justifiais ces émotions intenses comme le carburant de mon feu (comme le font souvent les fonceurs et les personnes accomplies). Mais en réalité, elles sapaient ma joie et limitaient grandement mon épanouissement dans la vie.

LE VIRUS DE CE QUI NE VA PAS

Je souffrais parce que mon esprit non dirigé, confus, avait détourné mes émotions. Il faisait la pluie et le beau temps et, tel un bouchon sur l'océan, j'étais à la merci de ses vagues. Voici ce que j'ai appris depuis : notre cerveau vieux de deux millions d'années cherche uniquement à identifier ce qui ne va pas. Il a été conçu pour une seule raison : nous maintenir en vie. La survie est le but du jeu. Le logiciel du cerveau n'a pas été conçu pour vous rendre heureux — c'est votre responsabilité ! C'est *votre* boulot de diriger votre esprit. C'est *votre* boulot de chercher ce qui va bien, ce qui est beau, ce qui est aimant, ce qui est marrant et ce qui a un sens dans votre vie. À chaque minute de chaque jour. Et, comme tout autre muscle, ceci requiert de la pratique.

Lorsque j'ai reconnu que je vivais dans la souffrance, j'ai pris la décision la plus importante de ma vie : de ne plus vivre dans un état de souffrance et de ne plus renoncer à ce que je voulais vraiment ressentir. J'ai décidé que pour le restant de mes jours, je ferais tout ce qui était en mon pouvoir pour vivre dans un état de beauté. Dans l'amour, la joie, la créativité, la passion, l'amusement, le jeu, la tendresse, la croissance, la générosité et la curiosité. C'est une décision qui doit être prise avec une conviction suprême, car si vous voulez vraiment vivre, vivre une magnifique vie d'épanouissement intérieur, vous DEVEZ décider que la vie est trop courte pour souffrir !

PERTE, MOINS, JAMAIS

Si vous donnez une pomme à un singe, il sera très excité. Mais si vous lui donnez deux pommes et que vous en reprenez une, il deviendra furieux ! Les humains ne sont pas si différents. Notre esprit veut à tout prix chercher les problèmes ; voir ce que nous n'avons pas ou ce que nous pourrions perdre. Voici mon mantra : **ce qui ne va pas est toujours sous nos yeux, mais il faut un esprit dirigé pour voir ce qui va bien à tout moment.** Explorons les facteurs déclencheurs de la souffrance afin de mieux comprendre comment notre logiciel fonctionne vraiment, d'apprendre comment forcer notre système d'exploitation et reprendre le contrôle.

Déclencheur n° 1 — Perte. Si vous pensez avoir perdu quelque chose de valeur, vous souffrirez. La simple menace d'une perte déclenchera des alarmes dans votre cerveau. Ce n'est pas forcément la perte d'un bien physique (bien que l'argent soit le plus commun), mais la perte de temps, d'amour, de respect, d'amitié ou d'opportunité.

Déclencheur n° 2 — Moins. Avoir moins n'est pas un sentiment aussi intense qu'une perte complète. Comme le singe qui se retrouve avec une pomme en moins, si vous pensez que vous allez vous retrouver avec moins de quelque chose, vous souffrirez également. Ceci pourrait être la conséquence de quelque chose que vous avez fait ou que d'autres ont fait, mais si vous pensez vous retrouver avec moins de quelque chose de valeur, vous pouvez souffrir mentalement et émotionnellement.

Déclencheur n° 3 — Jamais. Jamais, c'est comme le signal DEFCON 1 pour le cerveau. Votre cerveau désespéré vous dit que vous n'aurez JAMAIS quelque chose que vous désirez. Votre cerveau vous dit que si X ne se produit pas ou que Y se produit, vous ne serez jamais heureux, aimé, mince, riche, attirant ou important. Ce désespoir entraîne des comportements destructeurs qui peuvent nuire à nous-même et à nos relations. Le cerveau devient myope et se concentre uniquement sur lui-même.

Souvent, nos cerveaux sont obnubilés et souffrent à cause d'un problème qui *n'est même pas réel*. Quelle que soit la chose sur laquelle nous nous focalisons, nous souffrons — peu importe ce qui s'est *réellement* produit. Avez-vous déjà pensé qu'un de vos amis avait fait quelque chose pour vous nuire délibérément ? Vous avez mijoté dans votre colère et avez eu des disputes imaginaires (où vous remportiez évidemment la main !) : « *Elle ne comprendra jamais combien elle m'a fait du mal ! Il est évident qu'elle ne me respecte pas. Je ne sais pas si je pourrai sauver cette relation !* » Puis vous découvrez que vous aviez complètement tort. Vous avez mal compris ce qui s'était passé et personne n'est à blâmer. Pourtant, vous avez souffert. Toutes ces émotions négatives ont pris le contrôle et gâché votre journée, peut-être même votre semaine. Vos émotions sont devenues votre expérience. Et votre expérience était un mélange de perte, de moins ou de jamais.

31 ARÔMES

Alors voici ma question : quel est votre arôme de souffrance préféré ? Vous vous fâchez souvent ? Vous êtes enclin au regret ? Vous êtes cynique ? Peureux ? Frustré ? Quelle souffrance ramenez-vous à votre conjoint ou à vos enfants ? Quelle souffrance traînez-vous au travail comme un sac de briques ? Quelle souffrance laissez-vous piloter votre cerveau ?

Nous expérimentons tous un large éventail d'émotions, mais la plupart des gens ont une ornière émotionnelle — l'endroit où leur cerveau souffre le plus et reste coincé. Comment reprenons-nous le contrôle ? Tout commence par la réalisation que cela implique un choix conscient. **Soit vous maîtrisez votre cerveau, soit c'est lui qui vous maîtrise.** Si vous voulez avoir une qualité de vie exceptionnelle, vous devez décider de reprendre le contrôle de votre esprit. Vous devez vous engager à savourer la vie quand les choses vont bien ET quand elles vont mal. Quand quelqu'un vous blesse, quand vous perdez de l'argent sur vos placements, quand votre conjoint vous énerve, quand votre patron ou vos employés ne vous apprécient pas à votre juste valeur : ce sont les moments où vous devez interrompre le schéma et vous concentrer sur votre objectif de vivre dans l'état de beauté. La vie est trop courte pour souffrir.

Ce ne sont pas là des balivernes de pensée positive. Quand quelqu'un choisit de ne pas souffrir malgré les circonstances, c'est inspirant ! Nous écrivons des livres sur leur histoire, produisons des films sur leur vie et leur accordons des prix d'excellence pour leurs accomplissements. Nous admirons ceux qui ont maîtrisé leur esprit et vaincu les obstacles malgré des tragédies ou injustices inimaginables. Quand quelqu'un a vécu des défis bien supérieurs aux nôtres et maintient un état d'esprit positif, nous sentons que nous sommes appelés à faire mieux. Cela nous encourage à faire le point, à changer de perspective et à accéder à une profonde gratitude pour la beauté dans notre vie. Ce qui est bon est toujours là si vous êtes prêt à le voir.

RÈGLE DES 90 SECONDES

Personne n'est immunisé contre les défis de la vie et les émotions de souffrance. Je ne vous suggère pas de dériver au fil de votre vie dans la béatitude et l'inconscience. C'est ce qui s'appelle la fuite, pas la vie. Ce que je suggère, c'est que vous preniez la décision de ne pas laisser ces émotions prendre la barre. Voici une stratégie qui fonctionne bien pour moi. J'ai décidé que quand mon esprit passe dans un état de souffrance, que ce soit parce que j'éprouve de la colère, de la peur ou de la frustration, je me donne 90 secondes pour repasser dans l'état de beauté. Mais comment exactement ?

Disons que j'ai une discussion animée avec un membre de mon équipe et que je découvre qu'une grave erreur de jugement a entraîné de nombreux problèmes. Mon cerveau non-dirigé bondit et se concentre sur tout ce qui va mal. Les voyants clignotent et les sirènes résonnent. Mon cerveau me supplie pratiquement de me fâcher, d'être frustré, de souffrir. C'est mon signal pour agir. D'abord, je respire lentement et je ralentis. Influencer votre physiologie est la clé pour rompre les schémas comportementaux. Soufflez, marchez, faites quelques sauts. Quoi qu'il faille faire pour vous distraire de votre remords émotionnel.

Puis j'administre l'antidote : l'appréciation. J'ai appris qu'il est impossible d'éprouver simultanément de la peur et de la gratitude. Je n'ai pas à apprécier la situation — ce serait nier la réalité de ce qui s'est produit. Je choisis simplement de me concentrer sur quelque chose que j'apprécie en cet instant. Je peux apprécier ma femme, assise à l'autre bout de la pièce, mes enfants, sur la photo que je vois du coin de l'œil, ou la vue sur l'océan de mon bureau. Quoi que je puisse apprécier à cet instant, je l'apprécie. Dans ce cas, je choisis d'apprécier le fait que j'ai une entreprise que j'aime et qui améliore la vie des autres. J'apprécie le fait que cet employé est généralement une superstar.

Quand je choisis de cesser de souffrir et de commencer à apprécier ce que j'ai, je recâble mon système nerveux et je reprends le contrôle de mon esprit. En fait, nous comprenons à présent bien mieux la science et les bienfaits médicaux de la gratitude et de l'appréciation. Quand je dis que nous pouvons recâbler notre cerveau, je n'exagère pas. Les nerfs qui fonctionnent ensemble sont liés. Ces voies neuronales ne sont d'abord que de minces fils, mais la répétition en fait des cordes. Votre capacité à expérimenter la gratitude dépend entièrement de la fréquence de la pratique.

Lorsque je sens que la gratitude a repris la barre, je retourne au problème. Puis j'ai recours à un autre état de beauté, comme la créativité. La créativité peut m'aider à résoudre le problème sous mes yeux bien plus rapidement. Et étant calme, je suis capable de m'assurer que l'employé se sent apprécié et aimé, ce qui crée un environnement de compréhension et de confiance.

L'idée est qu'il y a du bon dans toutes les situations, si vous vous autorisez à le voir. Ce qui est mal est toujours sous nos yeux, mais ce qui est bon, ce qui est beau et ce qui est important le sont aussi. Peut-être ne sont-ils pas évidents sur le moment, mais fiez-vous au fait que la vie se passe pour nous, pas contre nous. J'ai grandi dans un foyer avec une mère qui hésitait entre l'amour et la maltraitance. J'ai été forcé d'élever mon frère et ma sœur pendant qu'elle s'enfermait dans sa chambre avec des médicaments et de l'alcool. J'aime beaucoup ma mère, mais voici ce que je sais : si elle avait été la mère que j'aurais voulu qu'elle soit, je ne serais pas l'homme que je suis aujourd'hui. La vie s'est passée pour moi, pas contre moi. C'est le sens que je dois choisir si je veux être libre.

Oui, ce livre traite de la liberté financière, qui est un objectif louable. Mais j'espère pour vous qu'en plus d'atteindre la liberté financière, quelle qu'elle soit, vous choisirez de vous créer une qualité de vie exceptionnelle. Pas un jour, mais *maintenant*. Inutile d'attendre d'avoir franchi la ligne d'arrivée imaginaire où vous sentirez que vous êtes « enfin » arrivé. Vous le méritez. Vos proches le méritent. La vie est trop courte pour souffrir !

LA GRATITUDE : LA MEILLEURE CURE POUR LE CERVEAU

Les plus grands maîtres spirituels de l'histoire savent depuis des milliers d'années que la gratitude est le meilleur antidote à la souffrance, mais les études les plus récentes montrent son impact incroyable sur l'esprit et sur le corps. Voyez un peu :

- Une étude du Massachusetts General Hospital par le Dr Jeffery Huffman suggère que les états psychologiques positifs, comme l'optimisme et la gratitude, peuvent indépendamment prédire une meilleure santé cardio-vasculaire.
- Une étude de 2015 par l'American Psychological Association a démontré que les patients qui tenaient des journaux de gratitude pendant huit semaines voyaient une réduction dans la concentration de plusieurs biomarqueurs inflammatoires.

- Les résultats d'une étude sur la culture d'appréciation et d'autres émotions positives ont montré des niveaux réduits d'hormones de stress. Chez ceux qui cultivaient la gratitude, une étude a trouvé 23 % de cortisol en moins et une augmentation de 100 % des niveaux de DHEA et DHEAS, l'hormone anti-âge qui favorise la production d'autres hormones clés, comme la testostérone et les œstrogènes.
- Une étude de 2006 publiée dans le journal *Behavior Research and Therapy* a montré que les vétérans de la guerre du Viêtnam ayant un niveau de gratitude plus élevé souffraient moins du trouble de stress post-traumatique.
- Une étude rapportée par la Harvard Medical School et menée par des chercheurs de la Wharton School à l'Université de Pennsylvanie a découvert que les chefs reconnaissants motivaient leurs employés à être plus productifs.

CHAPITRE TREIZE

LA POURSUITE DU BONHEUR

par Jonathan Clements

Note de Peter — Comme Tony vient d'en parler, l'argent peut acheter de nombreuses choses, mais en soi, ne peut pas faire le bonheur. À la place, nous devons utiliser notre argent de manière réfléchie et, alors, cela devrait nous permettre de poursuivre ce qui nous rend heureux et de vivre la vie selon nos conditions. J'ai demandé à Jonathan Clements, ancien chroniqueur du **Wall Street Journal** *et directeur d'éducation financière à Creative Planning, de donner son point de vue sur le sujet du bonheur — et sur le rôle de l'argent dans sa quête.*

Demandez à vos amis s'ils seraient plus heureux s'ils avaient plus d'argent, et la plupart vous répondront probablement un « oui ! » retentissant. Pourtant, il existe de nombreuses preuves indiquant que ce n'est pas le cas.

Par exemple, le General Social Survey, sondage sociologique effectué régulièrement depuis près de 50 ans. Lors du premier sondage en 1972, 30 % des Américains se décrivaient comme « très heureux ». Depuis lors, ajustés à l'inflation aux États-Unis, les revenus disponibles par habitant ont augmenté de 131 %, ce qui veut dire que nous avons à présent deux fois plus de revenus disponibles qu'en 1972. Mais tout cet argent n'a apparemment pas influé beaucoup sur le bonheur : en 2018, 31 % des Américains se décrivaient comme « très heureux », 1 % de plus à peine que 46 ans plus tôt.

Néanmoins, je crois fermement que l'argent peut faire le bonheur — à condition que nous réfléchissions à comment nous dépensons nos dollars. Si nous avons la sagesse et la discipline de suivre les conseils des chapitres précédents, nous devrions rapidement être en bonne voie vers un avenir financier plus prospère. Mais que peut nous apporter cet argent ? Je dirais qu'il a trois bienfaits potentiels, qui peuvent tous améliorer nos vies.

MOINS DE SOUCIS

Le premier grand bienfait de l'argent : il peut soulager nos soucis financiers et nous aider à mieux contrôler nos vies. À mon sens, l'argent est un peu comme la santé. Ce n'est que quand on est malade qu'on se rend compte combien il est merveilleux d'être en bonne santé. Pareillement, ce n'est que quand nous n'avons pas assez d'argent que nous nous rendons compte combien il est merveilleux d'être en bonne forme financière. Avoir des montagnes d'argent ne fera peut-être pas notre bonheur — mais ne pas avoir d'argent peut nous rendre très malheureux. Nous pouvons nous sentir coincés par nos responsabilités financières mensuelles, piégés dans notre emploi actuel et nous retrouver à une facture médicale de la faillite.

Malheureusement, ceci décrit la vie de nombreux Américains. D'après la Réserve fédérale, quatre Américains sur dix ne pourraient pas couvrir une urgence financière à hauteur de 400 $ ou, pour y arriver, devraient emprunter ou vendre quelque chose. Une autre statistique frappante : 78 % des travailleurs américains disent vivre de salaire en salaire, d'après un sondage de Career Builder. Songez-y : nous sommes dans l'économie développée la plus dynamique et la plus prospère du monde — pourtant, une majorité des Américains vivent au bord du gouffre financier. Peut-être n'est-il pas surprenant que notre niveau de vie en hausse n'ait pas influencé notre bonheur.

Oui, nous devrions épargner pour la retraite, pour déposer un acompte pour une maison et pour financer l'éducation universitaire de nos enfants.

Mais ces objectifs spécifiques s'intègrent à un objectif financier plus large, majeur : nous voulons arriver au stade où l'argent ne nous apporte pas de soucis constants et ne limite pas notre manière de vivre nos vies. Et le truc, c'est qu'il ne faut pas grand-chose pour éliminer bon nombre de nos soucis financiers. Nous débarrasser de dettes de cartes de crédit, payer nos factures à temps et économiser un peu d'argent tous les mois sur un compte d'épargne peut stimuler considérablement notre bien-être. Une étude du Consumer Financial Protection Bureau a découvert que les Américains qui avaient moins de 250 $ en banque atteignaient seulement 41 sur 100 sur l'échelle du bien-être financier. Ceux qui avaient entre 5 000 et 19 999 $ de côté atteignaient 59 sur 100, ce qui était supérieur au score américain moyen de 54.

En reprenant le contrôle de nos finances, non seulement nous pouvons payer nos factures mensuelles et dépenses inattendues, mais nous avons également un meilleur sentiment de contrôle sur notre vie. C'est une fameuse récompense — y arriver ne demande que des sacrifices relativement modestes : un forfait télévisé moins élevé. Un peu moins d'argent dépensé sur des vêtements. Une voiture d'occasion au lieu d'une voiture neuve. En renonçant à quelques biens matériels, nous pouvons nous offrir la sérénité financière. Cela me semble être un des meilleurs échanges dans la vie. En vivant en dessous de nos moyens, nous récupérons un peu d'argent pour rembourser nos dettes et économiser. Lentement mais sûrement, nous échapperons aux soucis financiers qui sont une réalité quotidienne tenaillante pour beaucoup trop d'Américains.

TRAVAILLER PAR AMOUR

Quel est le deuxième grand bienfait de l'argent ? Il peut nous permettre de passer nos journées à des activités que nous aimons et pour lesquelles nous sommes doués.

L'argent peut sembler être notre ressource la plus précieuse, surtout lorsque nous sommes jeunes. Mais en vérité, c'est le temps qui est notre ressource la plus limitée — ce qui devient brutalement apparent lorsque nous vieillissons. Pour avoir une vie plus épanouissante, nous devrions utiliser nos dollars pour profiter un maximum de notre temps. Au quotidien, cela pourrait vouloir dire dépenser notre argent sur les passe-temps qui nous passionnent et libérer du temps pour ces activités en, disons, payant d'autres personnes pour tondre la pelouse ou nettoyer la maison. Mais il y a également un objectif à plus long terme : nous voulons arriver au stade où nous pouvons choisir ce que nous faisons toute la journée, tous les jours. Cet objectif ne devrait pas être un fantasme lointain, réservé au moment où nous aurons suffisamment de côté pour prendre notre retraite, mais quelque chose que nous devrions viser durant nos années de labeur.

Ce qui nous amène à un conseil peu conventionnel. Quand je parle à des lycéens ou des étudiants d'université, je ne leur conseille pas de poursuivre leur passion. À la place, je leur conseille de tirer profit de leurs premières décennies dans le monde du travail pour poursuivre les dollars, afin de pouvoir rapidement s'acheter une liberté financière — et, avec cela, un contrôle bien supérieur sur comment ils passent leur vie tous les jours.

Je sais, je sais : les jeunes de vingt ans devraient plutôt poursuivre leurs passions avant d'être écrasés par les obligations familiales et les remboursements hypothécaires. C'est la sagesse conventionnelle que nous, en tant que société, avons adoptée et crié sur tous les toits aux jeunes gens. Mais elle repose sur une prémisse rarement remise en question : le fait que poursuivre nos passions est plus important quand on a 20 ans que quand on en a 50.

J'oserais dire que c'est plutôt le contraire. Quand nous entrons dans le monde du travail, cela peut sembler nouveau et excitant. Nous avons hâte d'apprendre les règles, de trouver notre place et de prouver notre valeur. Pour les personnes de 20 et 30 ans, avoir un travail relativement ennuyeux n'est pas forcément un fardeau — et pourrait être un choix financier judicieux si vous en retirez un gros salaire qui vous permet d'épargner une belle somme tous les mois.

Mais au bout de dix ou vingt ans de travail, notre perspective change souvent. Nous connaissons les règles du bureau. Nous avons rencontré un certain succès, même si ce n'était pas autant que nous l'espérions. Nous avons découvert que les promotions et les augmentations — et les biens matériels qu'elles peuvent nous acheter — ne sont que des joies éphémères. Nous sommes plus cyniques en ce qui concerne le travail, les politiques de bureau et les licenciements fréquents. Nous sommes moins épris des récompenses matérielles de ce monde et plus avides de passer nos journées à faire ce que nous trouvons personnellement gratifiant. La bonne nouvelle, c'est que si nous avons diligemment économisé de l'argent pendant nos premières décennies de travail, nous pourrions avoir les moyens de travailler à temps partiel, de changer de carrière pour un métier moins lucratif, mais plus gratifiant ou peut-être même de cesser de travailler.

Ceci soulève immédiatement une question cruciale : si la liberté financière est la capacité de passer nos journées à faire ce que nous voulons plutôt qu'à être redevable aux autres, que devrions-nous faire ? « Y aller mollo » et « s'amuser », par exemple. Mais je vous conseillerais plutôt de faire un travail que vous appréciez véritablement.

Ce n'est pas pour rien que les parcs de ce monde sont remplis de bancs sur lesquels personne ne s'assied jamais. Tout comme les cousins éloignés de nos ancêtres chasseurs-cueilleurs et leur objectif éternel de survie, nous ne sommes pas conçus pour les loisirs et la détente. Au contraire, nous sommes conçus pour travailler. Nous sommes souvent plus heureux lorsque nous sommes occupés à des activités que nous pensons importantes, qui nous passionnent, qui nous stimulent et pour lesquelles nous pensons être doués. C'est ce que signifie la notion de flow ou de zone, un concept développé par le professeur en psychologie Mihaly Csikszentmihalyi de la Claremont Graduate University.

Pensez à un chirurgien au bloc opératoire, aux peintres ou aux écrivains qui se perdent dans leur travail, ou aux sportifs professionnels qui sont focalisés sur leur jeu. Même des activités de tous les jours comme cuisiner, conduire ou faire des comptes permettent de rentrer dans la zone, bien que ces moments arrivent plus probablement lors d'une tâche dans laquelle nous sommes engagés activement plutôt que lors d'activités passives comme regarder la télévision. Lorsque nous sommes pris par des activités stimulantes qui demandent un haut niveau de compétence, nous sommes complètement absorbés par la tâche et perdons la notion du temps. Ces moments de flow ne sont peut-être pas équivalents au bonheur conventionnel — ce n'est pas comme quand nous nous poilons avec nos amis –, pourtant, ils peuvent être parmi les plus satisfaisants dans nos vies.

PASSER DE BONS MOMENTS

L'argent peut nous permettre de passer nos journées à faire ce que nous aimons. Mais il peut aussi nous permettre de passer des moments spéciaux avec nos proches. C'est la troisième influence de l'argent sur le bonheur. La recherche suggère qu'un solide réseau d'amis et qu'une famille soudée sont d'énormes sources de joie. Même avoir des contacts en passant — avec la caissière au supermarché, le gérant du parking, la serveuse du Starbucks — peut augmenter notre sentiment d'appartenance à une communauté.

Nous pourrions épouser l'idéal américain de l'individualisme farouche, nous considérer comme responsable de notre propre succès, insensible à l'opinion des autres. Mais la majorité d'entre nous sommes des créatures sociales qui voulons nous lier aux autres et qui nous soucions profondément de notre réputation. Songez-y : pourquoi sommes-nous polis envers des étrangers que nous ne reverrons jamais ? Pourquoi laissons-nous des pourboires dans des restaurants que nous ne revisiterons pas ?

Une étude académique a suivi les vies de 909 femmes au Texas qui travaillaient hors de chez elles. Elles devaient dresser une liste de leurs activités quotidiennes et leur accorder une note. Les trajets figuraient au bas de la liste en termes de joie quotidienne. Le travail n'était pas beaucoup plus haut. Quelles activités leur apportaient le plus de joie ? Seules 11 % des femmes ont mentionné prendre part à ce que les chercheurs ont délicatement appelé « relations intimes ». En moyenne, ces relations intimes ne duraient que 13 minutes. Mais ces activités atteignaient des sommets en termes de bonheur.

C'est le deuxième élément au sommet de la liste qui était le plus significatif — du moins en matière de son impact sur le bonheur. Les femmes accordaient beaucoup d'importance aux « relations sociales après le travail », qui leur prenaient en moyenne 69 minutes par jour. Ne vous y trompez pas : passer du temps avec des amis ou des membres de la famille est un facteur clé pour le bonheur. Inutile qu'une étude universitaire nous le dise. Rares sont ceux parmi nous qui choisiraient de manger seul au restaurant alors que nous pourrions manger avec d'autres. Pareil pour regarder un film, faire du shopping, nettoyer le jardin et tout un tas d'autres activités.

Les amis et la famille ne sont pas uniquement bons pour notre bonheur. Ils ont aussi un impact sur notre santé. Une étude datant de 2010 a rassemblé les données de 148 études antérieures qui établissaient des liens entre la mortalité et la fréquence des interactions sociales. Les auteurs ont découvert que l'effet d'un solide réseau familial et amical sur la longévité était à peu près égal à celui d'arrêter de fumer.[127]

---

127 Et si vous insistez pour fumer ? Sur base de ces études, vous ne devriez jamais fumer seul !

De nombreuses études montrent que l'expérience apporte bien plus de joie que les biens matériels. Pour tirer encore plus de joie de ces expériences, incluez des amis et la famille. Quand vous partez en randonnée, partez accompagné. Achetez des billets de concert et emmenez un collègue. Partez avec vos enfants en croisière. Organisez une réunion familiale. Sortez dîner avec des amis. Prenez l'avion pour voir vos petits-enfants.

Un repas en famille ou un concert ne durent que quelques heures ; pourtant, cela vous coûtera sans doute plus que, disons, une tablette qui vous permet de répondre à des e-mails, lire des e-books, regarder des films, écouter de la musique et surfer sur Internet. Les possessions sont souvent des bonnes affaires, alors que les expériences ont tendance à coûter cher. De plus, payer tous les repas au restaurant et les vacances en famille vous laissera moins à léguer à vos enfants.

Néanmoins, passer de bons moments en famille me semble un des meilleurs moyens de dépenser son argent. Il y a eu 44 présidents des États-Unis.[128] Je ne doute pas que tous ont pensé avoir atteint une certaine immortalité. Cependant, vous auriez du mal à trouver quelqu'un capable de nommer les 44 présidents, sans parler de dire quelques mots sur chacun. Si l'immortalité est insaisissable pour les présidents des États-Unis, il y a peu d'espoir pour le reste d'entre nous. Cinq ou dix ans après notre décès, la majorité d'entre nous serons oubliés à part par notre famille et nos amis proches. Nous survivrons dans leur mémoire. C'est ce qui se rapproche le plus de l'immortalité sur Terre. Mon conseil : utilisez votre argent pour vous assurer que ces souvenirs soient bons.

---

128 Pour les chicaneurs : nous ne comptons Grover Cleveland qu'une fois, même s'il a servi deux mandats non consécutifs. En date de 2019, il y avait 45 présidences américaines, mais seulement 44 présidents.

CHAPITRE QUATORZE

PROFITEZ DU VOYAGE ET SAVOUREZ VOTRE TEMPS PASSÉ AU SOMMET

par Peter Mallouk

J'ai découvert que beaucoup de mes clients passent leurs premiers mois à la retraite à angoisser sur leur fortune. Blackrock a mené une étude demandant aux gens ce qui leur causait le plus de stress dans la vie : 56 % ont répondu que l'argent leur causait le plus de stress ! L'argent finit plus haut que la santé à 38 %, la famille à 37 % et le travail à 34 %[129] (figure 14.1). Ce résultat est en grande partie parce que ceux qui n'ont pas assez d'argent craignent de ne pas pouvoir joindre les deux bouts ou prendre leur retraite et ceux qui en ont assez craignent de le perdre ou de ne plus en avoir un jour !

Figure 14.1 SE CLASSE PLUS HAUT QUE

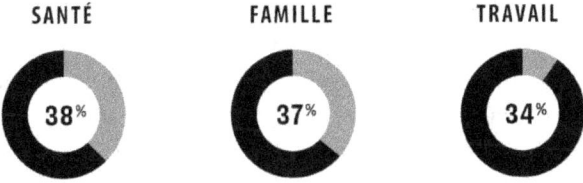

---

129 Je soupçonne que cela dépend largement de qui est dans votre famille.

LA COMPARAISON SAPE LA JOIE

Nous pensons toujours ne pas avoir assez. C'est parce que nous faisons constamment ce que font tous les êtres humains : nous nous comparons aux autres. Il est parfois facile de se persuader que nous sommes plus intelligents ou marrants que les autres, mais l'argent est pour beaucoup un sujet délicat, car c'est une comparaison qui révèle vite la vérité. Quand nous nous convainquons que nous nous démarquons de nos réseaux sociaux de nombreuses manières, l'argent est généralement un facteur que nous ne pouvons pas simuler. C'est pour cette raison que nous sommes nombreux à l'utiliser comme jauge. Sur nos comptes, nous l'appelons même notre valeur nette, comme si cela signifiait notre « valeur nette personnelle », alors qu'en fait l'argent a si peu de rapport avec qui nous sommes. Mais cet accent constant mis sur l'argent et sa nature comparative rendent la tâche de prendre du recul difficile. La solution ? Déterminez vos priorités, puis allez de l'avant. Personne ne reçoit un prix pour être la personne la plus riche du cimetière.

Les premiers mois de retraite peuvent être particulièrement stressants, même pour les bons épargnants, pour cinq raisons clés :

1. *Vous avez passé toute votre vie d'adulte à travailler.* Cela signifie que si quelque chose allait de travers, vous pouviez continuer à travailler et surmonter ce revers. L'idée que c'est terminé rend les reculs du marché encore plus stressants.
2. *Les marchés bougent plus vite que jamais.* La vitesse à laquelle les marchés fluctuent est plus rapide que jamais. Ce n'est pas juste votre imagination : les marchés sont plus volatils qu'avant. C'est parce que le marché est plus efficient que jamais, ajustant toujours les cours des titres aux perspectives futures. Cette vitesse peut être déconcertante.
3. *Vous avez à présent le temps de vous en rendre compte !* Quand vous travailliez, vous n'analysiez pas le marché de semaine en semaine, de jour en jour ou d'heure en heure. Vous étiez trop occupé. Maintenant que vous avez du temps, vous le passez à vérifier les cours et êtes plus susceptible

d'être aspiré par les fluctuations du marché à court terme, ce qui peut vous pousser à faire des erreurs.[130]
4. *Les gens ont tendance à être moins optimistes en vieillissant.* Des études ont montré qu'en général, les gens pensent que leurs vies sont en déclin constant et deviennent plus pessimistes quant à l'avenir à mesure qu'ils prennent de l'âge.[131]
5. Enfin, et surtout, pour la première fois de votre vie, vous retirez de l'argent ! La première question que me posent les clients qui ont atteint l'âge des distributions obligatoires et sont légalement tenus de retirer de l'argent de leurs comptes d'épargne-retraite, est souvent comment éviter d'effectuer ces retraits. Ils sont tellement habitués à épargner de l'argent qu'ils n'arrivent pas à se résoudre à en retirer !

Toutes ces choses se liguent contre les investisseurs les plus disciplinés, ce qui les désarçonne alors qu'ils sont censés se détendre et faire ce qu'ils veulent. Au temps pour la retraite insouciante !

Eh bien, ce stress n'est pas obligatoire. Souvenez-vous que vous avez un plan financier. Et ce plan n'était pas là uniquement pour vous mener jusqu'à la retraite, mais pour que vous y restiez. Si vous avez planifié correctement, votre portefeuille devrait être établi de manière à durer : vous n'êtes jamais à la merci du marché et tous vos besoins de revenus sont garantis du jour de la retraite jusqu'à ce que vous passiez dans l'au-delà. L'esprit tranquille grâce à ce plan, passons à ce sur quoi vous devriez vous concentrer : VOUS !

---

130 Je me demande parfois combien d'argent les gens ont perdu de manière permanente en spéculant pendant la pandémie du coronavirus, alors que tout le monde était enfermé chez soi pendant des semaines, avec pour seules infos télévisées les nouvelles de la pandémie et les chaînes financières.
131 J'espère que ce chapitre et le chapitre 1 vous font imaginer un avenir empli de possibilités à la place !

DÉCOMPLEXIFIEZ VOTRE VIE FINANCIÈRE

J'ai vu de nombreux clients investir dans toutes sortes « d'affaires », accumuler des intérêts bas sur plusieurs propriétés, sociétés et maisons. Beaucoup passent la première moitié de leur vie d'adulte à accumuler des choses et la dernière à essayer de les désentortiller. L'évènement déclencheur est souvent la mort d'un ami ou d'un proche, et la réalisation que toute cette complexité a entraîné un énorme stress pour le conjoint survivant, les enfants ou d'autres héritiers. L'argent est là pour nous servir, pas l'inverse.

VOUS ÊTES CELUI QUI COMPTE

La vie, c'est ce qui arrive quand on est occupé à d'autres projets.
—JOHN LENNON

En 1970, mon père médecin a reçu un conseil gratuit de la part d'un de ses patients, un politicien connu. « Alex, a-t-il dit, j'ai tout l'argent que je veux au monde, mais je n'en profite jamais. Prends le temps de profiter de ta vie. » Mon père a pris ce conseil à cœur et a prolongé son programme de vacances.

J'ai eu l'occasion d'observer la sagesse de ce conseil dans ma carrière. Même si je gère un comité d'investissement, je suis également un planificateur financier agréé™ et un avocat en planification successorale. Creative Planning travaille régulièrement avec des clients à différents moments de leur vie, lors d'incapacités et avec leurs familles lors de leur décès. J'ai donc un point de vue proche et personnel de relations normales et à problèmes avec l'argent et le mental.

Bon nombre de ces personnes très accomplies se sont bien débrouillées pour épargner une petite fortune et n'ont jamais fait d'erreur de parcours. Ces deux choses sont très difficiles à accomplir. J'ai vu que ces personnes ne se privaient pas, mais qu'elles ne profitaient pas non plus de leur situation au maximum. Beaucoup d'entre elles ont atteint cette fortune en étant économes et diligentes, et elles n'arrivent pas à changer de disque et à arrêter de s'inquiéter pour chaque centime.

Laissez-moi vous dire quelque chose à propos de votre argent.

Sachez que cela ne fait aucune différence que vos héritiers héritent de 250 000 $ au lieu de 300 000 $, de 600 000 $ au lieu de 800 000 $, d'1,2 million au lieu d'1,4 million, ou de 10 millions au lieu de 11 millions de dollars, alors profitez de la fortune que vous avez passé toute votre vie à créer et à préserver.

Après avoir préparé un état de l'avoir net, un client m'a un jour dit, « J'aimerais mourir et me réincarner en mes enfants ». À votre mort, votre patrimoine n'est pas seulement votre compte d'investissement. Il comprend également la valeur de votre maison, de vos assurances, de vos voitures, etc. Tout cela sera liquidé, jeté dans un pot commun et divisé. Voilà la dure réalité. Je l'ai vue des centaines de fois.

Et permettez-moi de vous dire un secret : aucun d'entre nous n'en sort vivant !

Si vous êtes financièrement indépendant, laissez-moi contredire tout ce que vous avez entendu des conseillers financiers dire quand je vous conseille d'acheter ce grand café très cher, d'arrêter de rouler dans une voiture vieille de dix ans[132] et de vous faire plaisir lors de vos prochaines vacances. Croyez-moi lorsque je dis que vos enfants n'hésiteront pas ! J'ai vu des enfants acheter de nouvelles voitures et maisons quelques jours à peine après avoir reçu un héritage de la part de parents frugaux.

---

132 Sérieusement, achetez-vous une nouvelle voiture ! Vous savez, avec toutes les technologies actuelles et les options de sécurité ! Si elle a dix ans, vous ne vous protégez même pas. C'est de votre vie dont nous parlons ici ! Vous n'utilisez pas un ordinateur vieux de dix ans, pas vrai ? Oh mon Dieu ! Si c'est le cas, achetez-vous un nouvel ordinateur aussi !

Si vous avez du cœur et êtes financièrement indépendant, n'hésitez pas à connaître le plaisir de donner maintenant. *Profitez-en !* Pourquoi attendre votre mort ? Il est bien plus gratifiant de donner avec une main chaude qu'une main froide. Si vous voulez que votre fortune soit léguée à vos enfants et petits-enfants, commencez à la transférer maintenant. Retirez du plaisir de voir l'impact bénéfique sur votre famille aujourd'hui plutôt que de les faire attendre votre mort pour recevoir de gros chèques.

Ce qu'il faut en retenir est ceci : *c'est votre argent*. Vous vous êtes démené pour le gagner, l'épargner et le préserver. Tant que vous ne sabotez pas votre sécurité financière, **profitez de la vie**. Donnez ce que vous voulez, desserrez un peu les cordons de votre bourse et jouissez des fruits de votre labeur.

À Creative Planning, je forme mon équipe pour m'assurer que nos clients sachent que l'argent est là pour les servir, eux et leurs priorités, et non l'inverse. Vous devriez suivre la même approche avec votre argent. En établissant un plan avant d'escalader la montagne, en traçant un itinéraire, en choisissant de cheminer seul ou avec un guide de confiance et en gardant le contrôle de vos émotions, vous pouvez prendre le temps de bénéficier de vos progrès vers le sommet. La joie est dans le voyage. Si vous pouvez lâcher la barre et en profiter, vous connaîtrez l'épanouissement au sommet.

NOTES

CHAPITRE 2. LE MONDE EST MEILLEUR QUE VOUS NE LE PENSEZ
"*every group of people thinks*": Hans Rosling, *Factfulness: Ten Reasons We're Wrong About the World—and Why Things Are Better Than You Think* (New York: Flatiron Books, 2018).

In 2005, compared to 1955: Matt Ridley, *The Rational Optimist: How Prosperity Evolves* (New York: Harper, 2010).

Dr. John Grable of the University of Georgia: John E. Grable and Sonya L. Britt, "Financial News and Client Stress: Understanding the Association from a Financial Planning Perspective," *Financial Planning Review* (2012).

"*They were convinced that no one*": James Estrin, "Kodak's First Digital Moment," *New York Times*, August 12, 2015, https://lens.blogs.nytimes.com/2015/08/12/kodaks-first-digitalmoment/, accessed April 28, 2019.

"*Companies are already developing 'lab grown meat'*": Matt Simon, "Lab-Grown Meat Is Coming, Whether You Like It or Not," Wired, February 16, 2018, https://www.wired.com/story/labgrown-meat/, accessed April 16, 2019.

"*AI is one of the most important things*": Catherine Clifford, "Google CEO: A.I. is more important than fire or electricity," CNBC, February 1, 2018, https://www.cnbc.com/2018/02/01/googleceo-sundar-pichai-ai-is-more-important-than-fire-electricity.html, accessed April 16, 2019.

CHAPITRE 4. CHOISIR UN GUIDE POUR VOTRE VOYAGE
About half of Americans use a financial advisor: Sherman D. Hanna, "The Demand for Financial Planning Services," *Journal of Personal Finance*, 10 (1), pp. 36–62.

"Despite what many consumers have been led to believe": The National Association of Financial Planners, "Key Policy Issues and Positions," NAPFA.org, https://www.napfa.org/keypolicy-issues, accessed May 2, 2020.

Nine out of ten Americans agree: CFP Board, "Survey: Americans' Use of Financial Advisors, CFP® Professionals Rises; Agree Advice Should Be in Their Best Interest," CFP.net, September 24, 2015, *https://www.cfp.net/news-events/latest-news/2015/09/24/survey-americans-useof-financial-advisors-cfp-professionals-rises-agree-advice-should-be-in-their-best-interest*, accessed April 16, 2019.

In a recent survey of American's perception: Ibid.

"[Fiduciary duty is] a combination of care and loyalty": Berkeley Lovelace, Jr., interview with Jay Clayton, "SEC chairman: New regulations will force brokers to be 'very candid' with investors," CNBC.com, *https://www.cnbc.com/2019/06/06/sec-chairman-clayton-newrules-will-force-brokers-to-be-very-candid.html*, accessed May 2, 2020

The regulation expressly permits firms : Securities and Exchange Commission, 17 CFR Part 240, Release No. 34-86031; File No. S7-07-18, RIN 3235-AM35, "Regulation Best Interest: The Broker-Dealer Standard of Conduct," June 5, 2019.

According to the Wall Street Journal: Jason Zweig and Mary Pilon, "Is Your Advisor Pumping Up His Credentials?" *Wall Street Journal*, October 16, 2010, *http://online.wsj.com/article/SB10001424052748703927504575540582361440848. html*, accessed April 17, 2019.

There are over 650,000 "financial advisors": Financial Industry Regulatory Authority, "2018 FINRA Industry Snapshot," *FINRA.org*, October 2018, *https:// www.fi.org/sites/default/files/2018_finra_industry_snapshot.pdf*, accessed April 17, 2019.

Brokerages and advisers should have: Sital S. Patel, "Madoff: Don't Let Wall Street Scam You, Like I Did," *MarketWatch*, June 5, 2013, *https://www.marketwatch.com/story/madoff-dont-letwall-street-scam-you-like-i-did-2013-06-05*, accessed April 17, 2019.

The Financial Industry Regulatory Authority, the governing body of brokers: Financial Industry Regulatory Authority, *http://www.finra.org/investors/professional-designations*, accessed April 17, 2019.

Researchers found that some years added: Francis M. Kinniry Jr., Colleen M. Jaconetti, Michael A. DiJoseph, and Yan Zilbering, "Putting a Value on Your Value: Quantifying Vanguard Advisor's Alpha," *Vanguard*, September 2016, https://www.vanguard.com/pdf/ISGQVAA.pdf, accessed April 28, 2019.

CHAPITRE 6. GESTION DU RISQUE

Forty percent of individuals who reach age 65: Christine Benz, "40 Must-Know Statistics About LongTerm Care," *Morningstar*, August 9, 2012, *https://www. morningstar.com/articles/564139/40-mustknow-statistics-about-longterm-care. html*, accessed April 18, 2019.

The cost of a nursing home: Genworth, "Cost of Care Survey 2018," *Genworth*, October 16, 2018, *https://www.genworth.com/aging-and-you/finances/cost-of-care.html*, accessed April 18, 2019.

Given that just 44% of the population: Benz, Ibid.

However, if we look deeper: Ibid.

CHAPITRE 8. LE FONCTIONNEMENT DES MARCHÉS

over a 20-year period: DALBAR, "2018 Quantitative Analysis of Investor Behavior Report," *DALBAR*, 2018.

Economists Jerker Denrell and Christina Fang: Jerker Denrell and Christina Fang, "Predicting the Next Big Thing: Success as a Signal of Poor Judgment," *Management Science* 56 (10), pp. 1653–1667.

"about 3 or 4 times out of 10": Tim Weber, "Davos 2011: Why Do economists Get It So Wrong?" BBC.co.uk, January 17, 2011, *https://www.bbc.com/news/business-12294332*, accessed April 19, 2019.

"I can't point to any mutual fund": Diana Britton, "Is Tactical Investing Wall Street's Next Clown Act?" *Wealthmanagement.com*, December 1, 2011, *https://www.wealthmanagement.com/investment/tactical-investing-wall-streets-next-clown-act*, accessed April 19, 2019.

In 1994, John Graham and Campbell Harvey: John R. Graham and Campbell R. Harvey, "Market Timing Ability and Volatility Implied in Investment Newsletters' Asset Allocation Recommendations," February 1995, available at SSRN: *https://ssrn.com/abstract=6006*, accessed April 19, 2019.

Mark Hulbert's own research shows: Kim Snider, "The Great Market Timing Lie," *Snider Advisors*, July 22, 2009, *http://ezinearticles.com/?The-Great-Market-Timing-Lie&id=2648301*, accessed April 19, 2019.

"*George Soros: It's the 2008 Crisis*": Matt Clinch, "George Soros: It's the 2008 Crisis All Over Again," *CNBC*, January 7, 2016, https://www.cnbc.com/2016/01/07/soros-its-the-2008-crisis-all-over-again.html, accessed April 19, 2019.

"*Is 2016 the Year When the World*": Larry Elliott, "Is 2016 the Year When the World Tumbles Back into Economic Crisis?" *Guardian*, January 9, 2016, https://www.theguardian.com/business/2016/jan/09/2016-world-tumbles-back-economic-crisis, accessed April 19, 2019.

"*Sell Everything Ahead of Stock Market Crash*": Nick Fletcher, "Sell Everything Ahead of Stock Market Crash, say RBS Economists," *Guardian*, January 12, 2016, https://www. theguardian.com/business/2016/jan/12/sell-everything-ahead-of-stock-market-crashsay-rbs-economists, accessed April 19, 2019.

"*Here Comes the Biggest*": Chris Matthews, "Here Comes the Biggest Stock Market Crash in a Generation," *Fortune*, January 13, 2016, http://fortune.com/2016/01/13/analyst-herecomes-the-biggest-stock-market-crash-in-a-generation/, accessed April 19, 2019.

"*These Are Classic Signs*": Amanda Diaz, "These Are Classic Signs of a Bear Market," *CNBC*, January 20, 2016, https://www.cnbc.com/2016/01/20/these-are-classic-signs-of-a-bearmarket.html, accessed April 19, 2019.

"*Clear Evidence That a New Global*": Michael T. Snyder, "The Stock Market Crash of 2016: Stocks Have Already Crashed In 6 Of The World's Largest 8 Economies," *Seeking Alpha*, June 17, 2016, https://seekingalpha.com/article/3982609-stock-market-crash-2016-stocks-already-crashed-6-worlds-8-largest-economies, accessed April 19, 2019.

"*Citigroup: A Trump Victory in November*": Luke Kawa, "Citigroup: A Trump Victory in November Could Cause a Global Recession," *Bloomberg*, August 25, 2016, https://www.bloomberg.com/news/articles/2016-08-25/

citigroup-a-trump-victory-in-novembercould-cause-a-global-recession, accessed April 19, 2019.

"*Stocks Are Inching Closer*": Michael A. Gayed, "Stocks Are Inching Closer to the Second Correction of 2016," *MarketWatch*, September 7, 2016, https://www.marketwatch.com/story/stocks-inch-closer-to-2016s-second-correction-2016-09-07, accessed April 19, 2019.

"*Reasons for a 2016 Stock Market Crash*": Money Morning News Team, "Reasons for a 2016 Stock Market Crash," *Money Morning*, September 26, 2016, https://moneymorning.com/2016/09/26/reasons-for-a-2016-stock-market-crash/, accessed April 19, 2019.

"*Economists: A Trump Win*": Ben White, "Economists: A Trump Win Would Tank the Markets," *Politico*, October 21, 2016, https://www.politico.com/story/2016/10/donald-trump-wallstreet-effect-markets-230164, accessed April 19, 2019.

"*We Are Very Probably Looking*": Paul Krugman, "We Are Very Probably Looking at a Global Recession with No End in Sight," *The New York Times*, November 8, 2016, https://www.nytimes.com/interactive/projects/cp/opinion/election-night-2016/paul-krugman-theeconomic-fallout, accessed April 19, 2019.

"*Economist Harry Dent Predicts*": Stephanie Landsman, "Economist Harry Dent Predicts 'Once in a Lifetime' Market Crash, Says Dow Could Plunge 17,000 Points," *CNBC*, December 10, 2016, https://www.cnbc.com/2016/12/10/economist-harry-dent-says-dow-could-plunge17000-points.html, accessed April 19, 2019.

"*Now Might Be the Time*": Laurence Kotlikoff, "Now Might Be the Time to Sell Your Stocks," *The Seattle Times*, February 12, 2017, https://www.seattletimes.com/business/new-voice-onraising-living-standard/, accessed April 19, 2019.

"*4 Steps to Protect Your Portfolio*": John Persinos, "4 Steps to Protect Your Portfolio from the Looming Market Correction," *The Street*, February 18, 2017, https://www.thestreet.com/story/13999295/1/4-steps-to-protect-your-portfolio-from-the-looming-marketcorrection.html, accessed April 19, 2019.

"*The US Stock Market Correction*": Alessandro Bruno, "The US Stock Market Correction Could Trigger Recession," *Lombardi Letter*, March 1, 2017, https://www.lombardiletter.com/usstock-market-correction-2017/8063/, accessed April 19, 2019.

"*Three Key Indicators Are Saying*": Michael Lombardi, "3 Economic Charts Suggest Strong Possibility of Stock Market Crash in 2017," *Lombardi Letter*, March 28, 2017, https://www.lombardiletter.com/3-charts-suggest-strong-possibility-stock-market-crash-2017/9365/, accessed April 19, 2019.

"*Critical Warning from Rogue*": Laura Clinton, "Critical Warning from Rogue Economist Harry Dent: 'This is Just the Beginning of a Nightmare Scenario as Dow Crashes to 6,000," *Economy & Markets*, May 30, 2017, https://economyandmarkets.com/exclusives/criticalwarning-from-rogue-economist-harry-dent-this-is-just-the-beginning-of-a-nightmarescenario-as-dow-crashes-to-6000-2/, accessed April 19, 2019.

"*Why a Market Crash in 2017*": Money Morning News Team, "Stock Market Crash 2017: How Trump Could Cause a Collapse," *Money Morning*, June 2, 2017, https://moneymorning.com/2017/06/02/stock-market-crash-2017-how-trump-could-cause-a-collapse/, accessed April 19, 2019.

"*The Worst Crash in Our Lifetime Is Coming*": Jim Rogers, interview with Henry Blodget, *Business Insider*, June 9, 2017, https://www.businessinsider.com/jim-rogers-worst-crash-lifetimecoming-2017-6, accessed April 19, 2019.

"It's Going to End 'Extremely Badly'": Stephanie Landsman, "It's Going to End 'Extremely Badly,' with Stocks Set to Plummet 40% or More, Warns Marc 'Dr. Doom' Faber," *CNBC,* June 24, 2017, *https://www.cnbc.com/2017/06/24/stocks-to-plummet-40-percent-or-more-warnsmarc-dr-doom-faber.html*, accessed April 19, 2019.

"Three Reasons a Stock-Market Correction": Howard Gold, "Three Reasons a Stock Market Correction Is Coming in Late Summer or Early Fall," *MarketWatch,* August 4, 2017, *https:// www.marketwatch.com/story/3-reasons-a-stock-market-correction-is-coming-in-latesummer-or-early-fall-2017-08-03*, accessed April 19, 2019.

"The Stock Market Is Due": Mark Zandi, "Top Economist: Get Ready for a Stock Market Drop," *Fortune,* August 10, 2017, *https://finance.yahoo.com/news/top-economist-ready-stockmarket-162310396.html*, accessed April 19, 2019.

"Brace Yourself for a Market Correction": Silvia Amaro, "Brace Yourself for a Market Correction in Two Months," *CNBC,* September 5, 2017, *https://www.cnbc.com/2017/09/05/braceyourself-for-a-market-correction-in-two-months-investment-manager.html*, accessed April 19, 2019.

"4 Reasons We Could Have Another": David Yoe Williams, "4 Reasons We Could Have Another October Stock Market Crash," *The Street,* October 2, 2017, *https://www.thestreet.com/story/14325547/1/4-reasons-we-could-have-another-october-crash.html*, accessed April 19, 2019.

"Stock Market Crash WARNING": Lana Clements, "Stock Market Crash WARNING: Black Monday Is Coming Again," *Express,* October 7, 2017, *https://www.express.co.uk/finance/city/863541/Stock-market-crash-dow-jones-2017-Black-Monday-1987-forecast*, accessed April 19, 2019.

"Morgan Stanley: A Stock Market Correction": Joe Ciolli, "Morgan Stanley: A Stock Market Correction Is Looking 'More Likely'," *Business Insider*, October 17, 2017, *https://www.businessinsider.com/stock-market-news-correction-looking-more-likely-morganstanley-2017-10*, accessed April 19, 2019.

"Chance of US Stock Market Correction": Eric Rosenbaum, "Chance of US Stock Market Correction Now at 70 Percent: Vanguard Group," *CNBC*, November 27, 2017, *https://www.cnbc.com/2017/11/27/chance-of-us-stock-market-correction-now-at-70-percentvanguard.html*, accessed April 19, 2019.

"Stock Market Correction Is Imminent": Atlas Investor, "Stock Market Correction Is Imminent," *Seeking Alpha*, December 19, 2017, *https://seekingalpha.com/article/4132643-stockmarket-correction-imminent*, accessed April 19, 2019.

"Consumer confidence surveys found to be 'useless' ": Dean Croushore, "Consumer Confidence Surveys: Can They Help Us Forecast Consumer Spending in Real Time?" *Business Review — Federal Reserve Bank of Philadelphia*, Q3 (April 2006), pp. 1–9.

To test those who say they can invest perfectly: Mark W. Riepe, "Does Market Timing Work?" *Charles Schwab*, December 16, 2013, *https://www.schwab.com/resource-center/insights/content/does-market-timing-work*, accessed April 22, 2019.

CHAPITRE 9. TOUT EST DANS VOTRE TÊTE

"If you can grit your teeth": Justin Fox, "What Alan Greenspan Has Learned Since 2008," *Harvard Business Review*, January 7, 2014, *https://hbr.org/2014/01/what-alan-greenspan-haslearned-since-2008*, accessed April 22, 2019.

"overconfidence has been called": Scott Plous, *The Psychology of Judgment and Decision Making* (New York: McGraw-Hill, 1993).

the enormous impact of the overconfidence effect: K. Patricia Cross, "Not Can, But *Will* College Teaching Be Improved?" *New Directions for College Education*, 17, 1977, pp. 1–15.

A study relating to the character of students: David Crary, "Students Lie, Cheat, Steal, But Say They're Good," Associated Press, November 30, 2008, *https://www.foxnews.com/printer_friendly_wires/2008Nov30/0,4675,StudentsDishonesty,00.html*, accessed April 23, 2019.

Finance professors Brad Barber and Terrance Odean: Brad M. Barber and Terrance Odean, "Boys Will Be Boys: Gender, Overconfidence, and Common Stock Investment," *The Quarterly Journal of Economics* 116 (1, February 2001), pp. 261–292.

James Montier asked 300 professional fund managers: James Montier, *Behaving Badly* (London: Dresdner Kleinwort Wasserstein Securities, 2006).

Andrew Zacharakis and Dean Shepherd discovered: Andrew Zacharakis and Dean Shepherd, "The Nature of Information and Overconfidence on Venture Capitalists' Decision Making," *Journal of Business Venturing*, 16 (4), 2001, pp. 311–332.

Richards Heuer researched the behavioral biases: Richard J. Heuer, Jr., *Psychology of Intelligence Analysis* (Washington, DC: Center for the Study of Intelligence, Central Intelligence Agency, 1999).

"The anchoring heuristic appears": Todd McElroy and Keith Dowd, "Susceptibility to Anchoring Effects: How Openness-to-Experience Influences Responses to Anchoring Cues," *Judgment and Decision Making* 2 (1, February 2007), pp. 48–53.

the "anchoring" effect, research: Daniel Kahneman and Amos Tversky, "Choices, Values, and Frames," *The American Psychologist* 39 (4), 1984, pp. 341–350.

In a fascinating experiment: Brian Wansink, Robert J. Kent, and Stephen J. Hoch, "An Anchoring and Adjustment Model of Purchase Quantity Decisions," *Journal of Marketing Research* 35 (February, 1998), pp. 71–81.

Psychologist Ellen Langer, who named this effect: Ellen J. Langer, "The Illusion of Control," *Journal of Personality and Social Psychology* 32 (5), 1975, pp. 311–328.

In one of their studies, they split people: Daniel Kahneman, Jack L. Knetsch, and Richard H. Thaler, "Anomalies: The Endowment Effect, Loss Aversion, and Status Quo Bias," *Journal of Economic Perspectives* 5 (1), 1991, pp. 193–206.

"Since the conscious mind can handle": Jonah Lehrer, "The Curse of Mental Accounting," *Wired*, February 14, 2011, https://www.wired.com/2011/02/the-curse-of-mental-accounting/, accessed April 22, 2019.

the impact of mental accounting: Kahneman and Tversky, Ibid.

mental accounting is the reason tax refunds: Hal R. Arkes, Cynthia A. Joyner, Mark V. Pezzo, Jane Gradwohl Nash, Karen Siegel-Jacobs, and Eric Stone, "The Psychology of Windfall Gains," *Organizational Behavior and Human Decision Processes*, 59, pp. 331–347.

the principle even applies to how those: Viviana A. Zelizer, *The Social Meaning of Money: Pin Money, Paychecks, Poor Relief, and Other Currencies* (New York: Basic Books, 1994).

even minor negative setbacks during the workday: Teresa Amabile and Steven Kramer, "The Power of Small Wins," *Harvard Business Review* 89 (5), pp. 70–80.

Even babies exhibit the negativity bias: J. Kiley Hamlin, Karen Wynn, and Paul Bloom, "Three-Month-Olds Show a Negativity Bias in Their Social Evaluations," *Developmental Science*, 2010, 13 (6), pp. 923–929.

CHAPITRE 10. CATÉGORIES D'ACTIFS

Warren Buffett made a ten-year bet with Ted Seides: Carl J. Loomis, "Buffett's big bet," *Fortune*, June 9, 2008, *http://archive.fortune.com/2008/06/04/news/newsmakers/buffett_bet.fortune/index.htm*, accessed April 23, 2019.

the S&P 500 outperformed the major hedge fund strategies: Credit Suisse, "Liquid Alternative Beta and Hedge Fund Indices: Performance" January 2, 2020, *https://lab.credit-suisse.com/#/en/index/HEDG/HEDG/performance*, accessed February 16, 2020.

A recent study examined 6,169 unique hedge funds: Peng Chen, "Are You Getting Your Money's Worth? Sources of Hedge Fund Returns" (Austin, TX: Dimensional Fund Advisors, LP, 2013).

In 1998, Long-Term Capital Management: Kimberly Amadeo, "Long-Term Capital Management Hedge Fund Crisis: How a 1998 Bailout Led to the 2008 Financial Crisis," *The Balance*, January 25, 2019, *https://www.thebalance.com/long-term-capital-crisis-3306240*, accessed April 23, 2019.

Unfortunately for his investors, he lost 52%: Nathan Vardi, "Billionaire John Paulson's Hedge Fund: Too Big to Manage," *Forbes*, December 21, 2012.

since 2011, he has lost over $29 billion: Joshua Fineman and Saijel Kishan, "Paulson to Decide to Switching to Family Office in Two Years," *Bloomberg*,

January 22, 2019, *https://www.bloomberg.com/news/articles/2019-01-22/paulson-plans-to-decide-on-switch-to-familyoffice-in-two-years*, accessed April 23, 2019.

since 2015, more hedge funds have closed: Nishant Kumar and Suzy Waite, "Hedge Fund Closures Hit $3 Trillion Market as Veterans Surrender," *Bloomberg*, December 13, 2018, *https://www.bloomberg.com/news/articles/2018-12-13/hedge-fund-closures-hit-3-trillion-market-asveterans-surrender*, accessed April 23, 2019.

Not only did the simple indexed portfolio: Morgan Housel, "The World's Smartest Investors Have Failed," *The Motley Fool*, January 27, 2014, *https://www.fool.com/investing/general/2014/01/27/the-worlds-smartest-investors-have-failed.aspx*, accessed April 23, 2019.

The hedge funds finished with a gain of 24%: Loomis, Ibid.

In 2012, it released a groundbreaking paper: Diane Mulcahy, Bill Weeks, and Harold S. Bradley, "We Have Met The Enemy . . . And He Is Us: Lessons from Twenty

Years of the Kauffman Foundation's Investments in Venture Capital Funds and the Triumph of Hope Over Experience," *Ewing Marion Kauffman Foundation*, May 2012, *https://ssrn.com/abstract=2053258*, accessed April 23, 2019.

Bitcoin is a type of cryptocurrency: Bernard Marr, "A Short History of Bitcoin and Crypto Currency Everyone Should Read," *Forbes*, December 6, 2017, *https://www.forbes.com/sites/bernardmarr/2017/12/06/a-short-history-of-bitcoin-and-crypto-currency-everyoneshould-read/#1b5223393f27*, accessed April 23, 2019.

"Blockchain brings together shared ledgers": Adam Millsap, "Blockchain Technology May Drastically Change How We Invest," *The James Madison Institute*, March 7, 2019, https://www.jamesmadison.org/blockchain-technology-may-drastically-change-how-we-invest/, accessed April 23, 2019.

Walmart said that blockchain trials had helped: Michael Corkery and Nathaniel Popper, "From Farm to Blockchain: Walmart Tracks Its Lettuce," *The New York Times*, September 24, 2018, https://www.nytimes.com/2018/09/24/business/walmart-blockchain-lettuce.html, accessed April 23, 2019.

Over 1,000 cryptocurrencies now use blockchain technology: "All Cryptocurrencies," *CoinMarketCap*, https://coinmarketcap.com/all/views/all/, accessed April 23, 2019.

In fact, the blockchain can be hacked: Michael Kaplan, "Hackers are stealing millions in Bitcoin— and living like big shots," *New York Post*, April 13, 2019, https://nypost.com/2019/04/13/hackers-are-stealing-millions-in-bitcoin-and-living-like-big-shots/, accessed April 23, 2019.

In the 1990s, David Bowie and his financial team: Ed Christman, "The Whole Story Behind David Bowie's $55 million Wall Street Trailblaze," *Billboard*, January 13, 2016, https://www.billboard.com/articles/business/6843009/david-bowies-bowie-bonds-55-million-wallstreet-prudential, accessed April 23, 2019.

CHAPITRE 11. BÂTIR ET GÉRER UN PORTEFEUILLE INTELLIGENT

The top-performing mutual fund managers of 2017: Andrew Shilling and Lee Conrad, "Which Mutual Funds Are YTD Leaders?" *Financial Planning*, November 29, 2017, https://www.financial-planning.com/slideshow/top-mutual-funds-in-2017, accessed April 23, 2019.

the worst-performing money managers of 2018: Andrew Shilling, "Worst-Performing Funds of 2018," *Financial Planning*, December 12, 2018, https://

www.financialplanning.com/list/mutual-funds-and-etfs-with-the-worst-returns-of-2018, accessed April 23, 2019.

by 2030, China and India are expected to become: Will Martin, "The US Could Lose Its Crown as the World's Most Powerful Economy as Soon as Next Year, and It's Unlikely to Ever Get It Back," *Business Insider*, January 10, 2019, *https://www.businessinsider.com/us-economy-tofall-behind-china-within-a-year-standard-chartered-says-2019-1*, accessed April 23, 2019.

"I predict one day Amazon will fail": Eugene Kim, "Jeff Bezos to employees: 'One day, Amazon will fail' but our job is to delay it as long as possible," *CNBC*, November 15, 2018, *https://www.cnbc.com/2018/11/15/bezos-tells-employees-one-day-amazon-will-fail-and-to-stayhungry.html*, accessed April 23, 2019.

CHAPITRE 12. LA DÉCISION LA PLUS IMPORTANTE DE VOTRE VIE

Research out of Massachusetts General Hospital: Jeff Huffman, et. al., "Design and Baseline Data from the Gratitude Research in Acute Coronary Events (GRACE) study," *Contemporary Clinical Trials*, Volume 44, pp. 11–19.

A 2015 study by the American Psychological Association: Paul J. Mills, Laura Redwine, Kathleen Wilson, Meredith A. Pung, Kelly Chinh, Barry H. Greenberg, Ottar Lunde, Alan Maisel, Ajit Raisinghani, Alex Wood, and Deepak Chopra, "The Role of Gratitude in Spiritual Well-Being in Asymptomatic Heart Failure Patients," *Spirituality in Clinical Practice*, 2015, Vol. 2, No. 1, pp. 5–17.

In those who cultivated gratitude: Rollin McCraty, Bob Barrios-Choplin, Deborah Rozman, Mike Atkinson, Alan D. Watkins, "The Impact of a New Emotional Self Management Program on Stress, Emotions, Heart Rate Variability, DHEA and Cortisol," *Integrative Physiological and Behavioral Science*, 1988, April–June, 33 (2), pp. 151–170.

Vietnam War veterans with high levels of gratitude: Todd B. Kashdan, Gitendra Uswatte, Terri Julian, "Gratitude and Hedonic and Eudiamonic Well-Being in Vietnam War Veterans," *Behavior and Research Therapy*, 2006, 44 (2), pp. 177-199.

grateful leaders motivated employees: "In Praise of Gratitude," *Harvard Mental Health Letter*, November 2011, https://www.health.harvard.edu/newsletter_article/in-praise-of-gratitude, accessed April 23, 2019.

CHAPITRE 13. EN QUÊTE DU BONHEUR

Consider the General Social Survey: The General Social Survey is conducted by NORC, which used to be known as the National Opinion Research Center and which is headquartered on the University of Chicago's campus. The original data can be found at *gssdataexplorer.norc.org*.

30% of Americans described themselves as "very happy": Bureau of Economic Analysis, U.S. Department of Commerce.

four out of ten Americans either couldn't cover: Federal Reserve, *Report on the Economic Well-Being of U.S. Households in 2017* (May 2018).

78% of American workers say they live: CareerBuilder, *Living Paycheck to Paycheck is a Way of Life for Majority of U.S. Workers* (Aug. 24, 2017).

Americans with less than $250 in the bank: Consumer Financial Protection Bureau, *Financial WellBeing in America* (September 2017).

paying others to mow the lawn or clean the house: Ashley V. Whillans, Elizabeth W. Dunn, Paul Smeets, Rene Bekkers and Michael I. Norton, "Buying Time Promotes Happiness," *Proceedings of the National Academy of Sciences*, vol. 114, no. 32 (Aug. 8, 2017).

This is captured by the notion of flow: Mihaly Csikszentmihalyi, *Flow: The Psychology of Optimal Experience* (Harper & Row: 1990).

One academic study looked at the daily lives: Daniel Kahneman, Alan B. Krueger, David Schkade, Norbert Schwarz and Arthur Stone, "Toward National Well-Being Accounts," *AEA Papers and Proceedings* (May 2004).

A 2010 study pulled together data: Julianne Holt-Lunstad, Timothy B. Smith and J. Bradley Layton, "Social Relationships and Mortality Risk: A Meta-Analytic Review," *PLOS Medicine* (July 27, 2010). PLOS is an acronym for Public Library of Science.

There's ample research that we get greater happiness: Leaf Van Boven and Thomas Gilovich, "To Do or to Have? That Is the Question," *Journal of Personality and Social Psychology*, Vol. 85, No. 6 (2003).

CHAPITRE 14. PROFITEZ DU VOYAGE ET SAVOUREZ VOTRE TEMPS PASSÉ AU SOMMET

people in general believe that their lives: Utpal Dholakia, "Do We Become Less Optimistic as We Grow Older?" *Psychology Today*, July 24, 2016, https://www.psychologytoday.com/us/blog/the-science-behind-behavior/201607/do-we-become-less-optimistic-we-grow-older, accessed April 23, 2019.

CRÉDITS

Annual Savings to Become a Millionaire by 65: Christy Bieber, "The Most Important Retirement Chart You'll Ever See," *The Motley Fool*, November 18, 2018, https://www.fool.com/retirement/2018/11/18/the-most-important-retirement-chart-youll-ever-see.aspx, accessed April 28, 2019.

Spending on Necessities: Human progress, http://humanprogress.org/static.1937, adapted from a graph by Mark Perry, using data from the Bureau of Economic Analysis, http://www.bea.gov/iTable.cfm?ReqID=9&step=1&isuri=1.

Global Well-Being: Historical Index of Human Development: Prados de la Escosura 2015, 0–1 scale, available at Our World in Data, Rover 2016h. Well-Being Composite: Rijpma 2014, p. 259, standard deviation scale over country-decades.

Life Expectancy: Max Roser, "Life Expectancy," *Our World in Data*, https://ourworldindata.org/life-expectancy, accessed April 28, 2019.

Extreme Poverty: Max Roser and Esteban Ortiz-Ospina, "Global Extreme Poverty," *Our World in Data*, https://ourworldindata.org/extreme-poverty, accessed April 28, 2019.

Years of Schooling: Max Roser and Esteban Ortiz-Ospina, "Global Rise of Education," *Our World in Data*, https://ourworldindata.org/global-rise-of-education, accessed April 28, 2019.

Dow Jones Industrial Average: 1896–2016: Chris Kacher and Gil Morales, "Human Innovation Always Trumps Fear—120 Year Chart of the Stock Market," *Seeking Alpha*, March 21, 2017, https://seekingalpha.com/article/4056932-human-innovation-always-trumps-fear-120- year-chart-stock-market, accessed April 16, 2019. Graph 4.1—What to Avoid

Not All Fiduciaries Are Created Equal: Tony Robbins with Peter Mallouk, *Unshakeable: Your Financial Freedom Playbook* (New York: Simon & Schuster, 2017), p. 86.

Types of Home Damage: Insurance Information Institute, "Fact + Statistics: Homeowners and renters insurance," Insurance Information Institute, https://www.iii.org/factstatistic/factsstatistics-homeowners-and-renters-insurance, accessed February 16, 2020.

S&P 500 Intra-Year Declines vs. Calendar Year Returns: JP Morgan Chase and Co., "Volatility Is Normal; Don't Let It Derail You," *Guide to the Markets*, https://am.jpmorgan.com/us/en/asset-management/gim/adv/insights/principles-for-investing, accessed April 22, 2019.

Investor Cash Flows/Bull and Bear Markets: The Vanguard Group, Inc., "Vanguard's Principles for Investing Success," *Vanguard*, 2017, https://about.vanguard.com/whatsetsvanguard-apart/principles-for-investing-success/ICRPRINC_042017_Online.pdf, accessed April 23, 2019.

Inflation Adjusted Annual Average Gold Prices: Tim McMahon, "Gold and Inflation," *Inflationdata.com*, April 25, 2018, https://inflationdata.com/Inflation/Inflation_Rate/Gold_Inflation.asp, accessed April 28, 2019.

Number of U.S. listed companies: Samantha M. Azzarello, Alexander W. Dryden, Jordan K. Jackson, David M. Lebovitz, Jennie Li, John C. Manley, Meera Pandit, Gabriela D. Santos, Tyler J. Voigt, and David P. Kelly, "Private

Equity," *Guide to Markets*—US, December, 31, 2019, https://am.jpmorgan.com/blobcontent/1383654213584/83456/MI-GTM_1Q20.pdf, accessed March 17, 2020

Public vs. Private Equity Returns: Samantha M. Azzarello, Alexander W. Dryden, Jordan K. Jackson, David M. Lebovitz, Jennie Li, John C. Manley, Meera Pandit, Gabriela D. Santos, Tyler J. Voigt, and David P. Kelly, "Private Equity," *Guide to Markets*—US, December, 31, 2019, https://am.jpmorgan.com/blobcontent/1383654213584/83456/MI-GTM_1Q20.pdf, accessed March 17, 2020.

The Performances of Various Mixes of U.S. Stocks and Bonds/Historical Returns: The Vanguard Group, Inc., "Foundational Investments," *Vanguard*, 2019, https://advisors.vanguard.com/iwe/pdf/FAETFCMB.pdf, accessed February 16, 2020.

Mixture of Assets Defines the Spectrum of Returns: The Vanguard Group, Inc., "Vanguard's Principles for Investing Success," *Vanguard*, 2017, https://about.vanguard.com/whatsets-vanguard-apart/principles-for-investing-success/ICRPRINC_042017_Online.pdf, accessed April 23, 2019.

Relative Magnitude of Home-Country Bias: Christopher B. Philips, Francis M. Kinniry Jr., Scott J. Donaldson, "The role of Home Bias in Global Asset Allocation Decisions," *Vanguard*, June 2012, https://personal.vanguard.com/pdf/icrrhb.pdf, accessed April 23, 2019.

Dow Jones Industrial Average Component Companies: "The Changing DJIA," S&P Dow Jones Indices, LLC, https://us.spindices.com/indexology/djia-and-sp-500/the-changing-djia, accessed April 23, 2019.

Average Company Lifespan on the S&P Index: Scott D. Anthony, S. Patrick Viguerie, Evan I. Schwartz, and John Van Landeghem, "2018 Corporate

Longevity Forecast: Creative Destruction is Accelerating," *Innosight*, February 2018, https://www.innosight.com/insight/creative-destruction/, accessed April 23, 2019.

Investor Allocation by Region: Samantha M. Azzarello, Alexander W. Dryden, Jordan K. Jackson, David M. Lebovitz, Jennie Li, John C. Manley, Meera Pandit, Gabriela D. Santos, Tyler J. Voigt, and David P. Kelly, "Local Investing and Global Opportunities," *Guide to Markets—US*, March 31, 2019, https://am.jpmorgan.com/us/en/asset-management/gim/adv/insights/guide-to-the-markets/, accessed April 23, 2019.

Ranking Higher Than: Blackrock Global Investor Pulse Survey 2019, https://www.blackrock.com/corporate/insights/investor-pulse, accessed April 23, 2019.

REMERCIEMENTS

Je remercie mon ami et collègue, Tony Robbins. Je connais peu de gens qui ont eu un effet aussi positif sur tant de gens. Merci à Jonathan Clements, dont le travail a eu un impact important sur moi quand j'entrais dans la profession et continue à ce jour. Merci à Jonathan Knapp pour ses contributions inlassables et son aide pour respecter une échéance presque impossible. Tes empreintes sont partout dans ce livre. Merci à Molly Rothove, Jay Beebe, Bing Chen, Andy Gryszowka, Brenna Saunders et Jim Williams pour vos idées et votre aide avec les sources et la révision. Merci à Josh Robbins pour ton soutien et ton travail avec les graphes et les autres aspects clés de la parution d'un livre. Merci à tous mes collègues sans peur de Creative Planning. Il ne se passe pas un jour sans que j'apprenne quelque chose d'utile de l'un d'entre vous, et ce n'est pas toujours lié aux placements ou à la planification financière. Je suis béni de travailler avec un groupe de personnes si passionnées, attentionnées, intelligentes et énergiques. À ma magnifique femme, Veronica, qui a refusé de me laisser partir faire des courses quand je cherchais à éviter de travailler sur ce livre, et à mes enfants, Michael, JP et Gabby, qui m'ont tous donné d'excellentes excuses pour prendre de longs breaks. Toutes les erreurs sont de moi.

www.ingramcontent.com/pod-product-compliance
Lightning Source LLC
Chambersburg PA
CBHW071827230426
43672CB00013B/2775